会·展·专·业·系·列·教·材

EXHIBITION
PLANNING AND ORGANIZATION
展览策划与组织

黄彬 主编

ZHEJIANG UNIVERSITY PRESS
浙江大学出版社
·杭州·

从书序

　　进入 21 世纪,会展业已成为举世瞩目的朝阳产业。会展人才培养伴随着我国会展业的迅速发展显得越来越重要。随着目前我国会展业人才全国性紧缺局面的出现,我国会展教育将面临着历史性的"朝阳"机遇。2012 年教育部将会展经济与管理专业从试办专业转为目录内专业,成为旅游管理一级学科下的二级学科专业,中国会展教育又迎来了一个新的蓬勃发展时期。

　　位于经济发达省份、会展教育大省的浙江大学城市学院是全国最早开展会展教育的院校之一。其依托杭州打造会展城市的地缘优势,于 2003 年在广告学专业下面开设会展策划与组织专业方向、旅游管理专业下开设会展旅游专业方向,并同期成立了"杭州城市会展研究发展中心",2007 年正式获得教育部批准试办会展经济与管理本科专业,从而成为目前发展较为成熟的、在全国有较大影响的会展专业院校。该校在传媒与人文学院下设置会展经济与管理专业,以营销传播的视角,通过会展线下与媒体线上的整合来培养会展专业人才,成功探索出了一套独具特色的会展人才培养模式。这一模式涵盖了高校与政府、协会紧密合作的政产学研路径、"政府－协会－高校"三方互动的会展人才培养机制和良好的会展教育生态环境;并在此基础上构建了以会展经济与管理专业和杭州城市会展研究发展中心相融合的"专业＋中心"的人才培养架构,形成了拥有专业教师、专职员工的"9＋13"特色师资团队,成为浙江大学城市学院重要的会展人才培养特色和资源。通过直接承办或参与中国城市会展高峰论坛、中国城市会展教育高峰论坛、全民饮茶日、浙江大学生创意生活节等各种会展项目,融项目运作于专业人才的培养之中,形成的基于真实项目运作的"项目驱动"创新型高级会展人才培养模式是浙江大学城市学院良好会展教育生态的点睛之笔。该校教学团队于 2011 年出版的《会展特色专业建设理念、实践与探索》,不仅成为国内第一本会展教育教学改革的专著和示范性模式,也在国内会展教育界确立了较高的知名度和美誉度。

　　欣闻浙江大学城市学院利用自身在会展教育界的先发优势和积累的办学经验,在魏绍相会展研究与发展基金的支持下,联合浙江省 10 余所会展院校的专业骨干教师,编著了一套集会展基础理论、会展营销、会展策划、会展文案、会展沟通与谈判、会展公关、会展企业文化、会议策划与组织、展览策划与组织、大型活动策划与组织等多内容、广视野，理论与实践并举的，适用于会展专业教育的"会展专业系列教材"。相信此系列教材的出版能为我国会展教育提供一套既见森林、又见树木的专业教材，为我国会展专业教育提供一个规范性的、示范性的教学范式与体系。

此系列教材的出版是浙江省会展教育的成果，也是浙江大学城市学院会展经济与管理特色专业建设的结晶，期待这一成果能在全国会展专业教育中开花结果。

是为序！

中国旅游教育协会副会长，中国旅游安全研究基地主任
华侨大学二级教授、博导，武夷学院旅游学院院长

郑向敏 博士

2013 年 5 月 25 日

目　　录

第一章　展览策划概述

第一节　展览策划理念

一、展览的概念

所谓"展"就是陈列，展示。所谓"览"就是参观、观看。《辞海》解释说："展览会"是用固定或巡回的方式，公开展出工农业产品、手工业制品、艺术作品、图书、图片，以及重要实物、标本、模型等，供群众参观、欣赏的一种临时性组织活动。《简明不列颠百科全书》解释说："展览会"是为鼓舞公众兴趣，促进生产、发展贸易，或者为了说明一种或多种生产活动的进展和成就，将艺术品、科学成果或工业制品进行有组织的展示。美国《大百科全书》对展览的解释是这样的：一种具有一定规模、定期在固定场所举办的，来自不同地区的有组织的商人聚会。

有学者认为展览是由若干相互联系的要素构成的一个系统，其中存在着五大基本要素：一是展览主体，即展览的服务对象——参展商；二是展览机构，即展览公司、行业协会或相关政府机构；三是展览客体，即展览的展示场所——展览馆或展览中心；四是展览市场，即参展商获取信息和宣传企业形象的渠道；五是展览观众，即最终的用户。

不同对象对展览的理解各不相同：对展览组织机构而言，展览是按照社会需求，通过展品在一定时间、空间条件下的直观展示来传递和交流信息，使观众做出购买决定、投资决策或从中受到教育的社会服务活动。对参展商而言，展览是通过展品展示，吸引观众，与观众进行交流，以实现交易或教育的目的。对观众而言，则是通过展览传达的各种信息，实现购买或接受教育的目的。

综合而言，展览就是通过物品或图片的展示，集中向观众传达各种信息，实现双向交流，扩大影响，树立形象，实现交易、投资或传授知识、教育观众的目的。展览作为服务活动，起到桥梁、媒介和窗口的作用，展览本身能够产生经济效益和社会价值，具有巨大的经济辐射力和社会影响力。

二、策划的含义

"策划"一词，最早源于中国，古时称策画，现今有谋划、筹划、计划、对策、打算等含义。西方的策划概念则是在现代社会企业自由竞争中产生的,随着管理科学发展而逐步形成的一门独立科学,已成为一种具有方法意义的思维方式和运作方式。20世纪80年代以后,经济全球化浪潮风起云涌,创新浪潮一浪高于一浪,经济高速发展,竞争日趋激烈。国与国之间竞争,企业与企业之间竞争越演越烈,企业经营举步维艰,决策目标多元化,稍有不慎,就会全盘皆输。在此经济态势下,策划的地位也就日益显现出来。

策划是指为了达到某种预期的目标,借助科学方法、系统方法和创造性思维,对策划对象的环境因素进行分析,对资源进行组合和优化配置,而进行的调查、分析、创意、设计并制定行动方案的思维和行为过程。

策划是事先筹谋、计划、设计的社会活动过程,是在综合运用信息的基础上,运用现代科学方法,寻求实现目标的最佳方案的创造性思维活动过程。策划内涵可以归纳如下:

(1)策划是为特定的目标服务的。

(2)策划必须以全面、系统、准确把握和运用信息为基础。

(3)策划必须借助现代科学方法。

(4)策划是前瞻性、创造性和可行性的有机统一。

(5)策划本身是追求实现目标最佳方案的过程。

现今,人们将策划分为广泛性策划、机能性策划、物质策划、政府策划、社会经济策划等诸多类型。

三、展览策划的概念

1.展览策划的概念

展览策划就是为实现展览活动的目标,在深入、全面分析展览项目信息的基础上,运用科学的策划方法,制订展览活动最佳方案的过程。也是对展览项目进行管理和决策的一种程序,是对展览活动的进程以及展览活动的总体战略进行前瞻性规划的策略过程。

展览策划是将展览目标具体化的过程。展览策划有以下程序性内容:一是根据市场调查与预测,确定展览主题、展示对象和观众;二是突出展览表现形式,制订展览总体规划,实施营销计划与方案;三是完成展览组织、展览管理、展览费用预算、展览效益评估和效果测定等一系列的决策。

展览策划是对展览的整体战略与策略的运筹规划,是对于提出展览战略和计划、实施并检验展览决策的全过程作预先的考虑与设想。展览策划不是具体的展览业务,应该是展览决策的形成过程,是将展览目标具体化的过程。

2.展览策划的意义

(1)为展览决策提供最佳方案。展览策划的目的就是寻求最合理、最经济、最有效的方案,为展览决策提供科学依据。

（2）提高展览活动的经济效益。展览策划基于充分的前期调查,运用科学方法,优化资源配置,大大减少展览项目的盲目性,有效地避免资源浪费,克服各种不合理性,从而提高展览项目的效率和效益。

（3）塑造展览品牌形象。展览策划是一项系统性品牌工程,它根据展览市场的需求,在保持自身优势和特色的基础上,在展览内容和形式上努力创造全新的亮点,提升竞争实力,从而塑造展览品牌形象。

四、展览策划的特点

展览策划具有以下特点：

1.展览策划是具有多重选择的活动

策划在某种程度上类似于作出一个决定或决策,而一项决策的制定不是单一的、独立的事件,它是"经历了若干时间的综合性社会活动的产物"。所以,策划活动是一项注意力高度集中的或者说是发挥智慧的过程,这种过程决定了作出最后决定的时机、设计可能的实施计划的过程以及评价备选方案并选择方案的过程。

2.展览策划是具有系统性的活动

展览策划是对整个展览项目的全过程进行运筹规划,是一个系统性的过程。系统性表现在策划时要针对展览项目的各个方面、各个环节进行权衡,通过权衡,使展览项目的各个环节保持统一性。系统性可以减少展览策划的随意性和无序性,优化资源配置,提高效率。

3.展览策划是创意性的活动

创意的基本原则是发现旧要素间的联系,并将旧的要素进行新的组合。展览在策划过程中,要求不断推陈出新,通过特殊的构想、别致的手法、周密的计划、精心的安排,来达到出奇制胜的效果。所以,展览策划不仅是一项十分复杂的系统工程,而且具有很强的创新性。

4.策划是一项具有明确目标性的活动

目标设定是策划的重要任务,对于不同类型的展览来说,目标各不相同,展览策划是一种有针对性的活动。在进行展览策划时,首先要明确展览应达到什么目的,准确地设定市场需求,在整个策划过程中有针对性地解决问题,设立鲜明的主题,围绕主题组织策划。

5.策划是一项具有动态性的活动

展览策划是一个动态发展过程。主要表现在两个方面：一方面,在策划初期,就要考虑未来形势的变化,做一定的预测,并使策划方案具有灵活性、可调控性,以备将来适应环境变化之需。另一方面,策划方案在执行过程中,根据市场的变动和市场的反馈及时修改方案的不足之处,让方案更好地适应变化了的市场,更融合市场。

6. 策划是一项具有可行性的活动

展览策划在实际市场操作中要切实可行。没有可行性的策划方案写得再美也只是纸上谈兵。一般来说，展览策划方案必须经过分析论证才能实施。分析论证策划方案的可行性主要围绕策划的目标定位、实施方案以及经济效益等主要方面进行。

7. 策划是一项具有风险性的活动

在理论上，假定展览组织机构要选择达到目标或期望结果的最合适的路径。展览的策划机构也总是希望能找到通往预期目标的捷径。但最终策划产生的结果，总是存在不确定性。因此，在展览的策划中应尽可能将未来活动的不确定性及风险性降至最低。

五、展览策划的作用

展览策划作为展览经营运作的核心环节，其重要作用有以下几点：

1. 战略指导作用

展览策划能为展览项目的执行提供总体的指导思想。如展览场地、展览规模、展览主题及时间的安排、展览品牌、主要合作伙伴等方面。

2. 实施规划作用

展览策划能为展览项目提供具体的行动计划。通常展览策划方案通过之后在具体实施过程中可以根据情况的变化做适当调整，但总体的思路和要求不会改变，展览策划方案是展览项目实施的主要依据。

3. 进程控制作用

展览策划能安排并控制展览活动的进程。由于展览活动所涉及的工作千头万绪，在项目执行的过程中，须严格按照展览策划所提出的方案进行全程把控，这样才能保证展览项目的顺利进行。

4. 提高经济效益作用

展览策划运用科学的方法，能大大减少展览活动的盲目性，有效地避免潜在风险，努力克服各种困难和挑战，从而提高展览活动的工作效率和经济效益。

5. 塑造品牌形象作用

展览策划是一项创新工程，它根据展览市场的需要，在操持自身优势和特色的基础上，在展览内容和形式上努力创造全新的亮点，提升竞争实力，从而塑造展览品牌形象。

6. 效果评估作用

展览策划能预测、监督展览活动的效果。展览项目在具体执行的过程中能否达到预期的效果，通过对照策划方案的相关要求就能清晰地看出。展览策划一方面能对项目的最终完成效果进行控制和预测，另一方面也能对项目策划方案本身的可行性和合理性进行检验。

第二节　展览策划核心要素

一、展览策划的核心要素

一份完整的展览策划基本包括展览策划的目标、策划主体、策划对象、策划依据、展览策划、策划方案、策划效果评估等核心要素。

1. 展览策划的目标

展览策划的核心要素之一是展览策划的目标,也就是策划的对象,要搞好展览策划,必须确定策划的目标。策划目标可以是单一目标,也可以是复合目标。单一目标是指展览策划中的具体策略问题,如展览主题、展览名称、招展招商、定价标准等的策划;复合目标是指策划的方案涉及两个或两个以上的活动目标,如市场占有率、销售利润率,或同时对价格、渠道、促销等各项活动的预定目标进行策划。

2. 策划主体

展览策划主体是指进行创意、规划,提出策划方案的展览组织机构,是具有高智慧的脑力操作者,在展览活动中起着"智囊"的作用。策划主体可以是个人,也可以是某一机构、组织。由于策划是一种高智力密集型的创造性活动,因而对策划主体有着特殊的知识、文化、能力素质的要求,展览组织机构的素质直接影响着展览活动的质量水平。

3. 策划对象

策划对象既可以是某项整体展览活动,也可以是展览诸要素中某一要素,例如展览宣传项目、展览设计项目等。

4. 策划依据

策划依据既包括展览组织机构的知识结构、信息储存及关于策划对象的专业信息,也包括展览项目立项的主客观条件等。展览策划作为一种谋划、规划的过程,是一种分析、比较、研究的过程,也是不断思维、不断处理信息的过程。展览策划要顺利进行,展览组织机构必须获取大量的一手材料,掌握相关的信息。展览策划主体应该根据策划目标的要求,收集、整理与策划目标有关的各种信息,包括展览内部可控的信息和不可控的环境信息、消费需求信息和竞争对手信息等。

5. 策划方案

展览策划方案是展览组织机构为实现项目策划目标,针对策划对象而设计创意的一整套策略、方法和步骤。

6. 策划效果评估

策划效果评估是对实施策划方案可能产生的效果进行预先的判断和评估。在展览策划中,效果评估可以说是一项展览活动的终点工作,也是起点工作,它为以后的展览项目策划提供决策依据,也为展览的品牌成长提供可参考的依据。

以上所述的展览策划诸要素之间是一个互相影响、互相制约的体系,要构建好一个完整的系统工程,还需要展览组织机构及其他相关主体的默契配合,高效运作。

二、展览策划的基本方法

展览策划的方法众多,下面是几种展览组织机构常用的策划方法。

1.系统分析策划法。系统分析策划法是指将一个策划项目看作是一个由若干个子系统相互联系的有机整体,通过揭示影响各个子系统运动的各项因素及其相互关系,提出最优策划方案的方法。

2.排列淘汰策划法。排列淘汰策划法是指将备选方案按一定的标准排列顺序,寻找各个方案的缺点并作相互比较,将缺点最大、最多的方案淘汰出局,然后重新排队,进行下一轮淘汰,直到选出最满意或最优秀的方案。

3.头脑风暴策划法。头脑风暴策划法是指一种集体策划的形式,全体参与策划的人员在轻松的会议气氛下畅所欲言、相互激发、开拓思路、集思广益,从而形成最佳方案。

4.反向头脑风暴策划法。反向头脑风暴策划法虽然能够发挥策划者个人的想像力,有利于各种设想和方案的提出、修改、补充和完善,能在较快的时间内获得较高质量的策划方案,但由于受到策划者的经验、知识和思维能力诸方面的局限,加上方案本身的问题和缺陷不得在会上加以指出,无法作进一步深入的分析,因此也存在一定的不足。

5.德尔裴法策划法。德尔裴法策划法是指一种以反复多轮反馈的书面函询方式向专家进行匿名咨询,最后形成集中的群体意见的策划方法。

6.逆向思维策划法。逆向思维策划法是指从现有的展览内容和形式或现有的条件的对立面处出发,运用逆向思维的方法,探求展览活动的新观念、新形式、新方法。

7.反策划法。反策划法是指展览策划者为在激烈的展览竞争中维护自身的品牌、优势和利益,针对竞争对手的策划所采取的策划行为。

三、展览策划的特点

为提高展览项目的生命周期与运营的效率,创造品牌展览,展览组织机构需对展览策划特点有清晰的认识,灵活地加以应用,展览策划的特点有以下几个方面:

1.目的性。展览策划是一种目的性很强的活动。在进行策划时,需准确地调研市场需求,明确展览活动预期目标,在整个策划活动中逐一解决体现。

2.前瞻性。"慧者所虑,虑于未萌;达者所则,规于未势。"这种先知先觉,超前思谋,正是展览策划的主要本性,是对现实的各种信息进行抽象思维,通过一定的逻辑推理和创意,形成对未来的预测,使创意的构想在实施中得以实现。

3.动态性。任何的策划活动都处在一个动态的发展过程。策划的动态性主要表现在两个方面:一是要前瞻性地考虑形势的变化,做一定的预测,使方案具有灵活性和可调控性,以备适应环境变化之需。二是策划方案在执行过程中,需根据市场的变动和市场的反馈及时调整方案的不足之处,让方案更好地适应市场变化,更融合市场。

第三节 展览策划的原则

展览策划的原则是指能够反映策划过程的客观规律和要求,在展览策划活动中需要遵循的指导原则和行动准则。

展览策划原则既是策划客观规律的理性反应,也是事物发展过程的本质联系和发展规律的高度概括。展览策划的实质是赢得竞争主动地位的一种谋划,所以在展览的策划活动中,无论是策划目标的确立或策划问题的评估,或是策划方案的设计制作和实施,都必须依据展览策划原则的指导。展览策划的主要原则如下:

一、目标性原则

展览策划的过程是追求最佳方案的过程,而决策方案是为实现展览活动目标服务的。因此,在策划过程中应针对某一特定问题进行市场调查,在展览决策、计划以及运作模式、媒体策略等方面都必须以展览活动的目标为核心。

二、创新性原则

创新是策划的源动力,也是展览策划追求的目标。展览的"新"主要体现在策划的"新"。展览策划的创新性主要表现在展览理念的创新、目标的选择与决策的创新、组织与管理的创新、展览设计的创新等。

展览是一个具有自身规律的特殊行业,它是一项开放性很强的活动。从展览立项开始的调研工作起,展览工作就需要与不同的组织合作和协调,例如向有关机构索取信息和数据,听取参展商的意见等,这些工作都具有很强的开放性。在准备工作中,展览组织机构还要进行选址和融资工作,在实施过程中,从市场营销到展览现场期间,需广泛开展社会资源的吸纳和整合。展览的这种开放性决定了展览工作的不确定性,因此展览策划必须不断创新动态变化的形式,保证最终目标的实现。

三、整合性原则

整合,就是将相关联或不相关联的事物联系起来,创造出新的价值或绩效。整合是策划的一个重要原则,策划往往是一个系统工程,不是一个人能够完成的,也不是一件单独的事情,这就需要整合。随着社会化大生产的形成,社会活动日益复杂多样,活动规模、层面越来越大,相关事项也越来越多,策划活动所处理的数据资料也更多、更复杂,而策划活动的影响也越来越大,需要集中集体智慧或请各方面的专家参与或协作才能共同完成。整合本身就变成了一个策划,怎样整合这些人和单位,怎样进行最佳搭配和组合,从某种意义上讲,整合就是策划。

四、前瞻性原则

前瞻性是指展览策划方案在时间的延续上要经得起历史的考验,具有较长时期的适应性、实用性、领先性。在展览中,前瞻性是指展览主题要引领行业发展趋势,捕捉行业的潜在需求,使展览策划方案更符合市场的需求。

前瞻性在时间序列角度有两个层次:一是显性趋势,即一个行业的趋势已经众所周知,展览主题必须进行相应的调整,来适应已经变化了的环境,以实现新的协调,时间上有一定滞后性;二是隐性趋势,即根据对某一可能发生变化的预测分析,充分发挥展览组织机构的主观能动性,创新主题,引导环境向有利于展览项目的方向发展,时间上有一定超前性。展览组织机构在进行展览策划工作中必须要坚持前瞻性的原则。

五、艺术性原则

艺术性是策划人的知识、灵感、经验、分析能力、洞察能力、判断能力和应变能力的综合体现,目的是在展览策划中闪现创意的新奇亮点和应时而变的灵活性,以做到出其不意。艺术性的具体内容相对比较宽泛,一般地说有以下几个方面,如图1-1所示。

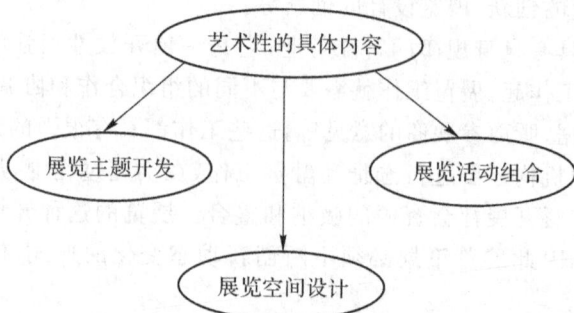

图 1-1 艺术性原则的内容

1.展览主题开发。展览主题确立之后,需要围绕该主题进行艺术化形象定位,设计简洁、独特的标识,并配以清晰、明快的宣传用语,在市场上达到迅速传播该主题的效果,以便有利于展览营销推广工作的开展。

2.展览空间设计。主要是对展览空间的合理规划、布局和装饰,以及参展商展台的设计。展览空间设计结构构思或是颜色组合都要融入美学灵感,让参展商和观众在高度艺术化的氛围中接受行业信息、感受行业趋势前景,以促进双赢。

3.展览活动组合。主要是围绕展览开展的一系列艺术性的服务活动,集中于展览开展几天,开幕仪式是否可以起到抛砖引玉的作用,高峰论坛是否在为推动行业的信息荟萃、发展趋势引导上有足够的作用力,研讨会的论题设计是否为参展商之间、参展商和观众之间搭建一个互动的平台,展览活动的组合是否安排巧妙和灵活等。艺术性的原则就是运用艺术手段融合信息传播工具,促使展览作为信息媒介具有传播力度和深度,让整个展览都像一个精心构思的艺术剧本,实现商业信息高效集中和高效传播。

六、效益性原则

展览策划的效益性是由展览的盈利性决定的,要取得良好的经济和社会效益是举办展览活动的一个主要目的。展览活动的各方组织主体是通过展览活动获取利润。展览的效益是衡量展览策划是否成功的标准。

七、实用性原则

展览策划的方案或计划必须符合市场的客观实际情况,具有针对性和可操作性,展览策划的目的是为了解决实际问题,推动展览活动的开展,这就要求方案设计要具有很强的实践性和客观性,极强的操作性、可行性,能收到立竿见影的效果。

第四节　展览策划程序和方法

展览策划程序是依照策划运作的先后顺序和内在规律,将既相对独立又前后衔接的阶段和步骤得以系统地运作。展览策划程序来源于决策和创造相结合的科学规律。决策是对未来将要发生的事情进行预测,并采取相应的策略,既面向未来,也为当前决策提供依据;创造就是在决策过程中,面对可能出现的问题创新解决方法,也是针对未来发展的一种创造。

一、策划的程序

展览策划程序囊括了展览活动发生之前的谋划、构思、设计等创造性活动的全部过程,成为项目实际运作的指导,是展览项目管理决策理智化、效能化、科学化的前提依据和程序保证。策划程序受决策程序和创造程序的双重制约与指导。决策程序和创造程序的规律性都是策划程序的基础。策划运作应以决策程序和创造程序为指导,遵循策划活动自身策划运作的内在规律,形成科学的策划程序。策划的程序有以下步骤,如图 1-2 所示。

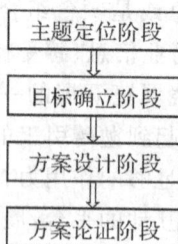

```
┌──────────────┐
│  主题定位阶段  │
└──────┬───────┘
       │
┌──────▼───────┐
│  目标确立阶段  │
└──────┬───────┘
       │
┌──────▼───────┐
│  方案设计阶段  │
└──────┬───────┘
       │
┌──────▼───────┐
│  方案论证阶段  │
└──────────────┘
```

图 1-2　策划的程序

1. 主题定位阶段

展览主题定位,需要对行业进行分析,掌握相关展览的举办情况以及参展商的潜在需求,界定主题选择的范围,分析可支配资源的现状、相关经验和远景战略目标需要等。展览策划要从战略角度出发进行现状分析并深谋远虑地寻求最佳主题定位,同时要善于发现焦点、亮点,促进资源投入效益的最大化。

2. 目标确立阶段

展览主题确定后,就要对信息进行定性和定量的处理,确立展览主题要实现的目标,目标既是策划方案的前提,又是论证的衡量标准,也是项目管理实施控制和效果评估的依据。

策划确立的目标是对主题面临的机会和威胁进行分析,并对影响因素和约束条件作出判断,明晰目标。确立策划目标还需把握:一是定性表达要简洁易懂。使人明确领会其含义而不会产生歧义;二是目标要量化,要紧紧围绕策划主题和内外环境的限制因素,进行创造性的探索和构思。

3. 方案设计阶段

策划目标确立后,就可以设计并制作策划方案。优秀的策划方案还通常要经过多种方案的比较才能作初步鉴别。因此,需制定多种可供决策者优选决断的策划方案。

策划是对资源优化的系统方法,一方面是从整体上进行合理规划,另一方面是细节设计,也就是具体的流程安排。总体规划是在策划主题、策划目标确定的基础上,对策划方案的实施在方法上、资源整合上进行轮廓设想,如展览策划项目的研究计划书,其重点是运用创新技法从不同的角度和多种途径思考酝酿,大胆设想出各种可能的策划方案。细节设计是以总体设计为基础进行细部加工,它以项目研究计划书为大纲,深化研究并进行反复优化。

4.方案论证阶段

方案设计完成后,还要对方案设计进行论证和评价。有两个方面:一是论证和评价策划方案的总体创新性;二是论证和评价策划方案的细节实施性。如果方案仅有总体创新性而实施细节不确定,则策划方案就无法实施。因此要对多个方案进行逐一的鉴定和比较,权衡其利弊,从不同角度上选出几个最佳方案,确保方案切实可行、经济高效。

策划方案的论证和评价,既注重科学性,也强调可行性。科学的论证可完善策划成果,将策划付诸实施,甚至原方案上会产生更有价值的新理念。在充分论证的基础上,制定改进方案,整理研究成果,撰写策划研究报告,在决策者对策划方案作出决策之后拟订实施计划。

二、展览策划的方法

展览策划是为一个展览项目而提出的一套办展规划、策略和方法,它是根据展览组织机构的内外部环境,并且根据展览主题的市场机会与预期作出系统性的构思与方案,展览组织机构通常会采用以下几种的方法。

1.思维闪电策划法

思维闪电是指人们在特定环境或气氛下,以个人或群体知识、经验、判断为基点,通过亲身感受或直观体验而闪现出的智慧之光,它可以较全面地揭示事物或问题的本质。通过一闪而现的灵感形成的策划思想被称为思维闪电策划法。该方法比较适用于主题创新。

2.排除策划法

排除策划法是由阿诺思·特维斯基提出的。意思是将众多的备选条件、备选方案按一定顺序排列起来,通过寻找各个条件、方案存在的缺点将其排除在序列外,来达到选择最优方案的目的。此方法需要注意如下问题:

(1)将各个备选条件、方案按照一定的层次、顺序排列。要满足不同层次策划目标的方案和条件则需要在相应的层次条件上进行比较和排除,不能越级越层比较。

(2)确定科学的排除标准。优缺点总是相对的,在一定条件下是缺点的方面,在另一条件下可能是优点。因此,要合理预测各个方案所要求的条件与后果的性价比,用科学的标准排除不合适的方案。

(3)排除不是最终的目的,排除是为了避免问题,防患于未然。排除的目的是为了更好地创新,通过对各个条件、方案的缺点和不足的考察,有效规避策划过程中的风险,并通过对风险的控制,完善方案,实现方案创新。

3.群体策划法

群体策划法是客观、科学地扩大策划参与人员范围,群策群力,设计最优的策划方案,有以下两种方法:

(1)规定程序调查法

又称德尔斐法。具体操作方法就是先由调查组织者制订调查表,按规定程序进行咨询调查,经过几轮反复,然后再征求专家意见,反复分析判断,最终在专家们的意见逐渐趋于一致的基础上得出最终结论。

(2)头脑风暴法

又称智力激励法。是以一种专家会议形式进行决策预测和策划方案设计。这种专家会议是在一种非常融洽和轻松的气氛下进行的,人们可以畅所欲言地发表自己的看法。它是一种集体自由联想而获得创造性设想的方法,因此可以创造知识互补、思维共振、相互激发、开拓思路的条件。这种方法适用于研讨战略性决策问题,可以从中产生出新思想、新观念、新方法、新成果。但这种方法受与会者主观素质条件限制,整理分析需花相当长的时间,甚至有时会延误决策,具有一定的局限性。

第五节 展览项目阶段策划

按照展览的类型和特点,展览项目周期划分为四个阶段,即展览启动阶段、展览规划阶段、展览执行阶段以及展览总结评估阶段。完整的展览项目策划过程就是这些阶段的总和。

一、展览启动阶段

展览启动阶段是展览进度管理过程的起点,这一阶段又可以进一步分为调研、构思、立项等三个阶段。

1.展览调研阶段

市场需求是展览项目产生的前提,项目调研主要以识别市场需求为目的,针对需求确定展览项目的主题。对行业市场的调研主要包括具有参展需求的产品类型、某类产品的参展需求规模,周边地区同类项目的举办情况,以及举办该主题展览项目的资源优势等;对观众组织的市场调研主要包括拟参展产品的吸引力及市场需求规模,核心的客源市场的优势等。

2.展览构思阶段

展览构思是以展览项目调研阶段所得出的需求结果为导向,提出创意并确定展览主题,并对该主题项目的投资目标、功能、范围以及各主要因素进行初步界定。具体包括以下几点。

（1）确定展览主题。展览组织机构在客户需求识别的基础上，需要考虑：周边地区近期内是否举办同类展会；本地区是否具有举办该主题展览的资源优势，能够办出特色；自身是否具有举办该主题展览的实力，包括经济实力、场馆设施等。

（2）构思相关项目内容。包括展览项目投资的目标、背景及意义，项目投资的功能及价值，项目实施的环境和配套设施条件，项目的成本及资源约束，项目资金的筹措及调配计划，项目投资的风险及化解方法，项目的实施与管理，项目实施后预期的总体效益等。

（3）实施可行性研究。主要包括三项内容：一是从市场角度，分析该主题的展览项目的市场前景；二是从技术、设计的角度，分析凭借现有的硬件和软件基础举办展览项目的可行性；三是从财物的角度，分析对该项目投资的合理性。项目可行性研究要本着实事求是的原则，运用现代科学的方法进行，既可自己完成，也可委托专业咨询公司完成。

3. 展览立项阶段

展览项目通过可行性论证后，需要向政府有关部门进行申报，核准后才能启动，这是避免重复办展、保证项目质量的有效手段。展览项目的正式立项意味着展览项目启动阶段基本结束。

二、展览规划阶段

展览规划是引导项目管理工作向目标方面发展的总体设想，这一过程主要包括制订展览计划和实施分解设计。

1. 制订展览项目计划

制订项目计划先要预先立项，它是展览项目规划的首要工作，即展览组织机构根据展览项目目标，对执行项目中的各项工作任务做出的周密安排。一个简单的展览计划包括两点：

（1）明确展览项目目标

根据项目规划，展览组织机构应在项目规划中明确展览项目的目标或工作任务。

（2）确定展览范围

①参展商规模的确定，展览项目的招展范围、参展商类型、层次、数量等。

②观众范围的确定，观众的类别、购买力水平、数量等。

③展览服务的确定，为满足客户需求和实现自身目标，向参展商和观众提供的服务。

（3）估算展览项目时间

为了使展览组织机构和目标客户在成本约束下发挥最大的时间效率，需科学估算承办展览项目需花费的时间，这是展览项目计划中不可或缺的内容。包括两个方面:一是估算每项活动从开始到完成所需要的时间,二是估算展览项目的总体进度。

(4)编制展览项目预算

项目预算是控制成本的有效手段。展览组织机构应该根据展览项目范围,对人、财、物等各项资源进行配置,并进行合理的总体与分项预算。展览项目预算主要包括三个方面:

①人力资源预算。整个展览项目需要哪些人才以及各类人才的需求数量;这些专业人员从何而来;如何合理配置人员,形成高效的项目团队。

②物力资源预算。完成该展览项目需要什么样的专业展览设施,什么样的配套服务设施以及何种高新技术等,资金成本估算,即对由人力资源成本和物力资源成本构成的直接项目成本进行预算。

2.进行项目分解设计

项目分解是将展览项目整体分解成易于管理和控制的若干个子项目或工作任务,实际上就是给出明确的展览项目范围。如一个展览项目可以分解为招展项目、招商项目和服务项目,这一阶段的任务就是分别对三个子项目进行设计。

(1)招展项目设计。招展项目是展览项目中的一个重要子项目,展览项目成功与否在很大程度上取决于参展商的数量和质量。不同类型与规模的展览对参展商的档次要求不同,展览组织机构在招展项目的设计与策划上侧重有所不同。根据国际展览联盟要求,国际性展览的境外参展商比例应超过展位的 20%,因此需加强海外的招展力度。在专业展览中,招展项目则更多以"组团形式",即通过国内外的政府办事机构或各类协会,集体组织参展。这种形式能有效增强展览的可信度,提高招展效率,因而这种方式被广泛采用。

(2)观众项目设计。展览活动不仅需要参展商的参与,更需要一大批高质量的观众和贸易商,形成较大的交易量,有效地收回投资。观众项目设计主要涉及观众组织与招商促销计划。不同类型的展会,在观众组织上选择策略不同。非专业性展会,应采取灵活的组织方式组织观众,设计时应采取办法积极鼓励普通观众的参与,不收门票,并在展会期间穿插节目表演和抽奖等活动,以吸引观众。专业性很强的展会,设计时需考虑以专业人士参加为主,特别是展览期间的专业活动设计,以避免热闹有余而收获不大的现象。

(3)服务项目设计。现代展览以商业化运作为主,商业化的运作给展览组织机构提出了越来越高的要求,细致周到的服务成为展览项目成功的保证。因此,服务项目设计是展览项目规划过程中的一个重要内容。服务项目设计的原则是:急参展商之所急,想观众之所想,提供完备的服务。一个国际性展览项目的配套服务设计,不仅包括展会的常规性服务,还包括一些个性化服务。

三、展览项目执行阶段

展览项目执行阶段是一个使展览项目在既定的项目时间和项目预算中执行的动态过程,主要包括展览项目控制和调整两个环节。

1. 展览项目控制

展览项目控制是对展览项目管理活动及其效果进行的衡量、监督和校正的过程,其目的是为了规范项目运行,确保项目计划按照既定的目标和预算得以顺利实施。展览项目控制主要有两个方面的内容:

(1)项目任务监控。为了使展览项目顺利实施,应该对展览项目涉及的各项工作任务进行实时监控,及时发现问题、寻找差距,以便及时调整,保证项目按计划执行。监控内容如下:

①当前项目计划的完成情况。

②已完成任务的复杂程度和所占比例。

③已完成工作任务的质量。

④项目团队成员之间的沟通和协作水平。

⑤展览场馆的运作和展馆设施的使用情况等。

(2)项目成本控制。是展览项目控制的核心,成本一旦失控,项目就难以在预算内完成。因此,展览项目应该建立相应的财物控制制度,在项目执行过程中进行核算和成本控制。展览项目成本控制的关键在于经常及时地分析成本绩效,即把实际已经完成的工作任务和花费相同数量成本计划完成的工作任务相比较,尽早发现实际成本和预算成本之间的差异。

2. 展览项目调整

项目总是处在变化的环境之中,通过项目控制发现项目的实际执行过程与计划任务之间存在的偏差,及时做出调整。展览项目调整主要包括两个方面的内容:①展览项目人员的调整;②展览项目预算的调整。

四、展览总结评估阶段

项目执行阶段的结束并不意味着展览项目管理活动的终结,还需进一步进行评估、总结,因此还要对项目结束阶段进行策划。主要包括以下方面的内容。

1. 展览结束总结

在项目执行工作完成后,展览组织机构需要进行项目执行情况报告,项目团队人员绩效评估,成功经验总结或失败原因分析。展览企业要发展、要提高,就要不断总结每届展览项目实施中的经验,吸取教训,为今后的项目管理提供借鉴和参考。

2.展览效益评估

展览效益包括直接或间接的经济效益以及社会效益。直接的经济效益是指展览和活动所成交的金额等，间接的经济效益是指展览所带来的门票、广告、餐饮、交通、旅店等收入；社会效益是指展览各方以及展览所在地获得的社会影响力和示范效应。

3.展览信息反馈

展览场所的活动结束后，展览组织机构需与参展商进行信息的双向交流。展览企业需要请专业人士对参展的观众进行分析，并由专业信息处理公司计算出有关数据以及效益评估结果，并及时发送给参展商，采集反馈意见与建议，以便今后进一步提高项目管理的质量。

思考题

1.展览策划的基本流程是什么？

2.请描述展览策划的内容。

3.请描述展览的发展趋势。

4.运用思维闪电策划法，策划一项校园汽车展。

5.展览项目阶段分别有哪些？

6.展览策划分别有哪些原则？

7.简单介绍展览策划程序和方法。

案例分析　　　　　亚洲户外用品展览会发展概况

亚洲户外展源于欧洲户外展。"欧洲户外用品展览会"自 1994 年创办至今，每年一届，在德国举办，是欧洲户外行业最高水平的专业用品展，也是全球最具影响力的顶级专业户外用品展览会之一。2006 年，欧洲户外用品展的主办方之一 Messe Friedrichshafen 联手南京国际展览中心，把"欧洲户外用品展览会"的品牌资源和经营理念带到了亚洲，合作举办 2006 亚洲户外用品展览会。这是针对亚洲户外用品市场而设立的专业展览会。展会保留了欧洲户外用品展的一些传统活动，如：户外服装秀、晚会、攀岩比赛、专业论坛等；同时，根据亚洲的市场情况，展会又增加了原料采购区，亚洲及周边地区的专业原料供应商将展出其最新产品，供各户外品牌制造商咨询采购。亚洲户外用品展览会和欧洲户外用品展览会将紧密合作，东西呼应，为户外用品行业在欧洲和亚洲的市场开拓和发展提供优良的信息交流平台。图 1-3 和图 1-4 是该展览通过六年发展的一些数据对比。

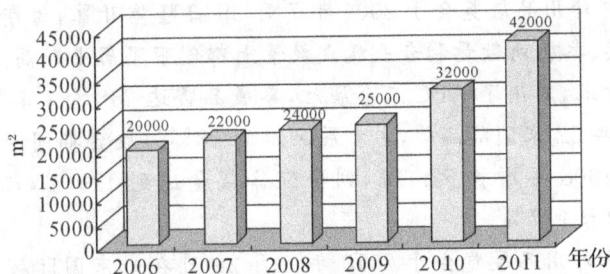

图1-3 展览面积

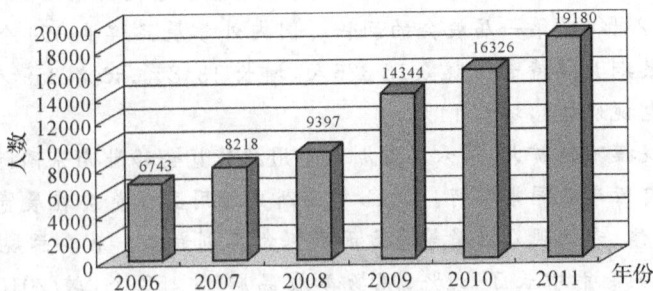

图1-4 专业观众

历届概况：

2006 亚洲户外用品展览会作为首次在亚洲举办的国际性专业户外用品展览会，受到了海内外户外用品品牌商，零售商，面辅料，配件生产企业和媒体的广泛关注，共吸引 174 个国内外知名户外品牌参展，海外品牌参展比例突破 55%，展会总体规模 2 万平方米。四天展期内，共有 6743 名专业观众到会参观；其中境外专业观众占 13.5%。展会现场总成交额约 3000 万人民币。

2007(第二届)亚洲户外用品展览会得到了中国商业联合会、中国国际贸易促进会、南京市人民政府的鼎力支持。总展览面积近 22000 平方米，有 214 个专业户外品牌参加了展会，其中超过 50% 的户外品牌来自境外，吸引了 Bergans/Deuter/Duraflex/ Ferrino/ Garmont/Mountain Hardwear/ Mountain Smith/ Scarpa/ Suunto/ Zamberlan 等一大批国际知名品牌的首次加入。展会共接待了专业观众 8218 名，其中 12% 为海外观众。

2008 亚洲户外用品展览会资料显示，来自 23 个国家和地区的 9397 名专业观众参观了展会，较之 2007 年增长 15%。大部分观众来自亚洲地区，也有许多观众来自澳大利亚、南非、美国以及欧洲各国。245 个参展商参与了 2008 年的展会，比 2007 年增长了 14%。总的展览面积从 2007 年的 22000 平米增加到 24000 平米。此外，展会期间有众多品牌商在南京召开订货会。

2009 亚洲户外用品展览会于 2009 年 7 月 30 日隆重开幕,为期四天的亚洲户外展在展馆规模、参展商数量和专业观众数量上都创下了历史新高。其中,展览面积达 25 000 平方米,启用了 ABC 三个展厅,参展品牌达 288 个。其中包含来自 24 个国家与地区,共 52 家国际品牌,占参展品牌的 18%。展会期间专业观众人数达到 14 344 人,比 2008 年增长 52.6%,到会媒体数量达到 129 家,记者数量为 351 人,较 2008 年增长 9.7%。

2010 亚洲户外用品展览会于 2010 年 7 月 28 日在南京国际展览中心隆重开幕,为期四天的第五届亚洲户外用品展览会在展馆规模、参展商数量和专业观众数量上都创下了历史新高。展览首次增设一层展厅,总展览规模达 32 000 平方米,比 2009 年增长了 28%,是第一届展会的两倍。国内外参展品牌共 359 个,同比增长 24.6%。四天展期共接待专业观众 16 326 人,增长 13.8%;记者 355 人,媒体 147 家(包括 14 家电视媒体),增长 14%。

随着展会规模不断扩大,第六届亚洲户外用品展览会移址南京国际博览中心,并和首届亚洲自行车展同期举行。2011 年亚洲户外用品展览会在展览面积、参展商数量、与会媒体、专业观众数量等多方面数据都再创新高。展会总规模达到 4.2 万平方米,较 2010 年增长了 31%;现场参展品牌共 452 个,较 2010 年增长了 26%,其中海外参展品牌共 142 个,占总参展品牌数量的 31%;158 家媒体,共 405 名记者参与了本次展会的现场报道;四天展期共接待专业观众 19180 人,较 2010 年增长了 17%。

又讯,2012(第七届)亚洲户外用品展览会于 2012 年 7 月 26 日至 29 日在南京国际博览中心开幕。展会总规模由 2011 年的 4.2 万平方米扩大到 4.8 万平方米,参展品牌预计达到 540 个,比 2011 年增长近 20%。

亚洲户外展组办单位之一的南京宁菲国际展览有限公司董事长张建介绍,亚洲户外用品展览会源自于欧洲户外展,从 2006 年开始举办。经过 6 年的发展,亚洲户外展已经成为亚洲地区规模最大、参展品牌最多的专业户外用品展,目前已经可以和欧洲户外用品展和美国盐湖城户外展相媲美。

据介绍,除了许多知名品牌重装亮相外,本届展会现场还举办了丰富多彩的活动。同期举行的项目有产业发展论坛、亚洲户外产业大奖和 2012 亚洲户外展攀登节等活动。

第二章　展览会主题策划

第一节　展览主题策划概述

一、展览主题策划的概念

主题,是指事物所蕴含的中心思想和核心内容,广义的主题指题材概念,是社会生活或现象的某一方面。展览主题是整个展览活动的精髓所在,是展览活动的指导思想、宗旨、目的要求等最凝练的概括与表达,是贯穿于整个展览活动过程中的演绎核心。展览主题策划不仅仅是一个构思,从某种意义上来说,是展览活动的整体策划实施过程,统帅着展览的创意、构成、方案、形象等各个要素,并把各个要素紧密地结合起来。通过展览主题信息的传递,刺激并约束参展者和观众的行为,使其能遵循展览的主题信息去实现展览价值。

主题是灵魂,展览主题演绎是一个体系,抓住了主题,就可以统领大型展览的三大要素——场馆展示、论坛、文化娱乐活动,事实上办展的过程就是主题演绎的过程。展览策划必须有明确的主题,偏离了主题,展览就成了漫无目的的拼凑。

2010上海世博会的主题为:"城市,让生活更美好"(Better city,better life)。整个世博会分设了"城市多元文化的融合""城市经济的繁荣""城市科技的创新""城市社区的重塑"和"城市和乡村的互动"五个副主题对主题进行充分的演绎,以"和谐城市"的理念来回应对"城市,让生活更美好"的诉求,积极塑造"和谐城市"的范例,这个理念包括"人与自然的和谐""历史与未来的和谐"以及"人与人的和谐"。在上海世博会184天的展期里,世界各参展国家和国际组织、城市、企业等,围绕主题,充分展示城市文明成果、交流城市发展经验、传播先进城市理念,从而为新世纪人类的居住、生活和工作探索崭新的模式,为生态和谐社会的缔造和人类的可持续发展提供了生动的例证。

策划是一个谋划达成目标或事业成功的先发设想及其思维的过程,它是对一项计划活动进行决策之前的构思、探索和设计的过程。它作为人类不可缺少的活动,源于计划活动和决策活动的需要,并与管理决策交织在一起,具有悠久的历史。展览主题策划是策划的一个组成部分,是策划展览主题并围绕主题策划展览活动的过程,它是策划者所要传达的中心信息。引导展览参与者遵循展览组织机构提出的要求去完成展览活动的各项工作。它统帅着整个展览策划的创意、构成、方案、形象等各个要素,贯穿于整个展览策划之中,并把各种因素紧密地结合起来。

展览主题策划有以下两个基本构成要素:一是展览策划目标。这是根据展览策划人员所代表的组织的宗旨、行动方式、社会角色设定等因素确定的。项目策划主题只有服从和服务于项目策划目标,策划才不至于无的放矢,不至于与组织的根本目的相违背。展览策划目标可分为经济目标和社会目标两类,因此,在进行主题策划时要坚持可行性和可持续性的原则。经济目标是对经济效益而言的,展览策划时要坚持可行性原则。在现有的人力、财力、物力及技术条件下有实现的可能才是好的策划。切忌不符合实际的提法和空洞的豪言壮语。社会目标是在经济目标的基础上追求展览的社会效益,提高企业的市场影响力,培育展览品牌,扩大影响。二是展览参与者的心理需求。这是指潜藏在人心底里的欲望与追求。一个成功的展览主题策划能够迎合参与者的这种心理需求,引起参与者强烈的共鸣。

二、展览主题策划的原则

展览业的市场竞争日益激烈,展览主题的策划也变得十分重要,它关系着一个展览项目的生命力及其持续发展的前景,甚至关系着展览组织机构的生存。展览主题策划应遵循以下几方面的原则:

1.以自身实力为依托

展览主题的策划是展览成功的前提与基础,一方面要追求主题的创新与独特性,另一方面,由于展览的举办是一项系统工程,需要策划、组织、服务等各个方面专门人才与设施的配合才能完成,投入大、耗时长,需要强大的物质保障,所以必须建立在强有力的基础设施与人才资源基础上,同时又要体现地方特色,突显亮点。总之,必须以自身力量为依托进行展览主题的策划。

2.以举办地的资源特色为辅

要考虑展览主题的特色之处就需要首先考虑举办地的资源特色,充分发挥举办地的各项资源优势,创造展览品牌。

(1)旅游资源与人文优势

拥有丰富旅游资源的地方具有举办展览的得天独厚的优势。这些地方可以通过举办各类专业性的大型国际展览、大型论坛或者各类旅游节、文化节,来培育城市的展览品牌。在我国的西部地区,许多城市拥有着独特的历史文化和人文地理景观,这足以成为其培育展览品牌、举办大型展览、发展展览经济最有利的资源。以西安为例,它有着悠久的历史文化,而且蕴藏着丰富的旅游资源,在西安市政府的大力引导和支持下,西安成功举办了一系列大型国际展览会,使其展览产业得到了很大发展。

（2）政策环境资源

国家的政策倾向也可以成为城市展览品牌培育的突破口。如大连作为我国指定办理汽车整车进口的四个沿海城市之一，在举办大型的国际性车展方面具有一定的优势。我国西部历史文化名城成都，历来就是大西南的商贸集散地和中心城市，是国务院规划的西南地区"三中心、两枢纽"之一和国家五部委确定的全国商贸中心改革试点城市。这对于成都发展成为我国西部中心展览城市是极大的优势。

（3）地理位置的优势

地理位置的优势也是发展城市展览产业的重要依托优点。比如，上海作为我国的经济和金融中心，其城市综合竞争力名列全国第一。于是，APEC 会议、2010年世博会最终花落上海。

3．以产业为基础

展览业是前瞻性产业，产业结构作为展览业发展的基础，是城市培育展览品牌的先决条件。目前，我国深圳、东莞、武汉、义乌等城市展览业的发展就基本上是以当地的优势产业为依托的。深圳作为我国的沿海开放城市，高新技术产业非常发达，其主办的"高交会"已逐渐凸显品牌优势。东莞地处珠三角经济圈的中心地带。

三、展览主题策划的特点

不同的展览有不同的主题，显示了展览的个性。概括起来，展览主题具有以下共性。

1．独特性

展览主题策划必须有创意。策划的内容必须新颖、奇特、扣人心弦，使人产生新鲜、有趣的感觉。现代社会被称为信息爆炸社会，在科技发展日新月异的今天，对于公众来说很多信息成为过眼烟云。现代交通、通信和网络的发展，使人们对许多新鲜事物司空见惯，很难提起兴趣。所以，展览的主题必须新颖独特，才会吸引人们的眼球。

2．时效性

时效性即"抢眼"。展览的主题要与时局的发展紧密结合，才能吸引观众的眼球。国际与国内所发生的一系列大事是全球政治、经济、文化的综合反映，关系到全人类的命运，也影响和改变着人们的生活。所以，展览的主题思想应该反映世界宏观形势的变化和人们思想观念的转变。

3．通俗易懂性

将策划概念经过提炼加工成展览主题，使之通俗易懂，能够为广大传媒和公众接受。"凡大道至简至易"，最简单的东西其实最深刻地反映事物的本质。展览主题也是如此，简单明快，易于公众接受理解，会得到广泛传播。

4.刺激性

展览主题能够激发消费者的欲望。展览主题应具备一定的冲击力、震撼力,使参与者产生强烈的共鸣。如"国际航空航天展",飞机上天演示,惊心动魄,让观众感受到了极强的震撼力和刺激性。

第二节 展览主题策划要素

一、展览主题策划要素构成

展览主题的确立,其出发点首先应立足实际,根据办展城市自身优势特点、支柱产业、品牌塑造、世界潮流等要素确定主题,并由此展开全局性的主题规划和策划落实。主题是展览的旗帜,也是展览的核心,展览组织机构需真正了解目标客户的新需求,量身定做,进行有创意而合理的主题策划。主题一旦确定,其策划和实施就要保持一致性,通过展前邮件、展台设计、派发宣传品、后续资料等传播手段影响目标客户,使核心信息得以传达,使主题策划作为整个展览市场计划和品牌发展计划的一部分,真正起到提升品牌的作用。

展览主题策划由三个要素构成:策划目标、信息个性和心理需求。三者在有机融合和互相渗透中,展览主题策划才有针对性和生动的活力。

1.展览主题策划的目标。展览主题策划的目标是根据展览策划人员所代表组织的宗旨、行动方式、社会角色设定因素来综合确定的。展览项目主题只有服从和协同于该目标,策划和执行才不至于无的放矢。展览主题策划目标要符合可行性和展览可持续性发展的原则。

2.展览主题的信息个性。只有科学地演绎和表达了展览主题的信息个性,使其区别于其他展览,并能引起参与者的共鸣和兴趣,才能更好地树立展览的品牌形象,获得展览成长性的发展空间和市场空间。

3.参展商和观众的心理需求。成功的展览主题策划能够迎合和满足参展商和观众等展览参与者的心理需求,实现有效的心理共鸣和预期目标,使展览的项目管理和执行过程得以顺利进行。

二、展览主题策划基本要点

1.确立主题取决信息处理水平

展览主题策划是一项智力密集型的系统工程,是一项复杂的智力、经验投入和信息处理过程。一个优秀的主题策划方案和成功的展览策划,取决于对海量信息的甄别、分析和提炼,同时需要进行庞杂的信息处理。信息处理包括经济学、管理学、市场学、商品学、心理学、社会学、文化学、策划学、营销学等多学科知识和经济、政治、社会、文化、民俗、宗教、市场、产业等信息的积累整理、综合分析与融会贯通。

2. 掌握展览时间和空间的变化

根据形势的发展变化决定行动的最佳时机,对展览主题进行时间筹划。杰出的策划能够预先洞察到推行的时机。时间运筹有两种策略:一是尽量与其他展览在时间上错开,尤其是一些知名品牌的展览,要避其锋芒,避免在争夺参展商环节上的恶性竞争;二是所谓的"扎堆"效应,即对于当前比较热门的主题展览,借着消费者热情高涨的时机,举办相同题材展览,或是依托较成功品牌展览,在该展举办前期举办与其产品相关的展览,也会收到意想不到的效果。在时间的运筹方面,展览组织机构必须要避免在同一时间、同一城市举办相同主题展览的恶性竞争局面,重复办展、无序竞争、恶性竞争对我国展览业的健康发展是不利的。

形势的变化是指宏观环境形势的发展变化。展览主题策划就是谋求一种有利的形势,综合利用政治、经济、文化及国际等各方面的有利因素,使所策划展览项目的地位、规模和成效都得到提高。宏观形势在不断变化,展览主题策划要在形势的不断改变中寻求和建立优势,发挥优势,并保持和强化优势。

3. 应对市场环境变化寻求优势导向

展览主题策划还应该谋求一种有利的形势为导向,正确优势导向的展览主题策划有利于整个展览项目的地位、规模、成效和知名度的提高,在不断变化的市场环境中寻求相对优势。具体表现为展览主题的时机寻求、地点寻求、内容筹划和表达筹划,决定展览举办的最佳行动机会和运筹效应。

4. 注重产业特色和文化内涵的结合

展览主题的确立和策划关系到展览举办地的选择。展览的主题应依托展览举办地的产业优势、产业结构、经济结构、地理位置、交通状况和展览设施等条件。展览主题一旦确立,就要使举办地的选择与之吻合。另一方面,展览主题需有一定文化特色,提炼展览主题是一个文化表达的过程,失去了文化内质的展览主题策划或策略难以提升展览主题乃至整个展览的品位和意义。

5. 展览主题策划是资源整合的过程

展览主题策划是在充分利用、挖掘其资源优势的基础上,推动展览资源和流程部分的优化组合。使展览主题与展览的整体策划、项目执行与管理、以及品牌培养等要素达成协同效应,提高办展水平,扩大市场号召力和社会影响力。

6. 突出展览举办城市的特色

展览要突出展览举办城市的特色,这些特色一般包括:

(1)文化特色。努力挖掘展览所在城市的文化底蕴,提炼展览主题,策划具有当地民族特色、反映当地风土人情的展览。

(2)产业优势。展览题材的选择要根据展览举办城市的经济结构、产业结构、地理位置、交通状况和展览设施等条件定。展览举办城市的产业优势,一要考虑本区域的优势产业和主导产业,二要考虑国家或本地区重点发展的产业,三要考虑政府扶持的产业。

7.展览的网络策划

展览主题策划可以采用网上调查的方式,集思广益,决定展览主题的取舍。网络策划利用了现代科技手段,既扩大了影响,又提高了展览的成功率。网络策划可采用多种传媒方式,也可采用其他的如报纸等媒体方式。无论采用哪种方式,其目的都在于吸收更多的意见,为展览主题服务,既扩展了思路,又扩大了影响。

8.把握消费者的需求

根据消费者的衣食住行、工作、学习需求,就某一方面的产品和环节策划展览主题。随着科技的发展,人们的生活方式、生活需求不断改变,把握生活时尚的脉搏,就能不断策划出新颖独特的展览主题。

9.综合灵活使用多种思维方式

思维方式决定策划方法。主题策划与思维方式有着直接的因果关系,把握顺向思维与逆向思维、平面思维与立体思维、宏观思维与微观思维、动态思维与关联思维、求同思维与求异思维等的关系,对提高展览主题策划水平大有裨益。

第三节　市场调研程序和步骤

一、掌握市场调研的意义

国际性展览企业对展览市场调研这项工作十分重视,每个新举办的展览,通常需外向型经济大量的财力、人力与物力组织市场调研,做到知己知彼。我国展览业随着展览市场的逐步成熟,越来越多的展览企业也开始对展览市场调研的意义有所认识,但组织展览市场调研的能力仍相当薄弱。要提高我国展览工作的组织水平,首先需从展览市场的调研着手,展览策划要以市场调研的资料来作基础。展览市场调研对展览策划有以下积极意义。

1.了解展览市场趋势发现新的市场机会

展览市场是瞬息万变的,展览市场营销调研本身是一种管理手段,它强调展览企业在整个营销过程中要注意了解动态市场,把握机会,及时发现展览营销中的失误,随时改进展览营销活动,以更好地满足参展企业的需求。展览企业通过市场调研,可以及时了解展览市场发展趋势,掌握展览营销环境、展览市场需求状况等有关信息,有利于发现新的市场机会。

2.充实与完善展览市场营销信息系统

展览市场调研是一项基础性的长期工作,需系统、持续地搜集大量有价值的信息。主要是对展览市场相关营销信息进行广泛深入的调研与分析。这些在调研中采集的市场信息被输入到市场营销信息系统后,使得营销信息系统的内容日益充实与完善,从而更好地服务于展览企业及展览业的发展。

3.有助于展览组织机构进行科学决策

从宏观环境来说,我国长期受计划经济体制的影响,企业对市场营销调研缺乏必要的认识,对市场认识与把握不足。不少展览组织机构因缺乏市场调研,采取盲目的营销行为,造成巨大的经济损失,从而失去市场机会。因此市场调研有助于展览组织机构进行科学决策。

二、系统性进行市场调研

市场信息收集的过程就是一个系统的、有目的的市场调研过程,它主要是通过各种市场调研手段,有目的地、系统地收集、记录和整理有关的市场信息和资料,客观地反映市场态势,为全面认识市场、进行市场分析和预测,以及为展览组织机构进行科学决策提供依据。没有掌握有关市场信息的展览策划是盲目的策划。如图2-1 所示,对于策划举办一个展览会而言,市场信息收集主要涉及如下四个方面。

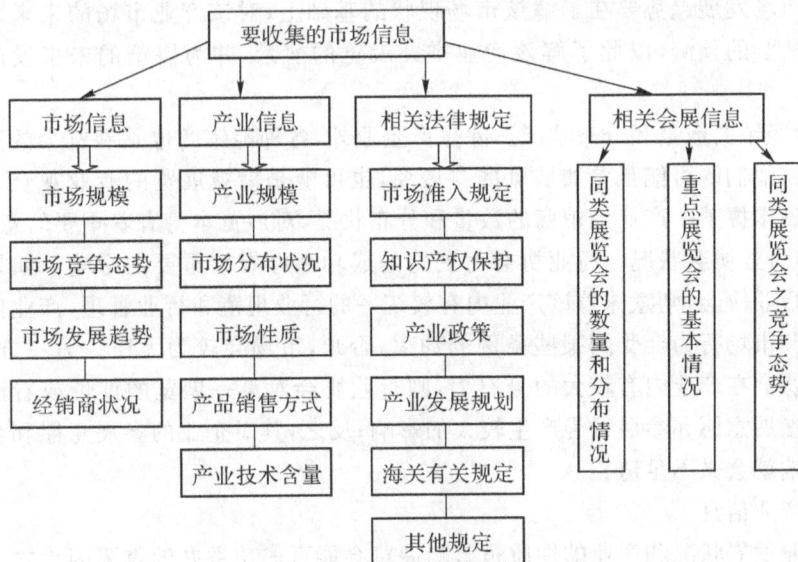

图 2-1　市场信息的类型

1.市场信息

当前,我国展览市场政府主导型展览总体数量还偏多,因此以市场化主要运作的商业性展览数量还有待提高。市场化的商业性展览就需要对市场进行全面的了解,要能对各种市场信息进行全面的认识和深入的分析,并能在其基础上作出科学的应对决策。

从展览策划的角度出发,需要收集的市场信息有:市场规模、市场竞争态势、经销商数量和分布状况、行业协会状况、市场发展趋势等。

(1)市场规模。某一产业的市场规模的大小,对在该产业内举办的展览会的规模会产生直接的影响。如果市场规模过小,举办该产业题材的展览就会失去市场基础,展览就很难发展。不仅要研究现在的市场规模,还要预测未来市场规模的发展趋势和市场的成长性,市场规模的增减直接影响到展览规模的变化和成长性。

(2)市场竞争态势。市场竞争态势对企业的参展意愿会产生重要的影响。市场竞争态势是指产业内部企业之间的竞争关系,以及政府对该产业的控制力和影响力。不同的市场竞争态势对展览的影响是不一样的。例如,市场垄断性较强的产业,不管这种垄断性是来自产业本身还是来自政府的政策,产业内企业通过参加展览来营销自己产品的积极性就较小,举办该产业展览的难度就较大;市场竞争较充分的产业,企业通过参加展览这种方式来营销自己产品的积极性往往会较大,举办该产业展览就较容易成功。

(3)市场发展趋势。市场发展趋势直接影响展览未来的发展前景。了解某一产业的市场发展趋势要在了解该市场现状的基础上,对该产业市场的未来发展趋势作出科学的预测,以此了解该产业举办展览的前景,并为展览的未来发展作出规划。

(4)经销商数量和分布状况。除生产企业外,各种经销商也是展览会的重要潜在客户。他们既可能是参加展览的参展商,也可能是参观展览的专业观众,因此,事先准确掌握某一产业经销商的数量和分布状况,对展览本身有着重要的意义。

(5)行业协会状况。行业协会对展览的成功举办有较重要的影响。如果产业内存在行业协会,则意味着该产业内有较统一的行业规范和行业管理,产业内的企业行为和市场行为会受到某些条例的约束;否则,市场会较为无序。另一方面,如果行业协会在产业内有较大的号召力,则行业协会对某一展览的评价或看法会对企业的参展意愿和参展行为产生较大的影响;反之,其对企业的参展意愿和参展行为的影响就会微不足道。

2.产业信息

产业发展状况和产业的性质是影响展览会能否成功举办的重要因素之一。产业不同,举办展览的策略和办法也不一样。收集相关产业的有关信息主要是为了从产业的角度分析产业对展览举办可能产生的影响,以及产业提供给展览可能发展空间等,为制定切实可行的展览举办策略奠定坚实的基础。产业信息具体的有以下几个方面:

(1)产业规模。产业规模主要是指该产业的生产总值、销售总额、进出口总额和从业人员数量等,这些信息是策划举办展览时需要参考的重要数据。例如,了解产业的生产总值和销售总额可以为预测展览的规模提供依据,了解产业从业人员数量可以为预测展览的到会专业观众数量提供参考。由于产业规模对展览规模会产生直接的影响，产业规模的增减会影响到展览规模的增减，所以，在收集产业规模的相关数据时，不仅要收集产业规模的现有数据，还要对未来的增减趋势作出预测，以便为展览制定长期发展策略提供参考。

（2）产业分布状况。产业分布状况与展览的招展和宣传推广策略的制定密切相关，是制定展览招展招商和宣传推广策略的基础。了解产业分布状况，不仅要了解该产业的产品主要是在哪些地方生产，以及产地生产的产品在该产业的占比是多少，也要了解该产业产品的主要销售地，以及各销售地所占该产业的产品销售比是多少，还需要了解各产地销售产品的种类、特色和档次等。

（3）产业性质。产业的发展通常要经历投入、成长、成熟和衰退四个阶段。产业处于投入期，因刚起步，企业有限，市场不大，举办展览往往较难获利；产业处于成长期，市场扩张快，企业数量不断增多，市场对该产业的产品和该产业对相关设备的投资需求较大，企业赢利性好，较适合举办展览；产业处于成熟期，市场竞争激烈，企业数量较多，很多企业在为自己的产品寻找销路，也比较适合于举办展览；当产业处于衰退期，企业数量不断减少，赢利性较差，市场容量萎缩，较难举办展览。策划举办展览会，首先要考察准备举办展览的产业性质。如选择不当，即使一两届展览侥幸举办成功，展览的发展前景也很难保证。

（4）产品销售方式。适合举办展览的产业基本以"看样成交"为主的行业，以及对产品的外观设计和款式比较看重的行业。如果产品主要是看说明或图纸成交，则该产业举办展览的空间就较小。产业的产品销售渠道模式及其成熟度对举办展览的影响也很大。比如，某产品的批发渠道比较发达，大型批发市场较多，则在该产业内举办展览就会遇到很多困难。

（5）技术含量。产业技术含量主要是指该产业的产品以及生产设备所需要的技术难易程度以及它们的体积大小和重量等。了解这些信息，对于展览的场地选择有着重要的参考意义。由于各地的展览场馆在展馆室内高度、场地承重、展馆进出通道等方面的技术数据不一样，其对展品的要求也不相同。例如，对于技术含量较高的展品，需要在布置展馆展区时提供较宽的通道和公共空间，以便参展企业的产品现场演示；体积较大的展品，则应选择在进出通道较大、室内高度较高的展馆举办展览；如果展品较沉重，则应选择地面承重量较大的展馆举办展览。收集产业信息时，还要密切注意收集分析该行业的发展趋势、热门话题和行业的亮点等方面的信息，这些信息对今后策划展览相关活动很有帮助。

3. 有关展览市场的法律法规

不管是产业还是市场都不同程度地受国家有关法律法规的影响和约束。国家的法律法规对举办展览的影响体现在三个方面：一是通过对国内外企业参展意愿和参展行为的影响间接影响展览会；二是通过对展览组织方式的约束直接影响展览会;三是通过对展览举办单位的市场准入限制来影响展览会。国家法律法规对举办展览会的三个方面的影响不是截然分开的,它在很多时候是在同时发挥作用的。

了解国家法律和法规对成功策划和举办展览具有重要意义。在策划举办展览时,展览组织机构需要了解与展览相关的法律和法规:

(1)市场准入规定。市场准入有两个方面,一是对举办展览的企业或机构的资格审定,二是国家对外资进入该产业的政策规定。前者对展览组织机构能否举办展览将产生直接的影响,后者不仅影响到海外企业的参展意愿和参展行为,而且也同样影响到国内企业。

(2)知识产权的保护。不少参展企业在展览期间或在展览前发布新产品,推出新设计,展览组织机构需要采取措施保护好这些新产品和新设计的知识产权。如果展览上出现大量侵犯知识产权的展品,不仅会引起参展企业之间的纠纷,也会影响展览品牌的声誉,对展览的发展产生极为不利的影响。

(3)产业政策。产业政策是指政府对产品的销售、使用和生产等方面的规定,如国家对香烟、酒等销售方面"专卖"的规定,以及对药品在生产和使用方面的规定等。这些规定对展览的举办、企业的参展意愿和参展行为等都会产生直接或间接的影响。

(4)产业发展规划。产业发展规划是指国家和地方政府对某一产业的发展所作的长远和宏观规划。产业规划决定着该产业在较长时期内的产业政策和发展趋势。新兴产业和政府规划为重点发展的产业举办展览,发展前景比较看好。产业发展规划与政府的产业政策密切相关,它不仅宏观上影响着展览会,也在具体操作上影响着展览。

(5)海关有关规定。海关有关规定主要是指针对某一产业的货物进出口政策、货物报关规定和关税等,海关规定对海外企业参展有着重大影响。货物进出口政策直接影响海外企业的参展意愿,例如,某国禁止或限制某类产品的进出口,那么海外企业不管是参展还是参观展览的意愿都会降低;货物报关规定直接对展览的具体操作产生影响。

(6)其他规定。举办展览涉及多种产业,政府对交通、消防、安全等其他有关行业的规定也会对展览产生这样或那样的影响。因此,在策划举办展览会之前,对相关的公共政策与规定也要有所了解。

4.相关展览的信息

展览策划一定要对该行业的现有展览情况有所了解。了解这些信息,一方面,可以为展览组织机构决定是否在该产业内举办展览提供决策依据;另一方面,当决定在该产业内举办展览时,可以为其制定竞争策略提供参考。相关展览的信息了解得越多越好;当然,由于存在竞争环境,较难全面采集到相关展览的全部信息。

策划举办展览时,至少需收集到相关展览以下几类信息:

(1)同类展览的数量和分布情况。展览组织机构要尽量了解国内外要举办或即将举办题材相同展览的数量,清楚同类展览的地域分布情况。同题材展览的数量越多,在该产业中策划举办新展览的形势越不利;同题材展览的分布离计划举办展览的地域越远,对策划举办新展览的预期越有利。

(2)重点展览的基本情况。除了要了解同题材展览的数量和分布情况以外,对该题材的重点展览的基本情况要作进一步的了解。所谓"重点展览",是指规模和影响都较大、行业口碑较好,或是与计划举办的新展览有直接竞争关系的展览。对于重点展览,展览组织机构对其组展机构、办展时间、办展频率、办展地点、展览规模、参展企业数量及分布、观众数量和来源、展品范围、展览定位等情况要需进行比较详细的了解。

(3)同类展览的竞争态势。无论各展览的不同定位,同题材的展览之间总会存在这样或那样的竞争关系。清楚同类展览之间的竞争关系,对策划举办新展览和为新展览制定竞争策略有着十分重要的意义。如果展览组织机构能像了解重点展览基本情况一样,也能了解到该题材内所有展览的基本情况,那对其策划新的展览将十分有益。所以,展览组织机构要尽可能地多收集相关展览的信息,以供策划立项时作决策参考。

三、多渠道获取市场信息

根据资料来源和性质的不同,信息可以分为一手资料、二手资料。一手资料是直接从市场上获取的最新信息,一般由本企业直接搜集,或由企业委托市场调研公司搜集。二手资料指已被整理分析过甚至使用过多次的信息,具有开放的特性,一般来自于本企业及委托单位之外的其他渠道。在试图获取上述各种信息时,要尽量使获取的信息客观准确、全面系统且富有时效性。

第四节　市场信息的搜集和方法

根据资料来源和性质的不同,信息可以分为一手资料、二手资料。一手资料是直接从市场上获取的最新信息,一般由本企业直接搜集,或由企业委托市场调查公司搜集。二手资料指已被整理分析过甚至使用过多次的信息,具有开放的特性,一般来自于本企业及委托单位之外的其他渠道。

在试图获取上述各种信息时,要尽量使获取的信息客观准确、全面系统且富有时效性。要达到上述目的,可以通过以下各种办法来获取上述各种信息,如图 2-2 所示。

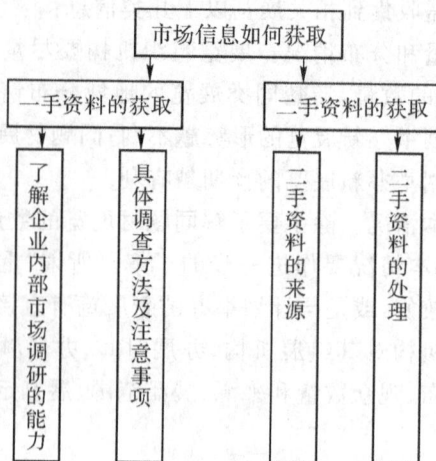

图 2-2　市场信息的获取

一、一手资料的获取

一手资料是通过本企业进行市场调研进行搜集,或者向专业机构购买。展览企业进行市场调研时需要注意以下几个问题。

1. 了解展览企业内部市场的调研能力

决定购买或展览企业自行搜集一手资料,需对展览企业内部市场调研的能力有清楚的认识。考察本展览企业的相关部门是否有能力承担市场调查研究的任务,主要考察部门是否具备条件:

(1)科技性。一套软硬件性能良好的资讯网络设备,通过软硬设备,展览企业才能比较全面地搜集产品内容、产品说明、竞争对手情况、公司策略、政策环境等方面的资料,以备决策者随时取用。

(2)相关性。搜索来的资料必须和即将作出的决策有所关联。展览企业市场调研部门必须有一套用以淘汰和筛选信息的原则和方法。

(3)及时性。展览企业市场调查部门在获取信息时需讲究时效性。市场调研部门特别是部门主管应有对信息充分的敏感性和足够的信息源,对过时的信息必须标注或直接删除。

(4)弹性。市场调研部门提供的资料格式是否可以随时修改或与其他资料合并使用。弹性大的资料可发挥更大的作用,与其他信息系统兼容。

(5)精确性。市场情况千变万化,资料的精确性尤其重要。展览企业的市场调研部门所提供的资料中所指的时间、语句的含义、数据等必须精确。

(6)层次性。市场因素错综复杂,所有的关键环节都要考虑,因此搜索的资料必须深入透彻,必须有相当的深度和广度。

（7）方便性。资料信息以方便实用为基本原则，搜集难度太高、费时太长的资料既不方便使用，也导致成本过高。

2.具体调查方法及注意事项

展览企业自行进行市场调研工作，常采用深度访谈、实地观察和问卷调查等方法。使用这些方法时要注意：

（1）调查对象的选取。必须注意文化因素在讨论过程中的不同作用。如，在美国作深度访谈，社会各阶级的意见不会影响测试内容的讨论，而有一些国家或地区，社会地位高或有影响力的人的意见却很容易被他人接受，在这种地区作深度访谈，就要对坦诚交换意见有所回避。在不同地区，存在着主题可以毫无顾忌地公开讨论或同样的主题却被视为禁忌的不同状况。

（2）调查的技巧。调查是通过对他人的实地观察与访谈而进行的，因此与人沟通的语言、方式的把握很重要，直接影响到调查结果的可信度。如在不同的地方使用实地观察法时，要讲究不同的调查技巧。

（3）调查问卷的设计。调查问卷是进行分析的最直接的工具与素材，因此，科学的问卷设计至关重要。如问题的代表性、有效性及分析的便利性等都直接影响到对调查结果分析的准确性与可靠性。

二、二手资料的获取与利用

二手资料是展览企业取得有效信息的最佳方法，价格低廉而且公开，通过免费途径也能得到庞大的二手资料。但二手资料存在缺陷，主要是信息量庞大且分散，有时可能与展览企业的具体需要关联不大，无法满足展览企业的需求，搜集关联性很强的二手资料，需要工作人员根据展览企业目标从各种途径去寻找。在搜集二手资料的过程中，一项重要的工作就是对搜集的各种关联性不一的信息进行分析整理。

1.二手资料的来源

（1）政府部门提供的资料。政府相关部门如统计局发布的各种信息，一般是真实和有权威性的，是可利用的资料来源。

（2）国际性组织和私人商业组织提供的资料。国际性组织对本行业在全球范围内的发展有专业的了解。如：经济合作与发展组织对其会员国每季度或每年都提供资讯服务。

（3）公共图书馆提供的资讯服务。

（4）其他一些渠道的资讯。如，一些地区、国家或国际间的通讯录上通常包括了企业的通讯地址、电话、传真号、总经理姓名、产品与服务等相关资料。随着互联网的进一步发展，数据库被更为频繁地使用。

2.二手资料的处理

(1)检查资料来源及品质。检查资料的来源,要清楚搜集的目的,谁搜集,怎样的途径搜集,以考察资料的真实性,不同搜集目的资料取舍有所不同。考察以下几个方面:

① 资料来源是主要的还是次要的? 主要的资料来源指资料的原始搜集者,次要的资料来源指被第三者精简或修改过了的资料,二者的可信度不一样,前者的可信度远远高于后者。

② 原始资料是如何搜集的? 研究人员必须对所使用的二手资料的来源有一个正确的了解,这些资料必须符合展览企业研究的步骤和范围。

③ 资料是否具有时效性? 展览市场的变化要求资料必须是最新的。过时的资料会给决策者的决策带来严重的偏差。

④ 资料与研究目标是否有关联? 现处的信息时代,如果选择的资料与研究目标不相关联,不但没有作用,反而适得其反。所以,搜集资料一定要在关联性上把关。

(2)富有创意地解释、分析资料。要对资料作出有用可靠的解释分析,研究人员一是要对企业的策略、任务有充分的了解,时刻注意保持客观中立的立场;二是比较综合分析各种资料,从中找到有用的信息。很多情况下,所收集的资料可能与展览企业的需要十分接近,但并不完全合乎要求。因此,要根据研究目的进行精选并加以综合评估。

第五节　展览主题评估与确定

展览享有行业晴雨表之称,所以需要实时跟踪展览所属行业的最新动态,适时通过新立、分列、拓展和合并等方式调整展览题材,使所创办的展览始终保持强大的生命力。

一、展览主题策划注意事项

1.精心策划展览主题

现代展览主题细分化、专业化的趋势越来越明显,一个成功的展览项目要围绕自己的优势进行拓展,挖掘相关展览题材中的共同点,给予展览以相同或相似的市场定位,从而采用相同和相似的营销策略,服务于彼此有密切联系的目标市场,逐渐形成"产业群"。展览"产业群",不仅有利于增强展览品牌的整体含金量,而且有利于降低推广成本。将展览打造成为所属行业信息交流、产品展示、贸易合作的综合平台。打通产业链是国际领先展览的一大显著特点。与国外展览相比,国内采用的"系列展览"概念相对单一,往往只是将某个行业展览的不同展区分立出来单独办展。比如"建材系列展"有"石材展"、"屋面材料展"、"照明展"、"家用五金展"等,缺乏更广的视角。

2. 主题需通过品牌或商标加以标识

展览市场竞争日益激烈的情况下,总会出现一些主题雷同、题材相近甚至是相互抄袭的展览,尤其是在我国知识产权保护制度还不甚健全的情况下。作为展览组织机构,在题材选择上应能高瞻远瞩,树立品牌意识,培育品牌展并及时进行商标等的注册与保护。

3. 注重受众对展览主题的感受

展览享有行业晴雨表之称,所以需要实时跟踪展览所属行业的最新动态,适时通过新立、分列、拓展和合并等方式调整展览题材,使展览始终保持强大的生命力。如 2012 年杭州国际户外休闲博览会紧跟当前户外休闲产业的热潮,提升了展览的生命力。

4. 注重展览主题的文化内涵

中国展览的功能主要还停留在促进商业销售和贸易层面,而境外展览已把文化元素融入其中,给观众开辟了领略世界文化、畅游科技创新的空间。展览的主题体现专业精神,具有浓厚的文化和时代气息。将展览打造成为行业教育平台是展览业发展新趋势。境外展览经常可以见行业研究机构与教育及培训的身影,带来最新的研究成果和最先进的行业理念。

二、掌握展览主题策划过程

展览项目的主题来源于策划人员长期的积累和灵感。从脑海里浮现某一特定主题的展览会场景开始,到展览会的初步市场分析和财务估算,直至该展览项目正式立项,这一过程称为展览策划的项目设想与建议阶段。这一阶段的核心工作包括 3 个方面:

1. 明确展览主题

明确展览主题,确定展览的特色、性质、参展商及观众的范围、展品的类型等,即展览组织机构希望把展览办成什么样子。主题策划既要能形成展览的特色,同时也决定了参展商与专业观众的层次和结构。

2. 行业展览分析

行业展览分析包括两方面,一方面是对展览举办地该产业的发展现状和发展趋势进行分析,目的是判断新开发的展览是否有发展潜力,或者是否可以为现有展览的调整和发展策略提供依据。对产业结构进行深入分析,有助于展览策划人员把握展览的总体框架,如参展商的类型划分、展出布局、专业观众的来源等;另一方面是同类展览的竞争力分析,包括竞争对手的潜在参展商、目标专业观众和展览规模等,以期明确展览的定位。

3.展览项目构思

项目构思主要是解决展览的选题和定位问题,只有针对市场需求策划出优秀的选题,通过精心组织,将策划创意转化为真正为参展商和专业观众服务的交流、交易平台,展览才能取得预期的成功。

三、掌握展览立项策划书的编写

展览项目的立项策划侧重于从宏观、定性的角度进行统领性的论述,至于展览过程中各项目的具体策划如招展、招商策划等需要有专门的策划案。

1.立项策划书的写作要领

(1)言简意赅。在有限篇幅内把要介绍的东西阐述清晰,而切忌在写作过程中赘述。

(2)用词准确。突出展览主题及特色,增强吸引力,避免使用不温不火的语言,尤其是展览的创新之处要一目了然。

(3)实事求是。介绍展览情况时切忌夸张,言过其实。列举事实,如行业重要参展商的参加与支持,历届展览的效果与口碑等。

(4)重点突出。写清楚展览的8个要素,并突出重点。

(5)注意包装。体现在两方面:一是在策划书的文章结构与层次上,要清晰明朗,重点突出,让读者能抓住展览的亮点,并有清楚的头绪;二是在包装的制作上,要装订整齐,制作精美,给人赏心悦目的感觉。

展览项目立项策划是行业分析和项目构思的结果。换句话说,展览组织机构策划一届展览,首先需明确要举办的是一个什么性质、什么主题的展览,然后进行初步构思,如展出内容、时间和地点,展台售价,合作伙伴以及目标客户等,分析其与自身的能力和办展目标是否吻合。如果展览组织机构经过评估认为展览可以立项,则需要通过可行性分析对展览进行更具体的审核。例如,展览举办的时间选定,原则上要避开国内外同类展览特别是品牌展览的举办时间,以免发生冲突。一般而言至少相隔三个月以上,广交会展览场馆在三个月内不接同一主题的展览。再如,对支持单位和合作单位的选择也应该慎重,前者往往是某个行业的政府主管部门、权威协会或具有广泛影响力的行业媒体等。后者包括当地行业协会、主办单位的分支机构、行业权威机构甚至是海外的代理机构(国际展)等,以增强展览的影响力和权威性,并最大限度地挖掘新客户,同时降低招展成本。

2.立项策划书的写作要素

(1)why(为什么):需求诉讼;展览立项的缘由、意义及前景。

(2)what(做什么):展览主题、内容;明确创造期望;项目的特点。

(3)who(谁):展览的主办单位、承办单位;行业重要参展商的支持;参展商的范围;媒体支持单位。

（4）where（何处）：地点独特性、方便性；旅游的价值；地方的支持性。

（5）when（何时）：展览举办的时间，包括布展、展览及撤展的时间。

（6）how（如何）：展览的日程安排；展览的宣传计划与营销策略；展览期间举办的各种活动。

（7）how many（多少）：预计参展商数量；展位数量与布局；展位价格。

思考题

1. 请描述 2010 上海世博会的主题以及主题所包含的信息。

2. 为什么说确立展览主题主要取决于信息处理的水平？

3. 展览主题策划需注意哪些基本特点？

4. 系统性市场信息收集和市场调研需注意哪些方面？

5. 如何突出展览举办城市的特色？

6. 展览策划分别有哪些原则？

7. 请描述展览立项策划书的编写步骤。

案例分析　　　　　　　德国贸易展会行业动态

摘要：在展览设施、单体展馆、组展商营业额等方面，德国都位居世界前列。进入 21 世纪，德国内大型展会各规模指标相对稳定，组展商营业额则稍有增长，境外参展商和观众占比小幅增加。东亚南亚是"海外展会计划"计划所支持"德国展团"活动重点地区。德组展商组织海外展会持续增长，重点区域也在东亚南亚，在中国尤为活跃。德展会行业每年就业效应为 22.6 万全职岗位，行业协会在促进展会业发展方面发挥重要作用。德展会业态势为我国提供有益启示：发掘展会行业发展潜力；推动组展商和参展商"走出去"，重视行业协会作用。

一、展馆设施和组展商及其国际比较

德国展览场馆面积位居全球第二。如表 1 所示，2006 年初，德国拥有展览场馆室内面积 311.3 万平方米，占世界总面积的 11.3%，仅次于美国。据全球展览业协会（UFI）推算，到 2010 年初，德国展览场馆室内面积达到 325.8 万平方米，比 2006 年增长 5%。

德国大型展览场馆面积经历持续增长，2008 年后保持相对稳定。如图 1 所示，以至少举办过 1 次国家级或国际级展会为标准划定德国大型展览场馆，2002 至 2008 年，德国大型场馆室内面积持续增加，从 256.2 万平方米增长至 276.4 平方米，增长 7.9%；2008—2011 年则微幅波动。2011 年初，德国大型场馆室内面积为 273.7 万平方米，比上年初减少 0.7%。2010 年用于新建、扩充和维护大型场馆投资约 6000 万欧元，比上年 1.8 亿欧元有所减少。预计未来若干年德大型场馆室

内面积总体保持相对稳定,2013 年初相比 2011 年初大型场馆室内面积将增加约 20000 平方米,从现在至 2016 年德国大型场馆扩充维护投资总额约 3.3 亿欧元。

表1 2006 年和 2010 年初主要大国室内展馆[1] 面积

国家	2006 年初			2010 年初推算数(相比 2006 年)		
	排位	室内面积(m²)	占世界(%)	排位(变化)	室内面积(m²)	增长(%)
美国	1	6 134 421	22.2	1(未变)	6 603 033	8
德国	2	3 112 973	11.3	2(未变)	3 258 275	5
中国[2]	3	2 516 581	9.1	3(未变)	2 961 088	18
意大利	4	2 104 792	7.6	4(未变)	2 319 310	10
法国[3]	5	2 010 937	7.3	5(未变)	2 103 087	5
西班牙	6	1 368 634	5.0	6(未变)	1 608 663	18
俄国	11	500 220	1.8	7(升 4 位)	983 325	97
荷兰	7	885 703	3.2	8(降 1 位)	885 703	0
英国	9	615 447	2.2	9(未变)	666 575	8
加拿大	8	604 291	2.2	10(降 2 位)	654 640	8

注释:1.涵盖范围为室内展览面积不小于 5000 平方米的所有场馆。

2.包括香港、澳门和台湾地区。

3.包括海外领地。

数据来源:全球展览业协会(UFI,www.ufi.org);《世界展览场地统计图表及未来发展趋势(2007)》。

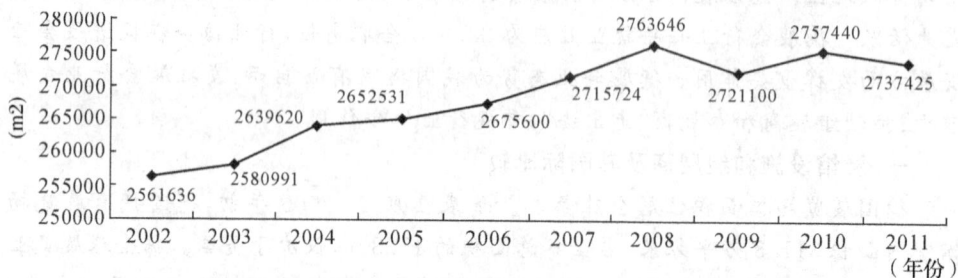

图1 德国 2002 至 2011 各年初大型展览场馆[1] 室内面积

注释:1.以至少举办过 1 次国家级或国际级展会为标准。

数据来源:德国贸易展览业协会(AUMA,www.auma.de);《德国贸易展览行业年度回顾(2005—2010)》。

十大城市在德室内展馆面积中占比超 70%。如表 2 所示,汉诺威、法兰克福、科隆、杜塞尔多夫、慕尼黑、柏林等 10 城市展馆面积位居德国前列,10 城市总计展馆室内面积 220.4 万平方米,占全德的 70.8%,其中仅汉诺威一城占比就达 15.9%。

表2　德国展馆面积位居前10城市及其展馆面积(2011年初)

排位	城市	室内面积 m²	室外面积 m²	排位	城市	面积 m²	面积 m²
1	汉诺威	495265	58070	6	柏林	160000	100000
2	法兰克福	345697	95721	7	纽伦堡	160000	50000
3	科隆	284000	100000	8	埃森	110000	20000
4	杜塞尔多夫	262704	43000	9	斯图加特	105200	40000
5	慕尼黑	180000	360000	10	莱比锡	101200	69998

数据来源:同图1。

德国在全球前10大会展中心中占据4席。如表3所示,德国汉诺威展览中心、法兰克福展览中心、科隆展览中心、杜塞尔多夫展览中心展馆面积均超26万平米,分别居全球第1、2、5、6位。

表3　全球前10大会展中心及其展馆面积(2011年初)

排位	名称[1]	面积(m²)	排位	名称[1]	面积(m²)
1	汉诺威*	466765	6	杜塞尔多夫*	262704
2	法兰克福*	355678	7	芝加哥麦考密克*	248141
3	米兰*	345000	8	巴黎北维勒班*	242582
4	中国进出口商品交易会展览馆	340000	9	巴伦西亚*	230837
5	科隆*	284000	10	巴黎凡尔赛门*	227380

注释:1.表中"*"均代表"展览中心"。

数据来源:同图1。

德国在全球前10大展会组织商中占据6席。如表4所示,2009年,德国组展商 Messe Frankfurt、Messe Düsseldorf、Koelnmess、Deutsche Messe、Messe München 年营业额分别达到4.238、2.555、2.29、2.22、2.15亿欧元,在全球展会组织商排名中分别位居第3、7、8、9、10位。

表4　全球前10大组展商及其年营业额(2009年,亿欧元)

排位	国名	企业名	营业额(亿欧元)	排位	国名	企业名	营业额(亿欧元)
1	英	Reed Exhibitions	7.15	6	法	VIPARIS	2.853
2	法	GL events	5.814	7	德	Messe Düsseldorf	2.555
3	德	Messe Frankfurt	4.238	8	德	Koelnmess	2.29
4	英	United Business Media	3.245	9	德	Deutsche Messe	2.22
5	意	Fiera Milano	2.971	10	德	Messe München	2.15

数据来源:同图1。

二、德国境内内贸易展会概况

进入 21 世纪,德(国家和国际级别)大型展会数量及其参展商、观众、展览面积保持相对稳定,而组展商营业额则稍有增长。

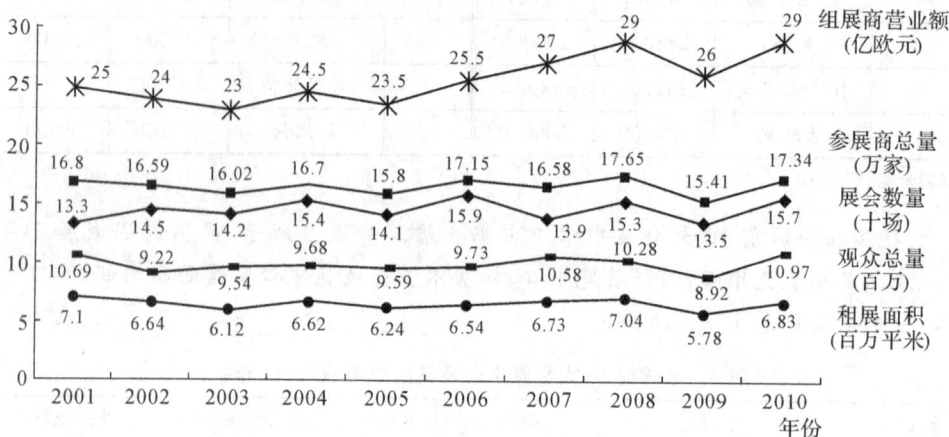

图 2   2001—2010 年德国内:(国家和国际级)
大型展会数目及其参展商观众数量;组展商营业额

数据来源:同图 1。

(1)展会数量。如图 2 示,2001 年德国内大型展会有 133 场,2006 年大型展会一度增长至 159 场,而后总体上下波动,2009 年受经济衰退影响,只举办 135 场,2010 年回升至 157 场。

(2)参展商总量。2001 年来德国内大型展会参展商数量总体年间变动不大,2008 年一度达 17.65 万家,创年度新高,2009 年下降至 15.41 万家,2010 年回升至17.34 万家。

(3)观众总量。2001 年德大型展会观众总量 1069 万人,随后各年都稍低于这一规模,2009 年一度下降至 892 万人,直至 2010 年回升至 1097 万人,并超过 2001年度规模。

(4)展览面积。2001 年德国大型展会展览面积达 710 万平方米,随后各年面积都略低于这一面积,2009 年一度降至 578 万平方米,2010 年回升至 683 万平方米。

(5)组展商营业额。2001 年德国组展商年营业额 25 亿欧元,2002—2005 年则徘徊在 23 亿~24.5 亿欧元之间,2006 年后持续上升,2008 年达 29 亿欧元,2009年降至 26 亿欧元,2010 年再回升至 29 亿欧元。

来自外国的参展商和观众占比小幅增加。如图 3 所示,在德国大型展会上,2001、2002 年德国境外参展商占比分别为 49.8%、49.9%,2007 年增加至 54.2%,

2009、2010 年分别为 53.1%、53.2%；2001、2002 年外国观众占比为 18.7%、20.5%；2008 年一度达 25%，2009、2010 年分别为 23.5、25%。

来自中国的参展商和观众数量持续增加。2005 年，中国（不含港澳台地区，下同）参展商总量为 6833 家，占全体参展商总量 4.3%；2008、2009、2010 年，中国参展商总量分别为 9998、7888、10572 家，分别占 5.7%、5.1%、6.1%，2010 年中国参展商数量仅略低于意大利（10902 家），在所有德国之外国家中居第二。2002 年，来自中国观众数量 17000 人，2007 年增长至 35000 人，在全体观众中占比提升至 0.36%，2009、2010 年中国观众分别为 30000、45000 人，占比分别为 0.34%、0.41%；2010 年，就德国之外观众而言，荷兰（250000）、奥地利（200000）、瑞士（150000）位居前列；就欧洲之外观众而言，位居前列的分别是美国（60000）、中国（45000）、印度（40000）三国。

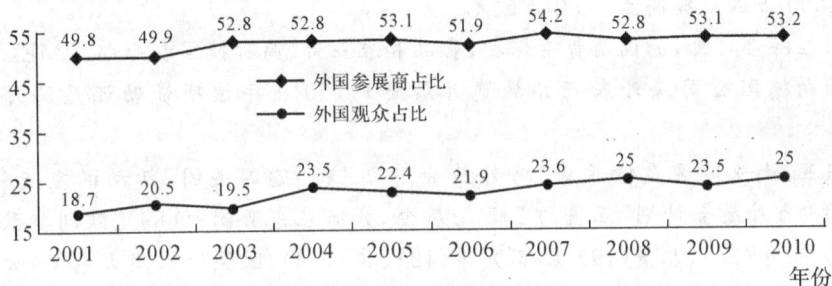

图 3　2001—2010 年德国大型展会外国参展商和观众比率
数据来源：同图 1。

面向商家的工业品展会仍是德贸易展会主体内容。2010 年总计 157 场贸易展会，按投资品、面向商家的消费品、面向公众的消费品、服务贸易归类，各类数量分别为 86、46、19、6 场，分别占 54.8%、29.3%、12.1%、3.8%。

除大型展会外，2010 年德国举办各种地区性展会 145 场。参展商总计 5.08 万家，观众 601.2 万，展览面积 143.3 万平方米，分别比上年增长 3.7%、−0.2%、0.2%。2010 年，德国贸易展览业协会（AUMA）首次统计、公布和分析小型专用产品展会数据。一般而言，这种专用产品展会单场租用展厅面积不超过 4000 平方米。2010 年，德国专用产品展会 16 场，参展商、观众分别比上年增长 1.1%、10.1%，平均单场租赁展厅面积 2000 平方米。预定 2011 年小型专用产品展会数量将达到 26 场。2010 年，德展会附属 B2B（商家对商家）推介会（events）6000 场，比 2008、2009 年变动幅度分别为 ＋2.5%、−12.5%；但观众人数达 70 万，比上年劲增 19%；另外，2010 年德国举办独立（于展会）B2B 推介会数量比上年增加 15%，但观众数量下降 13%，降至 143 万。

三、德国促进和组织境外展会动态

2011 年,德国"海外展会计划"展会数量和经费规模稍有增加。德国经济和技术部与德国贸易展会行业协会(AUMA)共同实施所谓"海外展会计划"。德国经济展览和博览会委员会海外参展工作小组每年举行两次商讨会,参与方包括德国经济部等有关政府机构、德国重要经济组织,会议制定当年该计划实施步骤,然后再由政府招标组展公司,组织德国企业赴海外参展。参展企业在每场海外展会上组成所谓"德国展团(German Pavilion)"。德政府还提供"德国展团"互联网站(www.german-pavilion.com),目的在于便利国内外当事方与德国展团中具体企业开展联络。2008、2009、2010 年,该计划实际参展场数分别为 246、231、215 场,参展商 7641、6200、6020 家,展览面积 16.7、12.1、10.1 万平方米。2011 年,德国"海外展会计划"预定参展场数提高至 250 场,德国经济部拨付工作经费也将由上年的 4000 万欧元提高至 4250 万欧元。

除经济部之外,德国消费者保护、食品和农业部(简称德国农业部,BMELV)每年也面向德国公司海外农产品展览开展资助,2010 年该项资助涵盖海外展会 32 场。

东亚、南亚地区是德政府"海外展会计划"和"德国展团"活动的重点地区。2010 年"海外展会计划"涵盖的 215 场展会,分布在东亚南亚(89)、欧洲非欧盟地区(55)、中东(23)、北美(19)、拉丁美洲(12)、非洲(6)、欧盟(5)、澳大利亚/大洋州(3),分别占 38.9%、25.6%、10.7%、8.8%、5.6%、2.8%、2.3%、1.4%;其中中国占 50 场(包括在香港的 5 场),占 23.3%。2011 年"海外展会计划"预定支持 250 场海外展会,其中中国仍占 50 场(包括香港 7 场)。

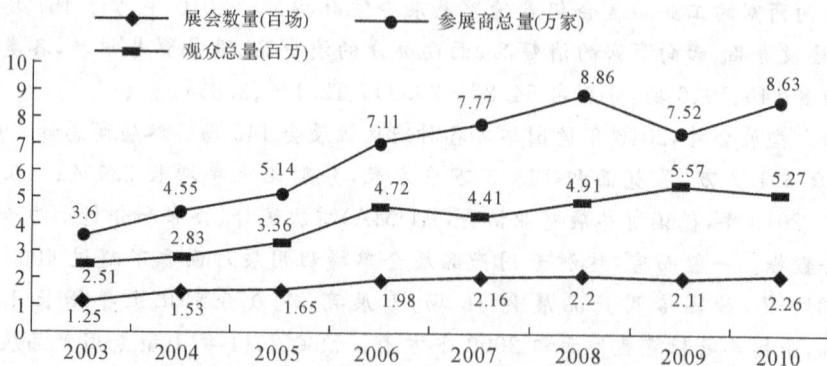

图 4　德国组展商[1] 组织海外展会数量、参展商总量和观众总数
注释:1.统计范围限德国贸易展会行业协会成员。
数据来源:同图 1。

德国组展商组织的海外展会呈持续增长态势。如图 4 所示,德国组展商(统计范围仅涵盖行业协会成员)组织海外展会数量从 2003 年的 125 场增长到 2008 年的 220 场,2009、2010 年分别为 211、226 场;这些展会参展商数量则从 3.6 万家增长至 2008 年的 8.86 万家,2009、2010 年分别为 7.52、8.63 万家;观众数量从 2003 年的 251 万增长至 2009 年的 557 万人,2010 年为 527 万人。2011 年,德贸易展览业协会有 19 家组展商成员计划在德国境外举办 261 场展会,场数预定比上年增长 15.5%。

东亚、南亚也是德国组展商活动的重要海外区域。2010 年德国展览公司组织了 226 场海外展会,分布在东亚南亚(124)、欧洲非欧盟地区(52)、中东(15)、拉丁美洲(15)、北美(9)、欧盟(6)、非洲(3)、澳大利亚/大洋州(2),分别占 54.9%、23%、6.6%、6.6%、4.0%、2.7%、1.3%、0.9%。

德组展商在中国尤为活跃。在中国展会数量 74 场,占全部德商海外展会总数 32.7%。2010 年,在"德国海外贸易展会质量"(German Trade Fair Quality Abroad,GTQ)口号下,德国组展商在海外共租出展厅面积超过 200 万平方米(而 2008、2009 分别为 210、170 万平方米);其中仅在中国租出面积达 130 万平方米,占全部德国组展商海外租出面积的 65%;至于在中国展会的参展商人数(4.2 万)和观众人数(280 万),在德组展商海外展会中占比也高达 48.7%、53.1%。其中在上海举办的"Automechanika Shanghai 2010"参展商达 3115 家,为该年德商所有海外展会之最,另外德商参与组展的上海国际纺织面料及辅料博览会(Intertextile Shanghai Apparel Fabrics, 2471 家)、中国国际五金电器博览会(China International Hardware Show,2300 家)、中国国际橡胶塑料展(China PlAS,2169 家)、中国国际汽车展(Auto China,2100 家)等展会参展商都超过 2000 家。至于观众数量,则以上海举办的中国国际汽车展(Auto China,7.85 万)和成都车展(Chengdu Motor Show,4.56 万)居多。从预定计划看,2011 年仍以中国展会居多。在 2011 德商拟举办 261 场展会中,中国占 72 场,其中仅上海、北京就将分别举办 33、13 场。

2010 年德国积极参加上海世界博览会。德联邦政府总共斥资 5000 万欧元用于世博会德国馆建造和运营,其中建造 3000 万欧元,运营 2000 万欧元。5 月 1 日至 10 月 31 日,总计有 400 万观众参观德国馆。德国展馆还获该届世博会主体演绎金奖。

四、展会业对经济的贡献和企业行业工作动态

德国展会行业每年总就业效应为 22.6 万全职岗位。据德国贸易展览行业协会(AUMA)委托 IFO 经济研究所测算,2005—2008 年,德国展会行业年均参展商总支出 78 亿欧元,观众总支出 38 亿欧元,由贸易会展中心开展的各种投资支出 4 亿欧元;总计这些支出为贸易展会行业带来的收入达 120 亿欧元;通过需求(乘数效应)创造,总共形成需求创造和产品价值总量达 235 亿欧元,并由此为 22.6 万人

提供全职就业。需注意,上述数量尚不包括展会对它所服务的工业、服务业部门的间接促进效应。

大部分德国企业未来展会开支和参与意愿保持相对稳定。据 AUMA 委托 TNS Emnid 面向 500 家具有一定代表性公司调查,相比 2009/2010 年,2010/2011 年度德国公司提高、维持、减少会展开支的比重分别为 27%、56%、16%,平均每家公司 2011 年和 2012 年展会预算开支为 34.64 万欧元。其中,年营业收入超过 5 千万欧元规模相对较大企业中,有 1/3 愿意提高展会开支;而营收更低的小企业中这一比率只有 1/4。就参展意愿而言,对国内展会,2011/2012 年德国企业中增加、维持、减少参展的比率分别为 18%、64%、18%;对境外展会,增加、维持、减少参展的比率分别为 12%、76%、12%。

84% 企业认为展会是一种重要的商业联络方式。关于各种商家对商家(b-to-b)联络方式,重要性选择率排名分别为自身互联网主页、贸易展会展览、销售队伍、直接邮寄、推介会、商务行程、互联网销售、公共关系,选择各自重要的企业占比分别为 89%、84%、79%、54%、41%、40%、40%、39%。

德国贸易展览行业协会(AUMA)在促进德展会行业发展方面发挥着重要作用。近年,AUMA 组织和开展的重要工作包括:2010 年夏天,成立可持续性工作小组,以应对可持续性问题挑战,并拟在全球展览业协会(UFI)可持续发展委员会呈交相关标准;替成员企业协调欧盟增值税立法;为方便参展商和观众便捷进入德国境内,和德国外交部保持密切联系,并推动签证手续简化;面向各类展览、推介会提供商开展和支持开展各类职业培训和高级培训;和德国四十多所大学和技术院校密切合作,推动贸易展会的课程建设和学术教育;管理和开放德国展会图书馆;开展有关学术研究,其中编撰和发布行业调查报告 AUMA_MesseTrend 已成为年度性科研支持对象等等。

第三章　展览营销策划

第一节　展览营销概述

一、展览营销的概念及营销要素

展览营销是一门应用型课程,它涉及的学科领域极其广泛,如:广告学、心理学、市场营销学、市场经济学、信息科学等。

随着世界经济全球化和区域经济一体化趋势的发展,计划经济时代所采用的传统型展览营销已力不从心(如由政府推动的展会营销方式)逐步被取代。以竞争为核心、以全球为舞台的全新展览营销方式应运而生,它利用现代网络技术、信息处理技术与客户关系管理理念,形成一套专业化的展览营销模式。这种专业化的营销模式对展览组织机构的核心竞争力产生了重大的影响。

二、展览营销定义及系统

1. 展览营销的定义

"展览营销"是指展览组织机构通过向目标客户(参展商与观众)提供具有时效性和定向性的准确信息及相关服务,从而销售具体展览产品的全过程。因此,展览营销具有时效性、定向性、准确性与服务性四个特点。

展览营销也是展览组织机构为了在激烈的展览市场竞争中赢得和保持优势,对竞争对手、竞争环境及企业自身的信息,进行有效的采集、选择、评价、分析与整合,并对其发展趋势作出预测,以形成新颖的、增值的、不为竞争对手所知的、对抗性策略。并最终形成展览企业营销战略和战术的整体解决方案。

2. 展览营销的作用

展览营销集信息采集、数据整理、动态市场分析、实宣传策划、时信息发布、个性化销售服务等功能为一体,最终实现预期的展览营销目标。从而保障展览组织机构的赢利性与可持续发展性。其主要作用有以下几个方面:

(1)完成展览赢利目标。执行展览销售目标规划,通过有效地组织宣传,全面提升展览的品牌形象。在对目标客户营销过程中,加强信息的交互,并针对客户的需求,制定个性化的服务项目,从而完成营销计划,实现赢利目标。

（2）促进展览项目发展。通过有效的营销方式建立更具战略性的发展规划，全面规划展览项目要向目标客户传播哪些信息，如何吸引目标观众，如何拓展营销渠道，如何提升目标客户对展览项目的忠诚度等，促进展览项目的可持续发展。

（3）协调展览组织环节。展览组织机构内部决策层与执行层之间、展览组织机构与外部协作单位之间通过展览营销工作建立良好的沟通，达成对展览策划目的、组织方式的认同。从而使得展览组织机构内外部各环节达成一致，协同运作。

（4）客观评估展览效果。在展览营销的执行过程中，评估工作会客观地反映展览的业绩水平。同时第一线的营销部门人员获得来自目标客户中的正面与负面的感受，也能反映展览的效果。

3. 现代展览营销系统的构成

展览营销系统（Exhibition Competitive Intelligence System 简称 ECIS）是展览组织机构在竞争战略管理实践中形成的新概念。展览营销系统是以人的智能为主导，以信息网络与 IT 技术为手段，以增强展览组织机构竞争力为目标的人机结合的战略决策支持和销售系统。展览营销系统可为展览组织机构赢得竞争优势和保持可持续发展提供强有力的支持。

展览营销系统主要由以下几个子系统组成。

（1）人力资源系统。以展览组织机构的企业文化和服务价值观为主要内容，培训与建立专业化的展览营销队伍，成立以展览项目为基本管理要素的展览项目小组，分块实施展览项目的营销，形成与建立招展队伍与招商推广队伍。

（2）宣传策划与推广系统。针对不同的展览项目，对招展和招商资料、平面广告、形象标识、宣传推广计划、网站建设、网络营销、公关活动等内容进行策划与组织，实施个性化的推广活动。

（3）数据库与客服系统。通过专业展览、互联网、行业资料库及各种批量电子文档中采集目标客户信息，将无序的信息有序化后，进行统一的存储，针对性地进行展览项目推广。它包括四个模块：

◆ 数据筛选模块。利用专业展览软件建立分析索引，包括：海量数据中将重复数据自动去除、数据的自动聚类和自动分组等。根据相关条件（关键词、时间、来源等）剔除或保存目标客户信息。然后将筛选过的信息传送至信息分析和加工模块进行处理。

◆ 信息分析和加工模块。协助营销人员从大量的数据中高效率地提取有利展览营销的信息，开展展览营销计划，这一模块的工作基本是由专业的展览管理软件来完成。

◆ 客户关系管理模块。人性化设计的多功能客户关系管理系统，充分满足营销人员对客户信息的检索与查询需求。从海量的客户信息中迅速定位所需的信息。能够自由定制检索条件，形成相应的专题，并提供大量的专业检索功能对客户关系进行维护与管理。

◆ 客户服务响应模块。通过客户服务部门对展览营销的目标客户提供服务，如定期发送展览信息、订购邮件，提供咨询与答疑，为客户解决订房、订票等服务。

（4）财务管理与评估系统。展览营销的最终目标是为了使展览项目能够获得较好的社会效益和经济效益，财务管理是对展览项目所产生的效益进行有效评估的主要方法与手段，该系统建立的直接影响展览项目的生命力与展览组织机构的决策。

三、展览营销的营销要素

展览营销实质上是以有形展位为媒介，而无形服务为销售内容的一种营销方式。它紧密地将有形的产品营销和无形的服务营销结合在一起。

参展商购买展览的展位，其目的不在于购买展位的本身，更主要是期望通过购买展览组织机构带来的各种增值服务，如进行产品展示和发布，收集行业最新信息，接触更有价值的客户，获得更多的贸易机会等。这种服务是展览组织机构以展览为媒介，通过多方面营销要素共同作用而实现的。如果展览组织机构的营销没有发挥作用，并最终导致观众邀请不力，展览到会观众率很低，参展商参展没有实效，对展位的购买就毫无意义可言。

展览营销策略的制定需有机结合七要素，通过科学配置和有效组合，从而形成增强展览品牌的合力。展览营销的七个营销要素是：展位类型（产品）、展位价格、营销渠道、促销形式、人员服务、有形展示和服务过程。

1. 展位类型

展位类型是指展位营销中的具体产品，包括标准展位、特装展位、组团展位与光地展位等）。从展览项目的角度看，展位的品质与档次、展位的位置好坏与展位面积的大小都会影响到展位的价格，并最终对展览营销产生直接影响。

2. 展位价格

展位价格往往会被作为参展商区别于其他展览的一项综合指标。因此，展览组织机构在执行营销价格策略时，不仅要考虑展位的价格水平、折扣幅度、付款条件等有关价格的绝对指标值，还要考虑参展商对展览的认知价值、展览的性价比、差异化系数等有关价格的相对指标值。只有这样，确定的展位价格才更科学，从而更容易被目标参展商所接受。

3. 营销渠道

影响展览营销的重要因素与展览举办地以及它在地缘上的可到达性息息相关，地缘的可到达性不仅指地理上的，还指传达和接触的其他方式，如宣传的信息到达的难易程度、营销渠道的覆盖范围等。交通便利、信息发达、产业集中的区域所举办的展览，其吸引目标参展商参展的机会往往会更大。

4.促销形式

展览营销过程中促销活动起了重要作用,展览促销包括广告和宣传、人员推销、电话推销、营业推广以及公关活动等各种形式,组合营销是一种非常见效的展览营销方式。有选择地将营业推广、广告宣传相结合;人员推销和公关活动相结合,组合营销将直接影响到招展和招商的效果。

5.人员服务

展览营销中的人员服务是指展览组织机构的工作人员。在展览组织期间,员工和客户间的接触频率很高。因此,担任展览营销与各项展览服务人员的行为,在目标客户眼里就是展览服务的组成部分。展览组织机构要做好对员工选用、培训和激励的工作,展览营销人员在与目标客户接触时要注意自己的言行举止,树立起良好的行业"口碑"。

6.有形展示

将无形的展览服务以有形的方式表现出来,让客户对无形的展览服务有实际的体验。有形展示还包括对展览现场环境的布置、展览服务设备的实物装备情况,展览现场的合理配置,清晰易懂的指示系统等。同时,观众登记的便利性,公布展览的推广计划等以及参展商与观众的基本数据等也是有形展示的一部分。

7.服务过程

展览服务过程在展览营销中十分重要,态度良好、服务到位的服务人员能及时处理展览过程中出现的各种问题。对展览过程中的缺失或错误进行有效弥补。展览组织运作是一个系统的过程,需要多方面协调配合。展览的运作策略、组织程序、相关手续、服务中的技术含量、顾客参与程度、咨询协助、增值服务等都是展览营销人员需了解的重要内容。

四、展览营销的发展阶段和发展模式

1.展览营销的发展阶段

展览营销的发展大致要经历三大阶段:第一个阶段是销售初始化阶段。此时展览组织机构的营销目标是努力将参展商与观众组织起来,通过展览的平台进行接触,其重点是组织参展商。第二个阶段是销售成长阶段。这个阶段,参展商开始意识到展览是展现公司实力与形象的最佳平台。面对众多展览,参展商的选择依据为通过展览能否联系更多的客户。因此,展览营销的重点是组织观众。第三个阶段是营销成熟阶段。此阶段也可称为客户管理阶段。在这个阶段中,展览的中介、桥梁作用更明显,参展商与观众都可以从展览中实现各自参展的期望值。展览评估机构也可以采集展览一系列有效的量化信息来评估展览的实际价值。客户管理阶段的基本特征在于:

(1)展览组织要素中的软、硬件需进行有效分离;

（2）展览营销管理更注重对目标客户的研究；

（3）展览营销更强调网络与信息技术的应用，全面交互性与即时性（Real Time）；

（4）展览营销将更多地利用权威且量化的展览数据客观地反映展览对目标客户适合程度，使双方的信息更加对称；

（5）展览营销更强调全球化战略，全面加强全球性营销网络的构建，展览的品牌化、个性化与专业化将成为展览营销的核心竞争力。

我国展览业目前正处在展览营销的第二阶段，展览组织机构开始注意与关注观众对展览营销核心竞争力的作用与影响，开始着手改变软、硬件环境来提升目标客户对展览的忠诚度。但是，我国展览业要进入第三阶段还需要走较长的路。

2. 展览营销的发展模式

（1）传统模式。传统的营销模式是利用传统的营销工具进行展览营销，注重的是招展的成功率，而不是展览营销的可持续发展和对目标客户更深入的研究。

（2）现代模式。现代展览营销更注重制定展览品牌发展战略，强化客户关系管理，提高客户满意度与忠诚度，并将网络与信息技术作为营销工具来实施展览营销。

（3）未来模式。在未来的展览营销中，目标客户对即时与交互式的信息服务需求非常高。有效判别每一位目标客户的需求差异，适应个性化的服务需求将成为展览营销核心竞争力的最大挑战。未来展览营销将更加依赖于网络技术与信息技术的综合利用与开发，使展览营销系统具有强大的分析功能和策略研究功能。展览营销将 IT 资源的集成作为支撑，包括展览题材信息源、技术、人力资源和各专业展览的经验，强调展览营销的宣传策划与个性化服务的开发。

第二节　整合展览营销

根据展览行业所处不同的发展阶段和定位，利用整合展览营销，采取相适应的营销战略，在多种整合营销方式的相互作用下更为高效地实现营销目标，从而保证展览营销总体工作的顺利完成。

一、展览整合营销的概念

整合营销是通过对各种营销工具和手段的系统化结合与优化，并根据展览市场的环境即时动态完善。并最终实现展览组织机构与目标客户价值增值的营销理论与方法。整合营销打破传统营销理念的框架，不再将营销作为一项管理功能，它要求展览组织机构对目标客户的相关活动进行整合与协调，按照既定的战略方向，向预期的营销目标运行。

二、整合展览营销战略

正确的整合展览营销战略是展览组织机构快速发展,拓展市场,提高市场占有率的关键。国际著名展览机构能够在中国展览市场通过市场开拓、品牌塑造及扩张等运作实现超常规的发展,完全依赖于其高水平整合展览营销战略。概括起来,整合展览营销战略主要有以下几种:

1.扩张战略

展览组织机构通过在全球扩张,建立强大的展览网络。提高了参展商和观众的数量与质量,从而实现展览市场占有率的增长。例如:法国第一大展览公司爱博展览集团就一直积极实施海外展览市场的扩张战略,在美国、英国、西班牙、意大利、比利时、荷兰、新加坡和中国等国家几乎同时开设了数十家独家代理公司,并在世界50多个国家设有代表处。强大的促销网络大幅度提高了参展商和参观者的数量和质量,成功实现了展览市场的扩张战略。在另一方面,国际知名展览组织机构或品牌展览进入特定区域的展览市场,往往会引起当地媒体的广泛关注,这本身就是颇有效的免费宣传。例如,2001年德国的汉诺威、杜塞尔多夫、慕尼黑等三家展览公司合资在上海参与兴建展览场馆(如图3-1)。上海新国际展览中心的建成在全球范围内引起了极大关注,一时间各个国家尤其是中国的各大新闻媒体对此事进行了积极的报道,使得无数的参展商包括大批中小企业都知道了世界上有这三家品牌展览公司,而这些中小企业正是未来展览市场的生力军。

图 3-1   上海新国际展览中心

2.促销战略

展览组织机构通过在目标市场的当地媒体刊登广告、召开新闻发布会、公益性赞助等方式进行展览品牌的推广与展览促销,吸引并组织参展商参展。例如,德国展览组织机构通过对目标市场和本国参展商提供系列与便捷的信息咨询服务以较低成本达到展览公关策划和促销推广的目的,加强国际营销网络的建设,加快了展览国际化的进程。

3.持续战略

展览组织机构在策划某一主题的展览会时,将制定一个长远的规划。为了树立展览会的品牌,组织机构会长期在世界各地开展宣传活动,以期在最大范围内吸引参展商和观众。即使某些展览会展位已经售完,组织机构也会继续做宣传,以不断强化品牌。另外,持续战略也体现在对单个展览会的推广上。各种推广活动一直贯穿展览会的全过程。不但强调展前的宣传,也十分注重展后服务,往往在展览结束后一段时期内,参展商和观众还能收到组织机构寄送的有关展览统计分析资料,以方便为下次展览作好准备工作。

4.品牌战略

具有市场盛誉的品牌展览会无疑能给展览营销的顺利完成带来许多便利。随着展览业的竞争日益加剧,几乎所有的展览公司都已认识到打造品牌展览会的重要性和迫切性。德国展览组织机构在创建强有力的展览品牌时,主要遵循以下七个标准:权威协会和参展企业的强力支持;努力寻求规模效应;代表行业的发展方向;提供专业的展览服务;获得 UFI(国际展览联盟)的资格认证;媒体合作和品牌宣传;长期规划,不急功近利。

5.网络战略

随着互联网的日益普及,网络在扩大展览会影响甚至改变展览会格局方面起着越来越重要的作用。已成为国际上众多展览组织机构的主要营销手段之一。展览组织机构在举办展览会时,会利用互联网和参展商、观众进行互动式交流,以期及时发现服务中的缺陷并迅速改进;同时,将下一届展览会的举办日期和地点放在网页上,起到宣传与推广的作用。

6.多元化战略

多元化战略的实施往往与经营业务的多元化相辅相成。除通过收购与兼并实行展览项目的集中和集团化经营外,国外大型展览组织机构一般还拥有报纸、杂志、网站、电视台等媒体,能够综合动用各种手段和渠道,在全球范围内宣传、推广他们的展览会。而且,拥有专业媒体的参与和支持还成为展览会能否被称为世界顶级专业展览会的标准和重要构成要素之一。

三、整合展览营销的合作伙伴

展览组织机构十分重视展览组织过程中的公共关系的建设,这些关系的建设与发展为展览品牌传播提供基础保障的同时,也是为展览整合营销服务的。良好的整合营销合作伙伴来源于以下机构与单位:

1.行业协会和商会

行业协会和商会拥有一定数量的会员单位,信息灵通,关系广泛,在行业里有重要的影响和强大的号召力,是展览组织机构理想的整合营销伙伴。因此,展览组织机构要加强与行业协会和商会的联系,定时定期地交流动态的信息,实现资源共享。

2.国内外著名展览组织机构

每个展览组织机构都有自己擅长的展览领域,也有自己独特的营销技巧和营销手段,与这些机构合作,能很好地实现双方资源的优势互补。在合作过程中,需加强自身的信息管理与数据库建设,才能做到平等合作。

3.专业报刊和杂志

行业内的专业报刊杂志对所属行业有一定的影响,具有一批忠诚度较高的读者群,这些读者是展览推广的潜在客户。专业报刊与杂志凭借其对行业发展趋势了解深入且联系广泛的优势,不仅可以为展览营销宣传发挥喉舌作用,还可为展览组织机构提供直接招展。

4.国际专业组织

国际专业组织如国际展览联盟(UFI)等在专业领域中具有很高的权威性,在展览组织的过程中往往产生强大的影响力与号召力,国际性的知名展览就是通过加强与国际专业组织的合作,充分发挥这些组织的专业优势,从而很好地达到吸引不同国家企业参展的效果。

5.各种招展代理机构

招展代理是与展览组织机构紧密合作的专门的招展单位,可以是与展览相关的公司、旅行社,也可以是其他的组织或个人,有目标、有计划地发展招展代理机构对展览项目的招展工作大有帮助。

6.行业知名企业

行业知名企业在行业里有一定的号召力,在中国通常称为"龙头企业",它们的参展对行业其他企业有一种很好的示范效应。同时,展览组织机构通过与知名企业建立良好的合作关系,能够利用口碑传播主动影响一批企业参展。

7.境外同类展览与会议

不同国家及境外举办的展览,由于距离差异和展览定位不同,彼此之间的竞争并不是很强。通过与境外同类展览或展览组织机构的合作,在各自的展览上推广对方的展览,或采取其他合作方式争取彼此合作、互惠互盈。

8.外国驻华组织与机构

外国驻华使馆和领馆以及其他的境外驻华组织与机构(如国外在华注册的公司、贸易代表处、办事处等)不仅熟悉本国的基本情况,而且对中国也很了解,联系方便,它们向该国企业推荐的展览一般能取得企业的信任。

9.政府行业管理部门

尽管政府部门已不再直接干预市场经济活动,但政府的行业主管部门对行业的影响仍然很大,例如,每年举办的广交会、华交会中,行业主管部门发挥重要的作用。因此,与它们合作有利于招展与招商。

10.网络公司与知名网站

展览组织机构充分利用现代的信息与网络技术,与网络公司和知名网站建立良好的合作关系。

展览组织机构可以根据自办展览的特点和本身的优势和劣势,从上述机构中选择合适的合作伙伴,结成展览营销组织工作的战略联盟。在合作过程中,展览组织机构需在招展价格、展览宣传口径、展览服务承诺、展品范围、各单位招展地域或题材范围、展览展区和展位的划分等方面制定统一的营销规划。并与合作伙伴达成共识,共同遵守,充分发挥各合作伙伴的优势和积极性,为展览营销组织工作服务,并最终取得共赢的结果。

四、展览整合营销的实现途径

根据展览营销实践,展览营销应该具有"4P"职能,即"产品(Product)、定价(Price)、渠道(Place)、促销(Promotion)",而现阶段我国展览组织活动中,多数只强调"促销"(Promotion)的职能。也就是我国展览营销专家指出的我国展览组织机构经常在营销组织工作中所犯的"1P"病。

如何才能有效克服营销组织工作中的"1P"病?展览组织机构除了需对展览营销进行科学的指标设计和统计分析,准确评估展览营销的效果,高度重视营销的绩效量化和改善营销生产率外,还需以低成本和服务创新为重点,以灵活应变的整合营销策略为关键,实现展览营销工作四个方面的转变:

1.功能上,从战术营销转向战略营销

在我国展览组织机构从计划经济时代向市场经济转变的过程中,已逐步建立了以顾客意识、服务意识、竞争意识为基础的展览营销体系,顾客第一、品牌至上的意识已经深入展览组织机构各个部门。

整合展览营销要求展览组织机构在实现了营销工作由产品导向向客户服务导向的转变后,展览营销功能要进一步创新与转变,要更加重视对展览组织机构外部环境的研究、竞争情报体系的建设和展览营销数据库的开发,为展览企业提供全方位的市场信息,分析市场变化趋势,提供决策依据和行动向导,保障各部门目标清晰,运转顺利。展览营销不仅仅是一个部门的功能而是整个展览组织机构运作的重要支撑平台。

2.组织上,从部门营销转向整体营销

整合营销的实施,要求展览组织机构改变以职能型为基础的垂直管理结构,建立更加科学的整体营销的矩阵结构,充分发挥展览组织机构各部门的潜力。彻底打破传统的营销职能部门的孤岛式结构,突破各职能部门逐级传导的模式,建立交互式合作的营销组织。

一些知名的展览组织机构通常根据展览市场需求成立多个由各部门人员组成

的展览项目小组,这种矩阵式营销组织使企业比竞争对手对市场变化应对更快捷、更容易发挥各部门的合力。

3.方法上,从技能营销转向顾问营销

展览营销人员要不断加强学习专业的展览市场营销分析、管理、控制的技能,适应我国展览市场营销从粗放式管理向精细化管理转变的要求。重点培养以下几方面的能力:

(1)组织协调的能力。展览营销人员要能够领导项目小组开展工作,协调各部门相互合作。

(2)独立思考的能力。市场变化风云莫测,市场机会稍纵即逝,如何才能把握这一"窗口机会"是对展览营销人员能力的新挑战,营销人员要能够透过现象看到展览市场变化的趋势,先人一步、快人一拍,为展览项目争得先机。在展览短期效益与展览品牌价值发生冲突时,要能够做出令人信服的分析,维护展览项目预先规划的战略利益。

(3)客户管理的能力。客户资源是展览组织机构最重要的资源,展览营销人员要具有客户关系培育、维护和管理的知识和技能。要定期或不定期对顾客满意度进行调查,分析顾客流失的原因,对目标客户价值进行合理评估,制定合理的营销策略。

4.手段上,从传统营销转向高技术营销

在经济全球化、信息化水平飞速发展的市场环境中,展览营销人员在对传统营销实践进行不断总结与提高的同时,还需进一步掌握以高科技为重要支撑的专业营销技能,特别是客户关系管理、电子商务、品牌建设等方面技能,利用信息技术形成现代营销知识体系。

第三节　展览营销方案编制流程

展览营销方案是实施展览营销具体工作时的行动纲领,对展览营销工作的效果将产生直接的影响。展览组织机构应当在展览营销方案的编制上做好充足的准备,为展览营销工作的顺利展开奠定良好的基础。以下是我国通过 ISO9000 认证展览公司所编制的展览营销方案基本流程图。

一、行业调研

1.项目立项前需经行业的整体调研,对当年国内同类、同主题展览的基本情况有详细的了解,避免展览营销定位的盲目性。

2.根据地方资源情况,确定该项目营销的发展规划与预期目标。

3.超前规划,为展览项目的可持续发展预留空间。

一般新展览项目的营销调研应在展会前12~8个月展开。

```
                    ┌─────────┐
         ┌─────────▶│  参加展会 │
         │          └─────────┘
  ┌─────────┐       ┌─────────┐
  │ 行业调研 │──────▶│  走访协会 │
  └─────────┘       └─────────┘
       │            ┌─────────┐
  ┌─────────┐  ────▶│  拜访客户 │
  │ 收集数据 │       └─────────┘
  └─────────┘
       │
  ┌─────────┐
  │ 市场分析 │
  └─────────┘
       │
  ┌─────────┐
  │ 立项报批 │
  └─────────┘
       │
  ┌─────────┐
  │ 宣传策划 │
  └─────────┘
       │
  ┌─────────┐
  │ 制订方案 │
  └─────────┘
       │
  ┌─────────┐
  │ 招展招商 │
  └─────────┘
       │
  ┌─────────┐
  │ 现场服务 │
  └─────────┘
       │
  ┌─────────┐
  │ 展后工作 │
  └─────────┘
```

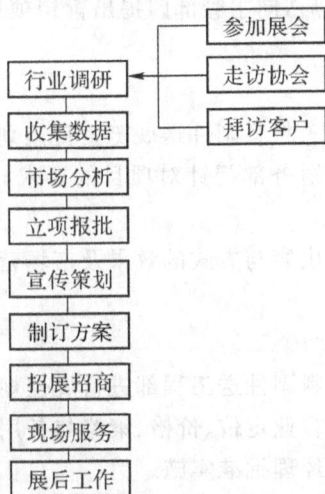

图 3-2 展览营销方案编制流程

二、收集数据

1.利用行业的展览与会议广泛收集参展商和观众的数据,并整理分类,以备项目实施的检索。

2.利用网络收集专业网站的数据信息,整理分类,编入数据库。

3.加强与行业协会、展览公司和相关团体的数据交换及数据共享,扩大数据采集源。

4.对竞争项目进行严密的信息跟踪与数据收集。

三、市场分析

1.参加项目相关的展览和其他活动后形成书面汇报,提出对营销市场的认识、分析与营销建议。

2.定期对各渠道收集的行业资料进行定性或定量的分析。

3.通过网络及专业媒体对行业发展动态和趋势进行分析与评估。

四、立项报批

1.通过行业调研、收集数据及市场分析流程后所确定的展览营销项目方可进行立项。

2.立项的展览营销项目应先期制定总体规划并标明以下内容:活动的名称、时间、地点、主办单位、承办单位、支持单位、活动内容、活动范围以及活动开展条件的简要分析。

3.整体规划经公司批准后,向主管部门提出营销项目的立项申请与报批。

五、宣传策划

1.汇集经批准项目的相关材料副件送展览宣传策划部门进行统一规划。

2.汇集展览营销部门与财务部门针对项目的要求与经费预算,提出宣传的建议与设想。

3.向职能部门反馈宣传内容与方式的效果及市场营销意见。

六、制定方案

1.汇集经批准的相关材料副件送工程部进行展位规划。

2.拟订招展招商的基本行业定位、价格、策略与备用方案。

3.详细方案报主管副总经理批准实施。

七、招展招商方式

1.招展方式

(1)直接招展

◆国际性展览需提前12个月招展,国内展览提前6～12个月招展。

◆邮寄招展资料。

◆通过传真和电子邮件发送招展资料。

◆利用电话一对一方式招展。

◆拜访重要客户、展团、组展单位。

◆组织新闻发布会,参加全国性同类展览进行营销。

(2)间接招展

◆通过专业报刊发布广告信息招展。

◆通过互联网站发布广告。

◆通过政府主管、行业协会、协作单位进行招展。

(3)代理指定

◆展览组织机构按展览项目方案实施要求指定代理授权。

◆展览招展代理的指定,应实施公开、公平、公正的原则。

◆指定的招展代理应以合同形式确定权利、义务与责任。

◆指定的代理不能履行承诺时,除根据合同内容承担责任外,将不再考虑其今后指定代理的候选资格。

2.招商方式

(1)直接招商

◆国际性展览提前12个月进行观众组织,国内展览提前6～12个月进行观众组织。

- ◆ 邮寄展览的相关资料与招商函。
- ◆ 通过传真和电子邮件发送招商资料。
- ◆ 拜访重要采购客户、商会、采购团体。
- ◆ 组织新闻发布会,参加全国性同类展览实施招商。

(2)间接招商

- ◆ 通过专业报刊、杂志发布广告招商信息。
- ◆ 通过互联网站发布招商广告并接受网上招商报名受理。
- ◆ 通过驻外机构、行业协会、协作单位进行招商。

八、现场服务

1. 提供参展商和观众参展过程中的咨询服务。

2. 进行观众的登记。

3. 现场的参展商和观众的协调与动态管理。

4. 配合参展商进行在展览现场中的产品推广活动。

5. 对参展商和观众进行展览服务相关内容的问卷调查。

6. 配合参展商组织新闻发布会。

7. 提供参展商要求且展览组织机构有能力实施的相关服务。

8. 进行下届展览的宣传与展位预登记,向目标客户发放下届展览资料。

第四节 科学规划展区和展位

展览组织机构应科学地规划展区与展位,并在此基础上制定和执行完善的价格策略,以提高展位销售业绩和参展商的展出效果,为专业观众的参观活动提供方便,同时为展览组织机构更有效地进行展览现场服务和管理创造条件。

一、展区和展位划分

现代展览都以展品类别划分展区,再根据不同场馆每个展区的场地特征划分展位,合理地划分展区和展位对于展览招展和更好地吸引目标观众到会参观、提高参展商的展出效果、进行展览现场服务与管理等有着十分重要的作用。

1. 展区的划分

现代展览都基本以展品类别划分展区。在大型展览中,专业题材展区可以是一个或几个展馆,也可以是展馆的某一部分,如图3-3所示的2012上海汽车紧固件展一楼展区平面图,图3-4所示的2012国际橡塑展展区分布图。

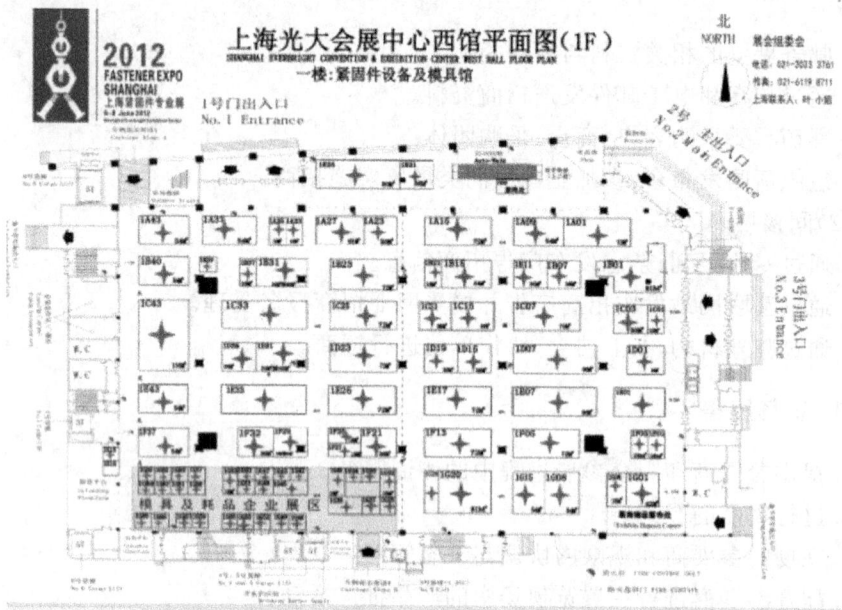

图 3-3　2012 上海汽车紧固件展一楼展区平面图

图 3-4　2012 国际橡塑展展区平面图

2.展位的划分

展位是根据不同场馆每个展区的场地特征进行划分的,主要分为以下几种:

（1）标准展位。我国展览组织机构通常规定 3m×3m 的展位为标准展位,而国际展览组织机构会配置其他不同的规格而形成标准展位,如图 3-5 所示。

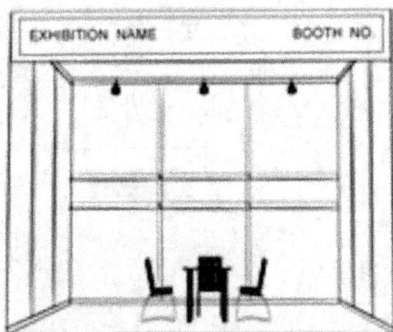

图 3-5　3m×3m 标准展位图

（2）特装展位。是进行特殊设计及装修的展位,可由展览组织机构提供也可由参展商根据本公司的形象及产品展示需要设计,面积由参展商自行确定,如图 3-6 所示的 2005 CeBIT 展览上所设的教育展位。

图 3-6　CeBIT 展览上所设的教育展位

（3）组团展位。参展商以团队形式参展(如国家、地区团),要求在展览中相对集中的展位进行统一布置,如图 3-7 所示杭州休闲博会主题形象馆平面图。

（4）光地展位。未进行展具布置,直接以地面为展位,一般应用在汽车、家具等大型展品的展览中,如图 3-8 所示为国际汽车展览会上的宝马展台。

二、区与展位划分的原则

展览招展前就必须完成展区与展位的划分工作。这是进行招展和招商工作的基础,展区与展位的划分基本原则有以下几个方面:

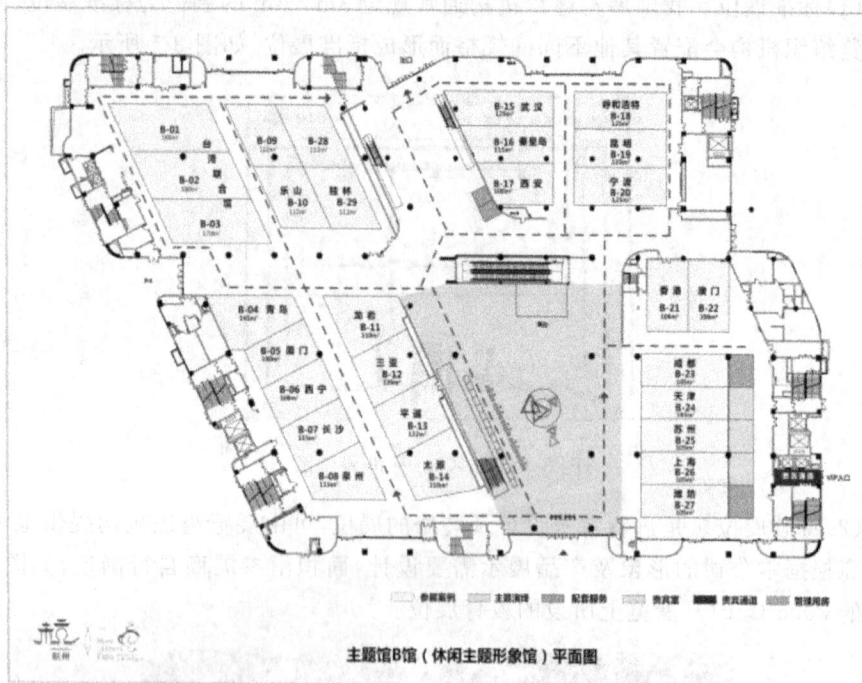

图 3-7　杭州休博会主题馆 B 馆平面图

图 3-8　国际汽车展览会上的宝马展台

1. 符合展品所属专业

将同类展品安排在同一区域里展出(即按专业分区)是目前展览界对现代展览组织工作的基本原则。根据专业划分展区、筹划各种展品所适合的位置、所需的面积,最大程度地满足展品对场地的要求。当然,一些展览也会有展品综合程度较高的展区,例如,我国在国际进出品贸易展览中会设立"国际馆",即展览组织机构将国际展商安排在同一展区而不按专业分馆,主要是为了集中推广国际品牌产品,不仅仅让国际展商享有一种礼遇,更重要的是意在强化国际展商对我国展览的参与度,从而提升参展商和观众的参展积极性与我国展览的国际化程度。

2.有利于满足不同参展商的展出效果

展区与展位的合理划分对参展商的展出效果具有重大意义与影响。展览不仅要考虑在展馆最好的位置如何巧妙地提升重点推荐的展品与参展商,同时也要规划展览的亮点所在,如:标准展位如何与特装展位相得益彰、次要展品与主要展品的相互关联、参展机构如何与专业展览的相关题材形成紧密联系等。展区与展位的划分在展品的特点、展位的搭装效果、观众参观和集聚的方便性都要进行合理、科学地规划,更好地表现展览的整体效果,满足不同参展商的个性化需求,尽可能满足不同参展商的个性化需求。

3.有利于现场管理与服务的便捷性

展区与展位的划分要充分考虑展览现场管理与服务的便捷性。如展馆消防安全、展位的搭装和拆卸、展品的进馆和出馆运输、现场展具租赁、公共休息和餐饮提供区域、维护通讯设施服务等等。展区和展位划分是否具有便捷性特点,从展位平面图上直接显示。按一定的比例绘制的展位平面图,应标明各展区和展位的具体位置,标明展馆各出入口、楼梯、现场服务点等,以便参展商在选择展位时能更好地做出选择。展位平面图要做到准确、细致,图标和线条清楚,一目了然,可以显示展览组织机构的经营管理的高水平,从而增强参展商的信心与热情。

4.有利于目标观众的参观

展区和展位的划分,要方便观众访问其感兴趣展品所在的展位,或在相邻的展区里找到与该展品有关联的产品,要能给观众提供便利,促进展览贸易成交量的提高。展区与展位划分充分考虑观众的便捷性,能有利于提高展览在观众心目中的地位,从而带动展览的专业品质与影响力的提升。

三、划分展区和展位应注意的问题

展区和展位的划分不仅会影响展览的整体效果,还影响到展览组织机构、参展商、观众以及展览服务提供商在展览期间的活动,如展览组织机构对展览现场的管理,各参展商对具体展位的选择,观众参观展览的便利性,展览服务提供商为目标客户提供服务等。从某种意义上讲,展区和展位的划分对展览来说具有"牵一发而动全局"的作用。因此,在划分展区和展位时,除注意考虑各方面的细节、认真分析与科学部署外,还需注意以下问题:

1.统筹兼顾目标客户的需求

在划分展区和展位时做到统筹兼顾,就是要在以办好展览和符合展览需求的前提下,对展览所有的展位作功能性安排,最大限度地兼顾展览组织机构、参展商、观众以及展览服务提供商的各方利益和便利性。展区和展位的划分首要考虑是展览本身的需要,如:展览题材对展区划分的要求,展览档次在展区和展位安排的具体表现等。其次,要保证参展商、观众以及展览服务提供商对展区与展位安排的特殊需要:对参展商来说,其最大的希望是提高展出的效果;对观众来说,其最大的希望是便利参观;对展览服务商来说,其最大的希望是能便利地对相关客户提供服务。所以,展区和展位的划分如果忽视了某一方面的需要,就会给相关方面带来不利的影响,并由此造成连锁反应,进而影响到整体展览的效果。

2.因地制宜地利用场馆空间

展区和展位的划分除了在统筹兼顾目标客户的需求外,还要充分考虑展馆的场地条件,因地制宜地利用场馆空间。例如,所有参展商都不希望选择有柱子的展位。因此,如果场馆内有柱子,就应考虑在特殊展位划分时,使柱子处于展位装饰及掩盖的位置(作为框架或边缘位置),还要以参展商不会提出异议为准。又如,不同参展商对展位的具体形状有不同的要求,有的希望展位是岛形的,有的希望是半岛形的,也有的希望是通道形或是道边形的,展位划分时就需充分考虑这些因素。此外,不同参展商对展位面积的要求也不尽相同,在展位划分时,如果只一味满足某些参展商的需要而忽略展览整体布置,场地就会出现一些"死角",对展览整体效果产生不利影响。

3.合理安排展馆的消防设施

合理安排展馆的消防设施是展览安全的重要保证,要保证任何展位都不能遮挡展馆里的重要安全设施,如不能遮挡消防栓、堵塞消防和安全通道、遮挡电箱等。展馆入口处需合理预留参观人流聚散的区域,展场的通道要达到规定的宽度,方便参观人流通行。

4.充分考虑参观人流的活动规律

展览参观人流的形成和流动规律对展区和展位划分的影响,是需充分考虑的重要因素。在国内,因受交通规则的影响,展览参观人流的形成与流动有以下特点:人流进展馆后习惯于直接向前走,如果不能直接向前就习惯于向右转。因此,在展馆入口处、主通道、服务区和大型展位前的人流会较集中,容易出现导致人群围观某展位或展品的人流高峰现象。

5.突出展览区域的服务功能

展览除了最主要的展示区域以外,还需要安排展览区域的服务功能,如登记处、咨询处、洽谈区、休息区、新闻中心等(图3-9),这些区域尽管面积不大,但对展览整体效果而言起到了画龙点睛的作用。因此,在划分展区和展位时,不但要考虑展览展示区域的划分,还应重视对相关区域服务功能的统筹安排。(如图3-9所示)

主办单位现场管理机构

观众登记

展览洽谈

深圳高交会服务区处

深圳高交会休息区

图 3-9 现场服务功能区域

四、对展区与展位规划的评估

对展区与展位划分进行评估的工作,我国大多数展览组织机构都未引起足够的重视,总认为展区与展位划分主要还是展览组织机构内部的事,带有较强的主观意识开展这项工作。由于未能在充分考虑客户需求的基础上对展区和展位的划分进行评估,导致在展位营销的过程中,经常会因展区与展位划分不科学、不合理而产生参展商放弃参展的事件。例如:某五金博览会在温州地区进行招展,当地行业协会组织了53家企业组团参展,却因为该博览会的组织机构未能满足行业协会所需要组团展位的要求,致使53家企业无一参展,对展览的效果产生了负面的影响。

在现代展览组织工作中,展区与展位的划分工作不再是展览组织机构一厢情愿的"管理"工作,而是一项实实在在的"服务"工作,因此,对展区与展位划分的评估就是要将展览组织机构的"服务"意识落实到实处。通过评估,来加强对展区展位划分工作的理解,科学合理地配置展览区域、服务空间与展览机构的赢利空间。展区与展位规划的评估工作应在工程部门绘制平面草图后进行,首先是展览组织机构内部汇同项目负责人及营销部、工程部、管理部等部门分析研究展区与展位划分的合理性与科学性,及时提出改进的建议,其次是将平面图草案征询代理商、重点参展商以及展览服务商的意见与建议。根据内、外部的评估以及具体意见和建议对平面图草案进行针对性的调整与统筹,由此确保展区与展位划分的最终方案在满足各方面的需求同时,也将符合展览组织机构与展览的切身利益,获得很好的效果。

第五节 展位价格策略

设立科学合理的展位价格体系,制定严格的展位价格管理策略是展览招展方案顺利实施的根本保障,而高品质招展价格的执行标准的设定有助于展览核心竞争力的建设。

一、展位价格基本规定

展位价格又称招展价格,是指展位的出售价格,按场所不同,可以分为室内展位与室外展位价格,按形式不同,可以分为标准展位价格、非标准展位价格、光地展位价格等。

一般而言,我国展览组织机构的展位价格基本规定如下:

(1)标准展位(3m×3m):以标准展位为价格单位,是最基础的价格规定。

(2)非标准展位(3m×4m、3m×5m等):在标准展位价格基础上单独定价。

(3)光地出租:以每平方米为价格单位。

多数展览中,为了更好地突出企业的自身形象,提高参展效果,参展商对展位提出较高的设计要求。展览组织机构应为参展商提供相应的个性化装修服务,即特装展位。特装展位按照参展商的具体要求设计,展览组织机构根据参展商实际情况收取特装项目的服务费及设施费用。

同时,为了招展目标的实现,提高参展商的参展热情,展览组织机构还常常采用"优惠价格"的策略来吸引重要的客户。(参见:第十五届义博会资料)

资料卡片   第十五届义博会展位收费标准及优惠政策

1. 收费标准

展位规格＼馆号	1F：A1—E1 馆 2F：A2—E2 馆	GF：B—E 馆
3×3 展位	9800 元/个	6800 元/个
3×2 展位	7300 元/个	5300 元/个
光地展位	1000 元/m²	700 元/m²
国际馆	境外企业 300 美元/m²	
备注	(1)双开展位加收 1800 元/个； (2)3×3 展位、3×2 展位配备企业中英文楣板、1 张洽谈桌、2 把折椅、2 个射灯、1 个 220V 插座、地毯、统一标改特； (3)光地展位不提供任何展具。	

2. 优惠政策

(1)拥有国家驰名商标、中国名牌产品、列入商务部重点培育和发展出口品牌的企业优惠 30％；

(2)拥有省级著名商标或名牌产品的企业优惠 10％；

(3)拥有地市级知名商标或名牌产品的企业优惠 5％；

(4)四川、重庆、贵州、云南、西藏、青海、陕西、甘肃、宁夏、新疆、广西、内蒙古等 12 个西部省市的企业参展展位费优惠 20％；

(5)全球 500 强企业参展展位费（限 36m²）免费；

(6)政府、协会等团体组织的境外参展企业，展位费优惠 20％，以企业营业执照的注册地为准，并在楣板、会刊资料上一致，如注册地在大陆的仍按国内企业结算参展费用。

二、展位价格的折扣规定

在展览的现实操作过程中，给予参展商展位费用一定的价格折扣，是一种常见的促销策略，在展位营销过程中，价格折扣如果执行得好，对展览招展有较大的促进作用，为展览的发展带来良性循环。但是，如果执行得不好，价格折扣往往会引起展览价格体系的混乱，对展览招展产生十分不利的负面影响。因此，严格制定并执行一个有效的折扣规定是非常重要的。

常见的展位价格折扣规定有以下几种：

1.统一折扣

所有的参展商都适用于统一的折扣标准。这种折扣标准通常是按参展商参展面积的大小来制定的。参展面积越大,所得到的折扣也越大;当参展面积达到一定的规模时,折扣不再增加,也就是有一个折扣上限。(如图3-10所示)

案例:某电子产品展览的统一折扣标准

参展面积为两个标准展位(18平方米)及以下时,不给任何折扣;

参展面积为3~5个标准展位(27~45平方米)时,给予5%的折扣;

参展面积为6~8个标准展位(54~72平方米)时,给予10%的折扣;

参展面积为9~10个标准展位(81~100平方米)时,给予15%的折扣;

参展面积达到12个标准展位(108平方米)及以上时,给予20%的折扣。

图3-10 阶梯式统一折扣标准

2.差别折扣

针对不同的标准执行不同的价格。例如,按参展商的地区来源不同,分别给予不同的折扣,或者对标准展位和空地展位执行不同的折扣标准等。这种折扣办法一般不会引起招展价格的混乱。

3.特别折扣

通常是给予参展规模大、在行业内有较大影响力和知名度的企业以特别价格优惠。行业知名企业参展对提高展览的档次和影响力,以及促进其他企业参展选择有重要影响。而且,它们参展的面积一般较大。为了吸引这些企业参展,展览组织机构一般会针对它们专门制定一个特别折扣标准。

4.位置折扣

针对展馆内场地位置的优劣而制定的折扣标准。同一个展馆内不同的展区位置有好有坏,而同一个展区内不同的展位位置好坏也有差别。为了避免相对较差的位置无人问津,对相对较差的位置可以给予较多的价格优惠。

三、展位价格管理策略

展览招展价格混乱,无论对本届展览还是对展览的长远发展,都是十分不利的。引起招展价格混乱的原因很多,它因价格折扣,也可能因展位促销策略,或因招展代理而引起。不管哪种原因,都应尽量避免出现价格混乱。

1.严格执行展位价格标准

参展费用既敏感又现实,始终是影响参展商参展的重要因素,因此,展位价格标准必须在科学分析市场的基础上,经慎重研究后确定。价格及价格折扣标准一旦确定,必须严格执行,不得随意更改。对于不符合折扣标准的参展商,展览组织机构坚决不能给予过多的价格折扣,同时要防止营销人员为了能招揽到更多的企业参展而破坏统一的价格折扣标准,对于那些如果不给予更大价格折扣就不参展的企业,展览组织机构要主动放弃。

严格执行确定的展位价格折扣标准的另一个含义是规范展览组织机构的营销行为。当其以向外公布的展位价格标准实施招展时,就不准以任何形式和理由再向参展商收取公摊派其他任何费用,以免引起纠纷,进而影响展览活动的质量。

2. 与协作单位统一展览项目执行价格

展览组织者选择一些合作伙伴作为协办单位来共同完成展览的招展工作。这样既可以优势互补,扬长避短,又能拓宽销售的渠道和范围,取得更好的营销效果。在整个合作过程中,合作双方需共同制定营销规则,如展位价格、展览宣传口径、展览服务承诺之类具体事项,特别是展位价格对招展工作产生最直接的影响。所以,与协办单位统一展位价格标准及各项收费标准十分必要,否则,将会引起招展价格的混乱,最终导致展览失败并影响到双方的利益。

由于招展代理机构的佣金一般都是按照所招企业的参展面积来确定的,招展面积越多,所得到的佣金也就越多。所以,招展代理机构为了获取更多的佣金,往往会产生低价销售展位的冲动,这会使得招展价格往往不符合展位的定价及折扣标准,从而引发整个展览招展价格的混乱。为了避免出现这种情况,要对招展代理的招展价格实施严格管理与监督,杜绝破坏展位价格标准而低价销售的行为,一旦发现违规作业,就要严肃处理并取消代理的资格。

3. 严格控制差别折扣和特别折扣的适用范围

位置折扣的适用范围一般较好控制,因为展览中相对较差的位置一般都是比较明确的,执行起来比较方便。但是,差别折扣和特别折扣的适用范围有时候较难把握,一旦把握不准就会引起价格混乱。在执行差别折扣时,折扣的标准不宜太多,最好不要超过三个,各种折扣的标准划分要非常明确。在执行特别折扣时,可以将适用该标准的企业的名单一一列出,并明确达到多大参展面积时能给予的折扣范围,避免执行这两种折扣标准时可能引起的价格混乱。

4. 避免在招展末期低价倾销展位

展览开幕前夕,有些展览的展位销售可能不尽人意,部分展位未能售出。这时,展览组织机构要避免为了回笼资金,不顾展位的价格标准,将这些展位大幅度降价出售。从展览长远发展的角度分析,随意倾销展位,无论对展览组织机构的形象,还是下届展览的招展都会产生非常不利的影响。因为,这种做法不仅严重挫伤了较早报名参展商的积极性,还助长了长期持消极观望态度的企业与展览组织机构消耗时间的行为。如果持消极观望态度的企业数量增多,集体施压展览组织机构,导致展览组织机构最终不得不降价出售展位,展览的经济效益就难以保证,会严重影响展览的发展前景。

思考题

1. 展位折扣有哪几种规定?

2. 展位价格管理要注意哪些因素?

3. 整合营销方式的合作伙伴有哪些? 有什么特点?

4. 整合营销的实现途径有哪几个方面, 内容是什么?

5. 整合营销方实施保障有哪些, 其核心内容是什么?

6. 根据哪些情况来制定招展价格体系?

7. 执行招展价格, 需注意哪些问题?

8. 招展价格执行过程中, 出现问题将会对展览造成什么样的影响与后果?

案例分析　第十一届中国国际日用消费品博览会展区展位规划

一、消博会名称

中文:第十一届中国国际日用消费品博览会

英文:The 11th China International Consumer Goods Fair

二、组织机构

● 主办单位:

中华人民共和国商务部

浙江省人民政府

● 支持单位:

中国国际贸易促进委员会

香港贸发局

● 承办单位:

宁波市人民政府

浙江省商务厅

● 执行承办单位:

宁波市对外贸易经济合作局

● 协办单位:

中国机电产品进出口商会

中国纺织品进出口商会

中国轻工工艺进出口商会

中国食品土畜进出口商会

中国对外贸易中心

中国对外经济贸易企业协会

新加坡中华总商会

日本大阪国际见本市委员

三、消博会简介

中国国际日用消费品博览会(简称"消博会")经国务院批准,由国家商务部和浙江省人民政府共同主办的中国进出口商品四大交易会之一,每年6月在著名的港口城市宁波举办。

自2002年以来,消博会已成功举办了10届,第十届消博会有来自世界75个国家和地区的5万余名采购商到会洽谈,出口成交额6.17亿美元。

第十一届"消博会"将于2012年6月8日至11日在宁波国际会议展览中心举行,展览面积12.5万平方米,展位5000个,设置家电电子、家纺服装、文体及户外休闲用品、家居用品及礼品四大展区,以及境外及服务贸易展区、外贸工厂展区、游艇观摩区。

四、展区分布与平面图

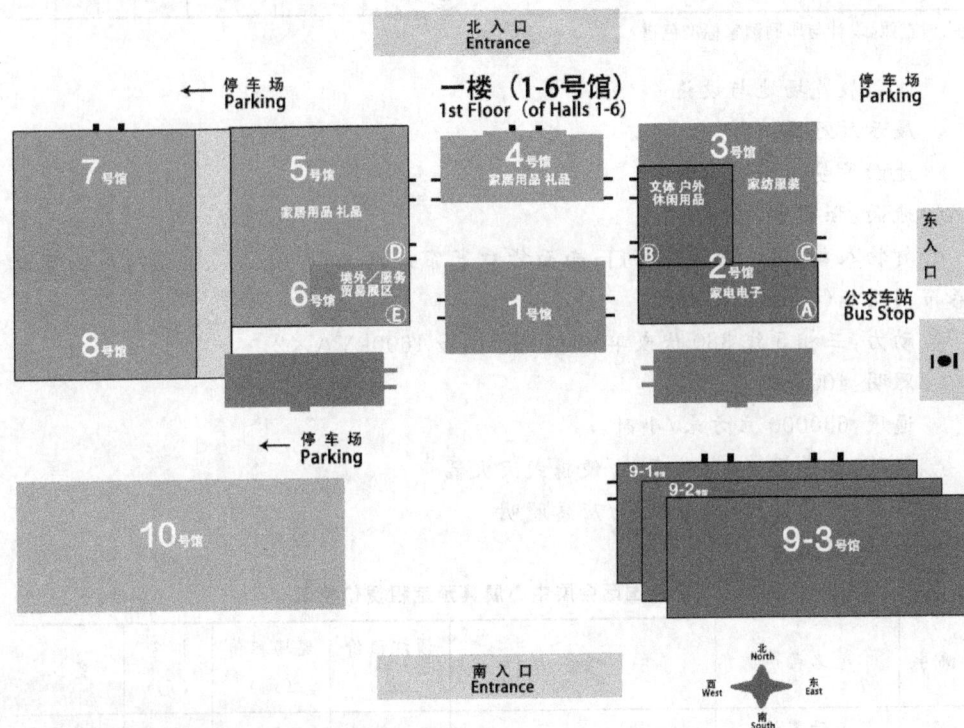

五、展览场地

(一)展位说明

A.展位位置:主办单位根据参展单位报名情况按照分配原则安排展位,参展单位应服从大会统一安排。

B.标准展位 3m × 3m,展位内由主办单位负责搭建,并提供一张洽谈桌、三把折椅、六盏射灯,一个 220V、500W 电源插座。家纺服装展位提供网片 6 块(120cm×90cm);家电电子、文体及户外休闲用品、家居用品及礼品展位提供单支隔板 6 块(100cm×30cm)。所有展位内提供地毯及榻板灯箱。所有展位内配置一个 80cm×40cm×40cm 的柜子。

C.基本色调:

第十一届消博会展区色调标准图

展区	馆位	主色	C	M	Y	K
家电电子	2号馆	Ⓐ	70	50	0	0
文体户外休闲用品	2、3号馆	Ⓑ	80	0	50	0
家纺服装	3号馆	Ⓒ	0	90	80	0
家居用品 礼品	4、5、6号馆	Ⓓ	0	90	20	0
境外/服务贸易展区	6号馆	Ⓔ	40	80	20	0

注:请查照《设计与印刷国家标准色谱》

(二)展览场地与设施

展示厅厅高:16.5m

地面承受力:1000kg/m

地面:强固水泥

货物入口:通过四层卷帘门;南面货口卷帘门两扇(4.8m×4.1m);北面货口卷帘门两扇(4.8m×4.2m)

动力:三相 5 线 380 伏或单相 220V 50Hz 1600kVA×2

照明:400Lx

通风:630000 立方米/小时

消防:烟感报警/自动喷淋/便携式灭火器

保安:中央监控/传感报警/应急照明

六、展具租赁

宁波国际会展中心展具预定租赁价格表 （单位:元）

编号	名称	规格	预订租价（元）	现场租价（元）	押金（元）	备注
1	各种展椅		40	50	50	一个展期
2	吧台椅		70	80	100	一个展期
3	咨询桌(长方形)	9S×4S×80cm	130	150	300	一个展期
4	洽谈桌伍方形	6S×6S×70cm	120	140	300	一个展期

续表

编号	名称	规格	预订租价（元）	现场租价（元）	押金（元）	备注
5	玻璃圆桌	直径 80cm	130	150	150	一个展期
6	长臂射灯	60W	60	80	100	一个展期
7	帕灯	IS0W	140	160	300	一个展期
8	电源插座	SA	20	30	SO	一个展期
9	平层板	100cm×30cm	40	SO	100	一个展期
10	衣架		40	SO	100	一个展期
11	网片	80cm×120cm	8	10	10	一个展期
12	挂钩			1	1	一个展期
13	玻璃饰柜	100×SO×100cm	160	200	200	一个展期
14	玻璃连锁饰柜	100×SO×100cm	250	300	400	一个展期
15	玻璃高柜		350	400	500	一个展期
16	饮水机	立式	80	100	200	一个展期
17	货架		180	200	200	一个展期
18	DVD		250	300	500	一个展期
19	等离子电视	42 英寸	1500	1800	5000	一个展期
20	小推车	20 元/小时（半小时之内 10 元）	300	一个展期		

备注：1. 客户在进馆前一星期预定可以享受预订价。

　　　2. 以上项目为常规租赁。特殊需求及大规模租赁请提前联系。

七、标准展位配置图

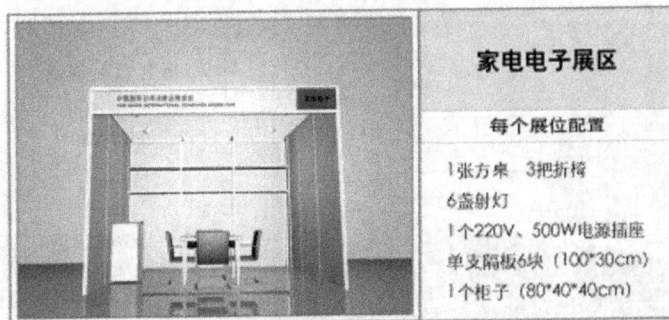

家电电子展区

每个展位配置

1张方桌　3把折椅
6盏射灯
1个220V、500W电源插座
单支隔板6块（100*30cm）
1个柜子（80*40*40cm）

文体及户外休闲用品

每个展位配置

1张方桌　3把折椅

6盏射灯

1个220V、500W电源插座

单支搁板6块（100X30cm）

1个柜子（80X40X40cm）

家纺服装展区

每个展位配置

1张方桌　3把折椅

6盏射灯

1个220V、500W电源插座

网片6块（120X90cm）

1个柜子（80X40X40cm）

家居用品及礼品

每个展位配置

1张方桌　3把折椅

6盏射灯

1个220V、500W电源插座

单支搁板6块（100X30cm）

1个柜子（80X40X40cm）

境外/服务贸易展区

每个展位配置

1张方桌　3把折椅

6盏射灯

1个220V、500W电源插座

单支搁板6块（100*30cm）

1个柜子（80*40*40cm）

（按参展商品门类配置）

八、标摊搭建

九、特装搭建（供参考）

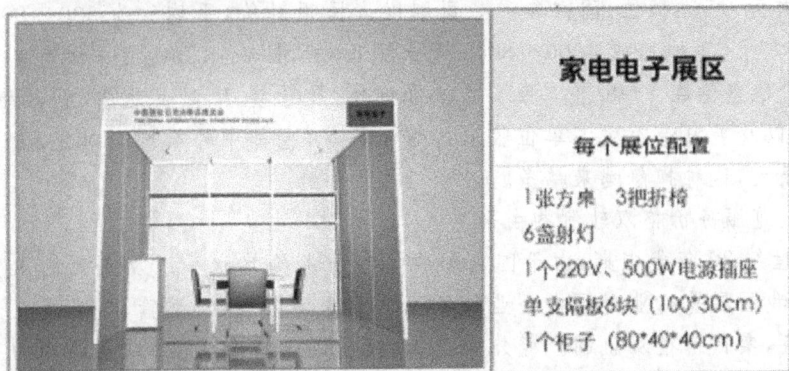

家电电子展区

每个展位配置

1张方桌　3把折椅

6盏射灯

1个220V、500W电源插座

单支隔板6块（100*30cm）

1个柜子（80*40*40cm）

十、电路设计及施工说明

1.本特装展位用电必须采用有漏电保护的空气开关作保护。

2.电线敷设采用难燃双塑铜心线或护套电线,套难燃的 PVC 塑料线管或金属管保护,灯具引接线采用金属软管作保护。

3.地面和地板暗敷电线要求套金属管保护。

思考题

1.消博会组委会是如何对展区、展位进行划分的？其特点和依据各是什么？

2.宁波国际会展中心是如何制定展具预定租赁价格的,您认为是否合理？

3.整合营销方式的合作伙伴有哪些？有什么特点？

4.整合营销的实现途径有哪几个方面,内容是什么？

5.整合营销方实施保障有哪些,其核心内容是什么？

6. 科学规划展区与展位的主要目的是什么？它将对展览起到哪些作用？

7. 展区与展位规划时需注意哪些问题？

8. 综合类展览，如何科学规划展区与展位？

知识链接 我国展览业中展位价格"双轨制"问题

所谓价格双轨制，是指同样或类似的产品或服务，对海外客户和国内客户采取不同价格标准。2012 年 4 月 7 日，UFI 国际展览业协会全球主席陈先进先生在《全球展览业的变化与发展》报告中指出："中外参展商的价格双轨制问题依然存在。"

长期以来，我国展览业一直存在着这一现象，对外商实行一个收费标准，对国内甚至也包括一些合资、三资企业实行另一个收费标准，即在同一时间、同一场地、同样是参展商，收费却相去甚远。在展览业，海外（包括港澳台）厂商参加在国内举办的国际性展览会，均以美元计价，大概在 300～400 美元/平方米（净地），或 2500～3500 美元/标准摊位；国内参展公司则以人民币计价，平均约为 500～800 元人民币/平方米（净地），或 4000～8000 元人民币/标准摊位（3m×3m 加简单装修和配置），价格差异在 5～8 倍。除了摊位价格外，展台装修、展品运输、物品租赁、会刊广告，以及展览馆对主办单位收取的馆租等等，也都中外有别。对此，海外参展商意见很大，这种抱怨越来越多。

1. 展览服务价格双轨制的由来

20 世纪 80 年代中期，由于国内外物价和服务价格水平以及企业的承受力差距很大，我国展览行业对国内企业和境外企业的场馆租金、运输、布展甚至食宿等相关服务，实行价格双轨制。境外企业（包括我国港澳台企业）以及国内的三资企业都要付出比国内企业更高的价格才能参展，而这些价格最多能够相差数倍甚至数十倍。

2. 价格双轨制对我国展览业发展的影响

近些年来中国为加入世界贸易组织，逐步推行市场价格并轨，在大多数行业，境外企业和个人享受中国的国民待遇，内外价格差别越来越少，展览价格双轨制仍然存在，问题越来越凸现，招致的非议也越来越多。甚至有的港澳台展商手拿报价单质问主办单位和展馆：香港、澳门都回归了，为什么我们还不能够和内地企业一样享受同等待遇？

在境外厂商和外资企业腹诽已久却又投告无门之后，有些头脑灵活的外商开始寻找变通的"门路"：或者变换称谓，纯粹的境外企业以境内合资企业或者分支机构名义参展，这样至少能够享受"准国民待遇"——对合资企业的报价虽然高于内资企业，但比境外企业要低很多；或者干脆通过转手倒卖渠道从国内展商那里兑出展位，借"壳"享受国内企业待遇。很多主办单位在开展之后才发觉，报名参展企业和实际参展企业李代桃僵，便引发纠纷和争端。由于主办单位不能够准确掌握实际参展商的信息，展览的连续性和品牌效应也受影响。

3. 我国加入 WTO 与 CEPA 出台，促进展览展位价格并轨

中国加入 WTO 和 CEPA 的出台，国内展览价格双轨制问题越来越凸现，所以价格并轨不但是国外参展商心之所向，也成中国展览业发展的大势所趋。

对于双轨制并轨的条件和时机，中国国际展览中心集团公司总裁认为：市场经济要尊重市场，制定价格最重要的因素就是供求关系。原来能实行双轨制正是因为有这个供求关系，在那段时间实行双轨制是没有什么困难的。当前供求关系发生了变化，展览多了，境外展商来华参展或举办展览会就会有更多的选择，如不及时调整已失衡的供求关系，就会严重影响我国展览业的发展水平。因此，展览价格并轨是积极举措。

中国对外贸易中心（集团）于 2004 年 3 月 15 日接手广州琶洲展馆后便率先实行内外展价格单轨制。该中心展馆经营部总经理表示，推行展览价格单轨制，有利于展览吸引更多国际企业参展，激活资本雄厚的国际展览巨头来琶洲展馆办展的热情。所以价格并轨已是大势所趋，对新展馆实行价格单轨制也是顺势而为，只不过是比国内同行先走一步而已。

上海新国际博览中心从 2006 年开始对展览项目中的中外价格逐步实行并轨，在 2010 年已对价格双轨制全部完成并轨。在评估近年来中国展览市场的发展情况后认为，中国展览业要加快同国际展览业的接轨步伐，其价格"双轨制"的并轨改革势在必行。

价格并轨对于规范展览企业的经营管理，培育有真正国际影响力的名牌展会具有举足轻重的作用。目前，我国冠以"国际展"称谓的展会，境外参展商的比例能够达到 10%～20% 的并不多见，而比例达到 30%～50% 的情况更是凤毛麟角。在国内展览存在价格双轨制且服务水平与国外相比差距较大的情况下，国外参展商宁可"挨宰"也愿意来华参展，只是因为看中了中国广阔的市场空间，舍小利而逐大利，这种耐心将随着国外著名展览品牌逐渐引入中国而渐渐丧失。

我国现有的展览在国际化程度、参展商和观众层次等方面需要努力的空间很大。推行展览价格单轨制，将有利于展览吸引更多国际企业参展，展览组织机构能够在同一竞争环境之下比照国际同行，更长远、更科学地规划国际型展会，祛除虚假繁荣的泡沫和水分，提高"国际展"的含金量和品牌影响力。只有这样，才能真正地实现中国展览业走向国际化、具备国际影响力和竞争力的行业理念。

第四章　展览的宣传与推广

第一节　展览核心价值与营销要素

一、展览的核心价值

展览的核心价值是品牌。一个展览最独一无二且最有价值的部分,通常会表现在核心价值上。它代表了一个最中心且不具时间性的要素。它是展览资产的主体部分,它让目标客户明确、清晰地识别并记住该展览的利益点与个性,驱动目标客户认同、喜欢乃至爱上一个展览项目。展览是否拥有核心价值,是经营是否成功的一个重要标志。

1.品牌是展览的核心价值

几乎所有的展览组织机构都认识到打造品牌的重要性和迫切性。拥有一个具有较强影响力的品牌展览,是所有展览组织机构所追求的目标。展览项目的品牌化经营,是展览组织机构赖以生存和发展的根本。

品牌经营是现代展览业开展市场竞争的重要手段。由于经济环境的变化、技术的进步和媒体事业的日益发达,品牌作为展览项目的重要性日益突出。因此,对展览实施品牌化经营是竞争的需要,也是展览组织机构发展的需要。如图 4-1 品牌展览经营流程所示。

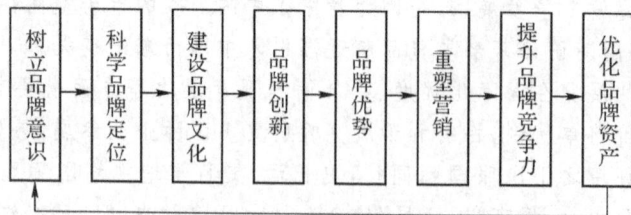

图 4-1　品牌展览的经营流程

2.树立品牌意识

没有品牌的展览犹如一个没有名称的产品,生存和发展的空间极其有限。品牌展览的经营并不是仅仅拥有一个响亮的名称和美丽的展览标志,而是能否给目标客户带来如项目自身宣传时所预言的效果,是否能给参展商、贸易商、媒体等带来丰富的内容。因而,品牌是展览项目的外化形象,它是项目内在各种属性以及社会行为的性格代表,也是经营的基础。

品牌是利用外部资源为展览本身创造价值的资源桥梁。一个具有品牌的展览项目,可以强化和巩固其内在属性,通过办展质量、品牌声誉、技术创新能力、人力开发和展览本身信用度等来深化内涵,扩大其商贸交流的作用和实力,提升展览的含金量,树立品牌意识是展览项目能否快速发展的根本。

3.科学定位展览品牌

品牌建设的基础是品牌定位,品牌定位已成为现代展览项目品牌运营的首要工作。多角度全方位的品牌定位是一项系统工程。因为,对于一个展览项目而言,在品牌定位的过程中,需要了解和把握客户的需求,品牌是通过满足客户需求而融入其内心世界,从而实现展览项目的价值,换言之,客户需求是品牌定位的基点。由于展览项目的本身特点,客户需求来自两方面,一方面是来自于参展商;另一方面来自于观众。这就要求对被区隔的市场进行明确的细分,并最终确定展览品牌定位的目标市场。根据选定的目标市场,制定具有明晰、同一和独具特色的个性品牌,并据此实施品牌战略,以强化目标客户对品牌形象和品牌特征的认知和感知,这就要求品牌在营销策划中集中诉求,精心创意。

4.建设品牌文化

展览品牌间的竞争取决于展览品牌文化力的强弱。品牌能够赢得客户的忠诚,不仅在于它的品质、形象,更在于它的文化品位。建设品牌文化是由各项因素的集合促成的。如在建设展览品牌文化时,首先要准确认识当前展览项目的现实品牌文化。对当前展览的品牌文化现状进行科学评价,弃其糟粕,取其精华,结合项目所处的行业、环境、历史、组织结构、品牌发展战略等进行有针对性的创意,充分体现展览项目的行业特征和自身特点。

在展览品牌文化建设时,还要综合考虑其他因素,既要充分吸取现实品牌文化中的积极因素,又要借鉴国内外的经验,努力实现品牌文化对未来发展变迁的适应性,即具有一定的发展性和前瞻性。总之,展览品牌文化建设是丰富项目内涵、优化展览管理、实施品牌运营、提升展览项目核心竞争力的重要途径。

5.创新品牌内涵

当今展览业,如同其他行业都面对着更加动态复杂的环境。在这样的环境中,唯一可行之道就是不断地主动调整战略,永续创新,以促使整个项目能够在最迅速的时间内完成运营转型,从而以比竞争对手更快、更有效率的方式实施品牌创新,并实现战略领先。

经济学家熊彼特的创新理论认为:创新是企业实现对生产要素的新的组合。对展览组织机构而言,创新表现在两个方面:制度创新与技术创新,制度创新是展览项目健康发展的关键,也是展览项目品牌化的内因。而技术创新在很大程度上可以通过借鉴外力,通过现有的先进技术来提升项目的整体品质。展览项目是提供参展商与观众进行洽谈的一个商贸平台,因此创新的思路主要应落实在招展和促进商贸交流两个"制度创新"的层面。通过多渠道、多途径的招揽参展商来扩大参展商的广度和深度,以满足不同观众的需求,同时建立灵活多样的交流洽谈形式来推进商贸的成功率,以此推进项目品牌的不断创新,逐渐扩大规模,扩大影响。

6.构筑品牌优势

在迈克尔·波特的竞争理念中,实行差别化战略是获取竞争优势、培育核心竞争力的最主要手段。培育品牌化经营的一个重要战略,就是要创造品牌的差别化优势。创造品牌展览的差别优势有如下几项基本策略:

(1)品质领先。品质不等于质量。品质是一个由多种特性所构成的综合体,它包括质量、性能、功能、价格、成本等。因此在制造展览品牌差别优势时,首先必须进行要素差别的整合,以形成具有结构性的品质差别优势。

(2)技术先导。技术是一切品质的终极决定因素。一个成功的展览,一定有强大的技术支撑作为其吸引参展商和观众的关键因素,因为诸如展馆、展厅、服务、后勤等一系列配套设施如果缺乏了技术先导,就会变得没有特色,无法更好地服务客户,创造出更好的客户价值。

(3)服务至诚。许多情况下,品牌竞争的差别优势来自于差别服务。展览业归属于第三产业,而这个行业的特性就是将服务作为一项重要的竞争力要素。当展览项目进行品牌化经营时,必须将"服务至上"的理念嵌入品牌的"价值链",全面提升服务质量,从而起到扩展品牌附加功能、促进品牌声誉溢出、优化客户关系、培育客户忠诚度的作用。

7.重塑品牌营销

国外知名展览在品牌建设过程中十分重视营销推广的重要作用。与此相比,我国许多展览项目定位不明确,重复办展情况严重,规模偏小且分散,降低了我国展览项目对参展商和观众的吸引力。因此,重塑品牌营销是我国展览项目的品牌运营的战略选择。

我国品牌展览在营销推广上的问题表现在如下方面:政府行为较为明显,市场化运作程度不高,营销方式单一,电视、报刊广告比例过小,网络传播运用不力等。重塑品牌营销是要求展览项目的推广既应该明确受众,做到重点突出,又要恰当地组合运用多种营销手段。最常见的途径是根据市场竞争态势选择某一个题材的展览市场,然后努力经营这个市场,最后使该展览项目在这个题材的展览市场上占据主导地位。

8.提升品牌竞争力

品牌竞争是展览业市场竞争的集中表现。在市场竞争中,拥有品牌固然重要,但更重要的是聚焦品牌展览的内核和要素,建立项目自身的品牌竞争力。品牌展览的竞争力因素是:品牌知名度、展览主题和观众促进方案。

(1)品牌知名度。一旦某个展览发展成为本行业的品牌展或名牌展,众多参展商包括行业内的领导型企业都会另眼相看,专业客户也会趋之若鹜。这样便会形成一个良性循环,参展商和专业客户相互吸引,品牌的知名度就会成为这个展览最有影响力的无形广告。

(2)展览主题。每一个展览项目应该都具有鲜明的主题。一个创新的主题本身就能产生足够的吸引力。含糊不清的主题往往会让参展商感到不知所措,专业观众也会因为展览缺乏专业性而放弃参加,这在商贸类展览中表现得尤为明显。

(3)观众促进。观众促进属于展览的组织过程,它应先于招展工作并贯穿始终。有资料显示,60%以上的被调查者(展览公司)认为,展览成功的标志是专业观众质量和展览实际效果。蒙哥玛利展览集团终身主席蒙哥玛利先生也认为,"组展成功的关键在于专业观众的质量"。

9. 优化品牌资产

品牌的四大核心资产分别为:品牌知名、品质认知、品牌忠诚、品牌联想。通过优化这些资产,使品牌展览获得其目标参展商和观众的认同,并最终实现品牌展览的持续经营。

(1)提升品牌知名度。品牌知名度分为四个层次:"无知名度、提示知名度、未提示知名度、第一提及知名度"。要逐步提升展览项目品牌知名度,就是要使项目品牌逐步从"无知名度"走向"第一提及知名度"。

(2)扩大品质认知度。品质认知度使参展商和观众对项目作出是"好"还是"坏"的判断,对项目的档次作出评价。也是展览的目标客户对项目的整体品质或优越型的感知。扩大品质认知度,有助于展览项目的销售、招展和招商工作,有助于扩大展览项目的"性价比"竞争优势,促进品牌展览的进一步发展。

(3)创造品牌联想。品牌联想包括有该品牌引起的项目类别、项目品质、项目服务、项目价值和客户利益等。也就是说展览的目标客户能记忆与该展览品牌相关的事,努力营造积极的品牌联想,强化展览项目的差异化竞争优势,能有效提高目标客户参展的兴趣和热情。

(4)提升品牌忠诚度。品牌忠诚度是指目标参展商和观众对项目品牌的感情度量,它揭示了目标参展商和观众从一个品牌转向另一个品牌的可能程度。品牌忠诚度是展览项目品牌最为核心的资产,也是在进行项目品牌策划所努力追求的核心目标之一。拥有最多品牌忠诚度的参展商和观众的展览项目,必将成为该行业中最为著名和最具影响力的品牌展览项目。

现代会展经济发展的一个重要趋势,是市场份额越来越向最有价值的品牌展览集中。品牌展览正受到越来越多的重视,品牌展览既是展览组织机构的一面旗帜,也是展览竞争优势的重要源泉。

二、市场营销要素理论的发展

1.传统市场营销组合——"4Ps"理论到"11Ps"理论

1960年美国的杰罗姆·麦卡锡教授指出,企业营销整体策略是由相互联系的产品、定价、渠道和促销所组成,这四个因素组合起来通常被称为"4Ps"理论。

1984年,市场营销权威、美国西北大学教授菲利普·科特勒教授提出了大市场营销理论,在"4Ps"的基础上,增加了两个"P",即政治权力与公共关系,将市场营销组合的范围扩展到"6Ps",并认为产品、定价、渠道、促销四因素是战术性4P。1986年他又提出了探查、分割、优先、定位的市场营销战略,人是市场营销中的最重要因素,以人为本的营销理念,成就了"11Ps"。市场营销组合理论由过去"4Ps"发展到现在的"11Ps"。

2.新市场营销组合——"4Cs"理论

20世纪80年代,美国营销专家劳斯朋向传统的"4Ps"理论发起挑战,提出了"4Cs"理论。这一理论强调以客户需求为导向,充分考虑客户所愿意支付的成本、照顾客户的便利性与客户进行沟通。"4Ps"理论是站在企业的视角,以企业为导向,而"4Cs"理论则是站在客户的视角,以客户为导向。基于市场竞争的变化和展览产品或服务的特殊性,"4Cs"理论进一步体现了展览组织机构对市场营销理念的深化。

站在客户的视角从事展览营销活动,把以客户为导向的"4Cs"营销组合理论引入到作为服务业的展览组织机构具有十分积极的现实意义。一是展览营销组合首先以客户对展览的需求为导向,这与展览的供求现状相适应。二是以客户为中心,着眼于展览组织机构与客户的互动、沟通,将展览组织机构的服务与客户对展览需求进行整合,从而将供需双方的利益有机地整合在一起,为客户提供一体化、系统化的展览解决方案,形成互相需求、利益共享、共同发展的多赢局面。三是"4Cs"考虑客户愿意付出的成本,实现成本的最小化。这是客户最关心的问题。因此展览组织机构只有在分析客户需求的基础上,为客户量体裁衣、制定个性化的展览方案才能为客户所接受。四是展览组织机构只有为客户提供效益和便利,客户才会接受展览组织机构提供的服务。

3.全新营销要素——"4Rs"理论

20世纪90年代,美国的营销大师舒尔茨(Don E. Schultz)提出"4Rs"理论,阐述了全新的营销要素,包括与客户建立关联,提高市场的反应速度,重视关系营销和营销回报。

(1)与客户建立关联,是指在竞争的环境中,企业必须时刻关注客户的需求和变化,提高客户的满意度和忠诚度,同时必须注意与上游供应商形成一个卓越的价值让渡系统或战略网,提高整个战略网的竞争力。

（2）提高市场的反应速度，是指供应商应在客户需求变化时，甚至是变化前做出适当的反应，以便与客户的需求变化相适应。重视关系营销，是指企业应当与目标客户建立长期、稳定且密切的关系，降低客户流失率，建立客户数据库，开展数据库营销，从而降低营销费用。

（3）营销回报，是指企业营销的真正动机在于为企业带来短期的利润回报和长期的价值回报，这是营销的根本出发点和目标。"4Rs"理论强调以竞争为导向，注重关系营销，维护企业与目标客户之间的长期合作关系。

（4）以竞争为导向，培植竞争优势，打造展览组织机构核心竞争力，这也是现代展览组织机构市场营销的发展走向。

由此可见，"4Rs"理论在展览业的应用前景十分广阔。

三、展览营销组合的要素

展览营销组合是展览组织机构依据其营销战略对营销过程中与展览有关的各个要素变量进行优化配置和系统化管理的活动。营销组合的要素主要包括：产品、定价、渠道、促销、人、有形展示等 6 个方面。

（1）产品。展览产品是指展览组织机构向客户提供的用以满足其需求的展览活动及全部服务。打造一流的展览产品，必须考虑提供服务范围、服务质量和服务水准，同时还应注意品牌、保证以及售后服务等。展览组织机构的营销应该注重行业的特点，实行差异化策略。根据不同行业和企业的市场战略、不同产品的目标客户和市场、以及自身所具备的资源、技术、设施、人员的具体情况制定各自不同的产品和服务差异化策略。

（2）定价。与有形产品相比，展览服务特征对于服务定价具有更重要的影响。由于展览服务的不可贮存性，展览组织机构除了要考虑在需求波动的不同时期采用不同的价格外，还需要考虑是否应该在不同的地理细分市场采用不同的价格策略。边际定价策略是展览组织机构普遍应用的策略。展览服务产品的定价基本采用需求导向定价、竞争导向定价和成本导向定价。

展览项目定价要考虑的因素包括：价格水平、折扣、折让、佣金、付款方式和信用。在区别一项展览服务和另一项展览服务时，价格是一种识别方式。而价格与质量间的相互关系，即性能价格比，是重要的考虑对象。

（3）渠道。提供展览服务的所在地以及其地缘的可达性在展览营销中是重要因素。地缘的可达性不仅是指实物上的，还包括传导和接触的其他方式。所以销售渠道的形式（直销与分销）以及展览服务涵盖的地区范围都与展览服务的可达性的问题有密切关系。

针对目标市场对展览服务的特殊需求和偏好，展览组织机构往往需要采用不同的渠道策略。当展览产品的目标客户相对集中、量大、且购买频率低时，展览组织机构往往采取直销策略,因为目标客户期望供求关系的相对稳定,取得更加优惠的条件,反之,就采取分销策略。

(4)促销。促销包括广告、人员推销、销售促进和公共关系等市场沟通方式。针对目前展览市场对展览服务的特殊需求和偏好,展览组织机构应采用不同的促销组合策略。

(5)人。客户满意和客户忠诚取决于展览组织机构为客户创造的价值,而展览组织机构为客户创造的价值能否让客户满意,又取决于员工的满意和忠诚。此外,由于展览服务的不可分离性,服务的生产与消费过程往往是紧密交织在一起的,展览人员与客户间在展览产品或服务的生产和递送过程中的互动关系,直接影响着客户对展览服务过程质量的感知。因此,展览组织机构的人员管理应是展览营销的一个基本工具。

展览组织机构人员管理的关键是不断改善内部服务,提高企业的内部服务质量。企业内部服务即展览组织机构对内部员工的服务质量,包括两大方面:一是外在服务质量,即有形的服务质量,如工资收入水平;二是内在服务质量。但员工对企业的满意度主要还是来自于员工对企业内在服务质量的满意度,它不仅包括员工对工作本身的态度,还包括他们对企业内部各个不同部门和同事之间合作的感受。

(6)有形展示。一般的实体产品往往通过其产品本身来实现有形展示,但展览产品则不同,由于其产品的无形性,不能实现自我展示,它必须借助一系列有形要素如品牌载体、实体环境、员工形象等才能向客户传递相关信息,客户才能据此对展览产品的效用和质量作出评价和判断。一般来说,有形展示有三种:

一是环境要素。如噪音、气氛、整洁度、安全性都属于环境要素。这类要素通常不会引起客户即时注意,也不会使客户感到格外的兴奋和惊喜,但若展览组织机构忽视了这些因素,而使环境达不到客户的期望和要求,则会引起客户的失望,降低客户对展览服务质量的感知和评价。

二是设计要素。是客户最容易察觉的刺激因素。包括美学因素(建筑物风格、装潢、色彩等)和功能因素(陈设、舒适、标志等),它们被用来改善展览产品包装,使服务的功能和效用更为明显和突出,以建立有形的赏心悦目的服务产品的形象。如展览场所的设计风格、展览组织机构形象标识等就属于此类因素。

三是社交要素。社交要素是指参与展览服务过程的所有人员,包括展览服务人员和客户,他们的态度和行为都会影响客户对展览服务质量的期望和评价。

展览组织机构通过环境、设计、社交等有形展示要素的组合运用,将有助于实现展览产品有形化、具体化,从而帮助客户感知展览产品所带来的利益或回报,增强客户的满足感。

第二节　展览品牌形象和识别系统

在进行展览的宣传与推广之前,展览组织机构需为展览创立一个符合自身发展与定位的品牌形象和识别系统。展览品牌形象和识别系统是参展商和观众心中对特定展览的一种心理感知和体验后的认同感,也是参展商和观众对所得到或理解的展览品牌全部信息的整合。鲜明的展览品牌形象和识别系统是参与同类展览竞争的法宝,又是进行展览营销宣传与推广的基础。因此,创立良好的展览品牌形象和识别系统已成为展览组织机构的重要工作。

一、创立展览品牌形象

1.创立展览品牌形象流程图(见图 4-2)

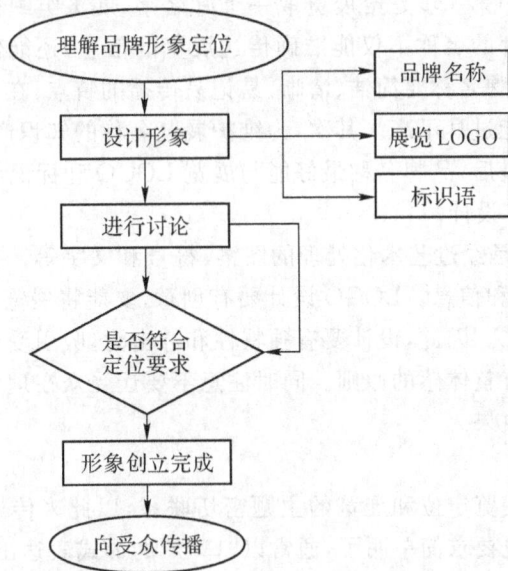

图 4-2　创立展览品牌形象流程图

2.展览品牌形象的定位要素

展览品牌形象定位决定了展览品牌形象设计的基本方向,如果展览品牌形象设计不符合展览品牌形象的定位,必定会使参展商和观众对展览品牌产生困扰与偏差,不利于展览品牌形象的传播,从而失去了竞争上的优势。

展览品牌形象的定位要素包括以下六个方面:

(1)属性——即品牌所代表的展览的品质。

(2)利益——即展览能带给参展商和观众怎样的利益。

（3）价值——即展览在参展商和观众心目中的等级层次。

（4）文化——即品牌所体现的文化内涵和展览组织机构的企业文化。

（5）个性——即品牌所体现的展览的独特个性和特征。

（6）角色——即品牌是某些特定客户群体的特定角色和地位的象征，它为特定的目标客户所喜欢和选择。

目前，有些展览组织机构为了片面追求经济利益，经常采用在同一展览场馆进行多个不同主题的展览（展中展），造成了参展商和观众对展览品牌形象定位的困扰与不解，这样的展览既无竞争力，也没有生命力。

3.展览品牌形象的设计

创立展览品牌形象，对展览品牌有形的展示主要从品牌名称、展览 LOGO 和标识语三个方面进行设计。

（1）品牌名称设计

创立品牌形象的第一步是给展览取一个好名字，展览组织机构都十分希望自己举办的展览的品牌的名称不仅能准确传达展览的信息，还能使人留下深刻的印象。首先，要遵循品牌名称要简洁、清晰、易记易传播的特点，在名称发音上要使人听起来感到愉快并能过耳不忘。其次，为维护展览名称的知识产权性，也需要从法律方面予以保护。最后，品牌名称最好能与展览 LOGO 和标识语相融为整体。

（2）展览 LOGO 设计

展览的 LOGO 是经过艺术化处理的图案、符号和文字等。并向参展商和观众传递展览形象、特征和信息。LOGO 设计要有创意，要能将展览的理念和价值很好地通过符号表达出来。因此，设计要有独特性和冲击力，吸引受众的眼球。还要遵循简洁、色彩协调、有整体感的原则。同时注意不要让受众在理解上产生歧义而影响品牌形象的传播效果。

（3）标识语设计

标识语通常与展览定位和展览的主题密切联系，以此来传递展览的优势和竞争力。标识语一般也要求简单明了，通常以"口号"的形式表达出来。同时，标识语具有很强的概括性，往往包含展览最本质最核心的信息，生动易记，具有较好的传播效果。

以上三者是一个有机整体，通常需要搭配在一起使用才能达到品牌传播的最佳效果。如图 4-3 中 2010 上海世博会会标所示。

①会徽图案以汉字"世"为书法创意原形，"世"与数字"2010"以及英文书写的"EXPO"、"SHANGHAICHINA"巧妙组合，表现出强烈的中西合璧、多元文化和谐融合的意境，相得益彰，表达了中国人民举办一届属于世界的、多元文化融合的博览盛会的强烈愿望。

②会徽图案从形象上看犹如一个三口之家相拥而乐，表现了家庭的和睦。在

图 4-3　2010 上海世博会会标

广义上又可代表包含了"你、我、他"的全人类，表达了世博会"理解、沟通、欢聚、合作"的理念和上海世博会以人为本的积极追求。

③ 会徽以绿色为主色调，富有生命活力，增添了向上、升腾、明快的动感和意蕴，抒发了中国人民面向未来，追求可持续发展的创造激情。

4.展览品牌形象的效果评估

在展览品牌形象设计完之后，需组织专门的评估小组对品牌形象进行多方面的评估：一是要检查品牌形象的设计是否符合展览本身的品牌定位，二是要根据传播学原理，检查是否符合展览品牌传播的要求，评估其推广价值与成本，三是要确定是否为展览品牌的推广留有较大的发展空间。如果设计出来的品牌形象能符合以上的评估要求，具有活力、生命力与传播力，这样的展览品牌形象设计也就具有了一定的品牌内涵与价值，具备了宣传与推广的基础。

二、创立展览品牌识别系统

1.展览品牌识别系统的识别来源

展览品牌识别系统的识别来源主要包括展览内涵、展览形象设计、展览组织机构和展览营销等几方面的内容，展览组织机构在进行展览识别系统规划前，需对展览项目策划书，项目可行性报告、展览项目经济效益评估与展览项目的财务预算有深入的了解。

（1）展览内涵

展览内涵是指展览品牌识别的主要来源，包括展览的定位、规模，参展商和观众的来源与构成，展览的类别、特征、品质和核心价值理念等，都可以作为展览品牌识别的重要组成要素，在规划展览品牌识别系统时，可以根据实际需要对上述的要素进行有选择性的组合使用。

（2）展览形象

展览形象也是展览品牌识别系统的重要来源,包括与展览密切相关,且能给受众带来丰富联想的事物,如展览名称、展览LOGO、标识语和相关色彩等。品牌名称的主要功能是品牌识别,简洁、清晰、令人印象深刻的品牌名称是设计识别系统的前提和基础,展览LOGO在品牌传播过程中具有一定的沟通力,拉近了与目标受众的距离。品牌识别语能够更好地表达展览的价值、特征、优势等要素,使参展商和观众对展览的品牌形象能更快、更好、更准确地理解,如义博会的标识语"小商品的海洋,购物者的天堂",对参展商和观众提供了一个直观、有吸引力且具备象征意义的识别要素,不仅易记,而且能产生联想。

（3）展览组织机构

展览组织机构通常是由主办单位、承办单位、协办单位和支持单位构成,展览组织机构的知名度、价值理念、文化理念及客户对其的认可度都可成为展览品牌识别系统的组成要素。如图4-4中第十五届中国国际投资贸易洽谈会的展览组织机构名单。

图4-4　厦门投资贸易洽谈会宣传

（4）展览营销

展览的营销手段、策略、地域范围等都是展览识别系统的重要来源,需科学合理地加以整合。展览组织机构经常把展览营销应用到品牌识别中,用品牌识别系统来表达营销的重要内容,使之成为展览工作的重要组成部分。

组图4-5所示展会LOGO均为世界级品牌大展移植中国实施的展览标识,前三者品牌展来自德国科隆展览有限公司,后者是欧洲博闻展览咨询有限公司的品牌展,这些展览移植到了中国,仍旧保留着原有品牌识别风格。从品牌的运作中说明了展览组织机构将展览营销的理念有机地应用在品牌识别中,用品牌识别系统来传达营销的基本内涵。

中国国际甜食及休闲食品展览会　　　　　世界食品中国展

中国广州国际木工机械、家具配料展览会　　世界制药原料中国展

图 4-5　世界级展览的品牌移植

2.展览品牌识别系统的组成

展览品牌识别来源为展览组织机构提供了信息来源和分析规划的方向。以下四方面的识别要素都是展览品牌识别系统的重要组成部分,在实际操作过程中,展览组织机构需要注意使这些要素内容统一,形式协调,互动和谐。

(1)展览理念识别(MI)

展览理念识别(MI)揭示了展览组织机构的办展理念,包括展览项目的定位、展览品牌形象定位、展览成长策略、办展方式、展览的增值性、客户利益等内容。每个展览理念识别元素都为展览目标客户从不同角度认识展览提供充分信息,因此,展览的理念识别规划是关系到展览深度发展和展览品牌形象不断提升的工作,它需要在展览组织机构的高层管理人员与相关专家共同参与下进行,一旦策划完成,应确保其有效执行。

(2)展览行为识别(BI)

展览行为识别(BI)是展览组织机构办展行为的展示,具体可以表现在展览服务、展览营销、展览礼仪、展览公关、展览工作人员行为、展览相关活动等各个方面。展览组织机构通过向参展商和观众提供各种服务,让客户真实感受到展览的价值和客户利益的实现。展览组织机构应该千方百计地为客户创造增值服务,让目标客户在展览现场不断地得到来自展览本身的呵护,如图 4-6 所示展览现场购票、免费上网区、免费就餐区与接待区。

展览现场购票区

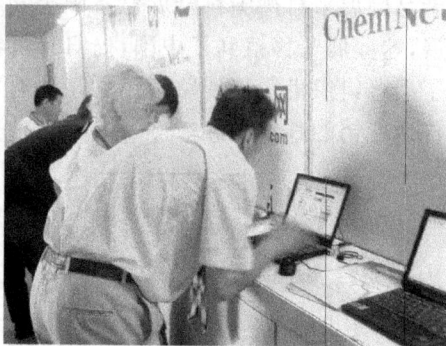
展览现场免费上网区

展览现场免费就餐区

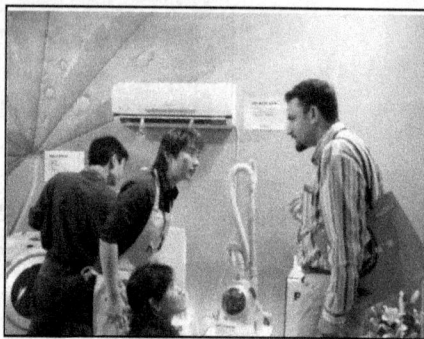
展览现场接待区

图 4-6　现场增值服务区域

（3）展览视觉识别（VI）

展览视觉识别（VI）是通过一种视觉化的符号、图案、色彩及文字进行展示的一种方法。它可以是展览 LOGO、展览标准色、展览吉祥物、展览平面广告、展览现场布置等，它们能给参展商和观众最直接的视觉刺激，不断地从视觉上强化目标受众对展览的印象。如图 4-7 所示 2005 德国汉诺威世博会会场指示标识通过清晰的图示及附注文字告诉参会人员各种场所功能。

4. 展览听觉识别（AI）

展览的听觉识别是通过声音及以声音为主要传播手段的媒介来展示展览的一种方式。它通过广告用语、展览标识音乐等从听觉上感染展览参展商和观众，从听觉上强化了人们对展览的印象。很多展览有专门的会歌和宣传广告片，使展览的形象更丰富，更有吸引力。中国东盟博览会每年投入大量的广告经费，利用中央电视台、凤凰电视台等全国著名电视台的黄金时段作宣传，就是将视觉识别与听觉识别进行良好的组合，以此来加强目标受众对中国东盟博览会的印象。

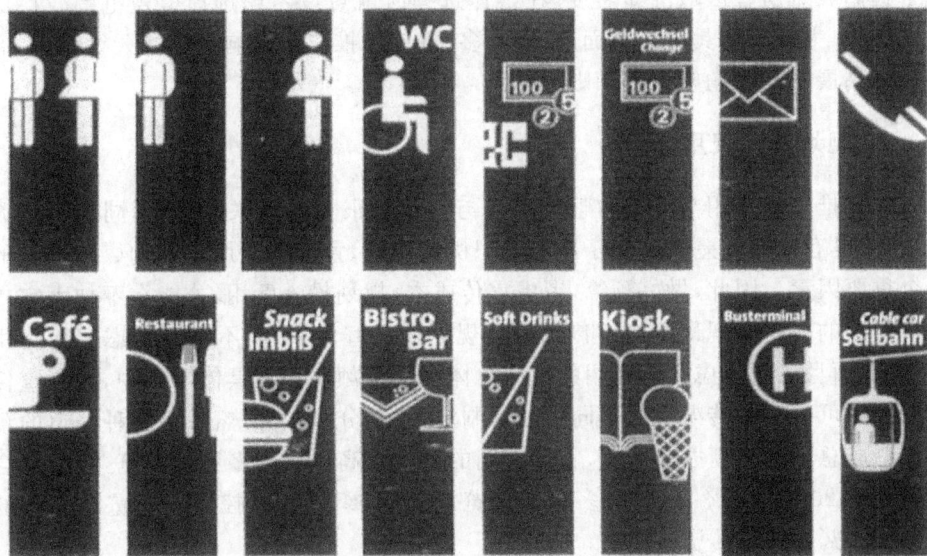

图 4-7　2005 德国汉诺威世博会会场指示标识

第三节　宣传与推广流程

展览组织机构应具备控制展览宣传与推广流程（见图 4-8）的能力，根据展览宣传与推广的整体进度进行统筹安排。

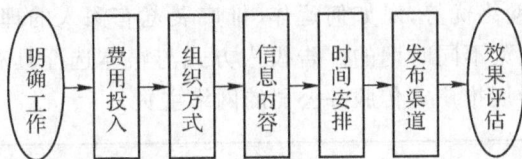

图 4-8　宣传与推广流程图

一、明确工作目标

明确宣传与推广的目的是展览组织机构进行宣传与推广的首要工作，只有明确主要目标，才能根据展览的不同，选择适当的宣传方式和推广途径。针对不同的工作目标，宣传与推广侧重点也应该有所不同，这样才能有目的地去实施各种宣传推广工作，做到有的放矢。例如，展览项目的宣传推广定位于招展或招商，那么就将选择在专业媒体上进行宣传推广工作，因为专业媒体的覆盖范围虽受一定局限，但它具有针对性强、目标客户忠诚度高的特点。如果展览项目宣传推广目标仅是为了提高展览所在区域的知名度,在媒体选择时就可以考虑选择覆盖范围较广的大众媒体,大众媒体具有受众面广、层次多、宣传与推广的影响范围持久等特点,有利于提高展览品牌的知名度和影响力。

二、规划投入费用

宣传推广的费用与展览的整体效果与效益有很大的关联,采用不同的宣传方式,费用具有很大的差别。对于展览组织机构而言,宣传的费用是影响媒体选择的一个重要因素。因此,做好预算,考虑宣传成本,规划投入费用,才能在不加大宣传推广费用的同时实现最好的宣传效果。规划投入宣传费用,不仅要考虑宣传费用的多少,而且还要考虑宣传费用的支出总体水平与额度。在具体操作中,展览宣传费用预算可先按宣传渠道的不同来分别制定,编制分级预算,然后将各种渠道的预算汇总成总预算。新办的展览,宣传费用的投入将高于已办多届的展览,约占展会总收入的 $20\% \sim 25\%$,而已办多届的展览,展览组织机构将控制用展览总收入的 $10\% \sim 20\%$ 作为宣传资金。

三、选择组织方式

现代展览的宣传推广的具体组织方式有两种:一是委托营销咨询或策划公司全面代理,二是展览组织机构自己实施。

选择一家合适的营销咨询或策划公司,由其全面代理展览产品的营销策划、广告宣传、推广促销工作的优点是利用专业分工,提高效率,缺点是费用较高。选择代理公司的标准是:该公司具有丰富的行业经验及优秀的策划能力,拥有强大的智力资源优势和传播网络优势,对如何运作、推广展览有深入的理解,并掌握科学先进的营销理念,对展览不同时期的广告投入方式与媒体选择具有丰富的经验。图4-9 所示为专业的会展推广宣传服务公司的网络主页。

图 4-9　专业的会展推广宣传服务公司

由展览组织机构负责展览的一切推广,需进行大量的组织、管理、广告、宣传、策划、公关、工程等工作,其优点是广告费用可以自由支配,利润独享,缺点是风险较高,与媒体合作的成本也较高,展览营销的专业性也会弱一些。

四、确认宣传信息的内容

对发布的与展览相关的动态信息,应该有专人负责对信息的内容进行审核,包括:

1. 信息内容上要根据宣传与推广的目的而有所侧重。

2. 明确向外界和目标客户发布的信息内涵,例如,展览组织机构的办展目标和理念,展览的亮点和特点,展览的品牌形象,展览的服务等。

3. 要注意信息发布的来源和信息的真实可靠性。

4. 信息不能与同类型展览的宣传内容太相似,太雷同的信息不仅将失去宣传效果与意义,并可能产生涉及知识产权的法律纠纷。

5. 展览信息的发布要尽量考虑采用多语言版本,对目标客户进行有效宣传推广,以此来提高展览的影响面。

五、宣传与推广时间安排

宣传与推广的时间安排是展览宣传推广时需要反复考虑的重要内容,需要从两个方面进行安排:

1. 根据宣传时机进行安排

展览组织工作的各个阶段,需很好地把握宣传推广的时机,如果宣传推广距展览开幕时间过长容易使目标客户遗忘,而时间过短,则不利于参展商和观众的时间安排。根据展览操作实践,在展览组织工作开展的前期,可在合适媒体投放少量的形象广告,以引起目标客户的注意;在中期,可加大广告的投放力度,以加强展览项目对目标客户的影响力,宣传内容尽可能详细且注重细节推广,进一步推动参展商与专业观众对展览项目的认同从而采取积极的行动;在后期,广告投放则主要针对展览主办地的参会者,以宣传展览品牌形象为主。

2. 根据宣传策略进行安排

(1)同一时间段进行宣传,采取密集的宣传攻势,在参展商和观众心中树立起对展览的认知。

(2)连续一段时间进行宣传,采取均匀的宣传攻势与策略使参展商和观众对其逐步加深印象。

(3)分若干不同阶段进行宣传,进行一个时间段的宣传后,根据变化间隔一段时间再进行宣传。

不管根据哪个方面安排,都需要编制宣传时间表,以实现对宣传和推广工作的全程控制,这需要展览组织机构根据展览项目的实际情况以及外部的展览市场环境,特别是对同类展览的宣传频度和宣传效果进行深入研究后再做出有针对性的合理安排。

六、选择宣传与推广渠道

展览宣传与推广的渠道有多种选择,如利用新闻发布会,通过同类展览宣传推广,网上宣传,在专业杂志发布广告,通过专业协会和商会进行宣传推广等。宣传与推广渠道的多样性有利于提高展览品牌的影响力和号召力,有利于强化展览品牌的价值和意义。

展览宣传与推广有其自身特点,包括展览主题、展览规模、举办时间、地点、参会方式等各项宣传要点,都具有极强的时效性。因此,在渠道选择上应注重时效性强且便于保存、方便反复阅读的媒体,如大众报刊、专业杂志、直邮、网络广告等具有明确针对性的媒体,使之既能全面反映展览信息的情况,而且也会节约宣传与推广的成本。

通过表 4-1,可以看出不同宣传与推广渠道的特点。

表 4-1　宣传与推广渠道及特点

分类	具体渠道	特点
广告	专业报刊、大众传媒、网络、广播电视、户外媒介等。	广告的主题设计要明确;文字稿件标题要醒目、口号要有创意、正文要翔实具体;图案设计要引人注意,能更好地揭示广告的主题与内容。
软性文章和图片	在不同媒体上刊登展览的报道、评论、特写、消息及相关的图片等。	是一种隐形的软广告,可信度高,较容易被目标受众所接受。
发函或直邮	展览组织机构向其目标客户直接发函或邮寄各种展览宣传资料如招展书、招商函等	宣传性价比较高,且针对性强,效率高,效果明显。
人员推广	人员推广是指人际交流,营销人员对目标客户通过直接拜访、电话、传真和电子邮件进行联系。	展览营销人员与目标客户直接进行一对一的沟通,倾听客户需求,增进相互间的感情联络。
新闻发布会	在展览筹备及开幕前后就展览最新情况举办新闻发布会。	需注意新闻发布内容要具有新闻亮点和价值。
同类展览推广	在国内外同类展览上宣传推广。	选择进行推广的同类展览应具有一定规模和影响力。可与客户直接进行有效沟通,较容易与目标客户建立关系及引起目标客户的注意。缺点在于同类展览的竞争关系影响大,推广费用也相对较高。

续表

分类	具体渠道	特点
组织机构推广	通过行业协会、商会、国际组织、外国驻华机构和政府主管部门等渠道进行宣传推广。	这需展览组织机构建立广泛的合作和关系资源，同时在合作过程中会存在利润分配问题。
公关宣传	各种为配合展览宣传的公关活动如开幕式、答谢宴会等。	公关活动影响较大，准备时间相对较长，且需投入较大的人力、物力、财力，需量力而行。
展览相关活动	展览期间举办的各种配套活动如专题研讨会、表演、比赛等。	使展览内容会更具内涵，形式更加丰富，为客户提供了更多的特色服务，满足客户需求。
网络宣传	建设宣传网站，或在网络媒体上刊登广告。	网络宣传费用低廉，覆盖面广。缺点是网络信息量大，具有决定权的目标客户接触网络的几率较小。

七、宣传与推广的效果评估

对展览宣传与推广做效果评估。主要依据参展商和观众的数量，同时还要考虑其他综合效益。展览组织机构可以对参展商和观众采取问卷调查、电话调查、抽样调查等方式，也可以用具体的评估指标，如传播效果的接收率、注意率、阅读率和认知率等，评估宣传促销效果的展位销售增长率、广告收益增长率等。这些评估最主要的目的是以量化的形式对展览的综合效益进行测评，为下届展览组织工作提供指导。因此，展览组织机构要认真、仔细、科学地进行这项重要工作。

第四节　公关活动推广

展览品牌的宣传与推广除了传统广告、直邮、新闻发布会、人员推广等形式外，组织公关活动则是一项具有创新意义的工作，其优势在于通过公关造势，树立展览组织机构和展览项目的良好形象，扩大展览品牌的影响力与辐射力，从而健全与完善品牌自身的竞争优势。

展览公关活动可理解成与目标客户进行有计划、有组织地接触与交流的人际工作，争取相关组织和个人的理解与支持。展览公关工作对象主要包括目标客户、贵宾、新闻媒体等，工作的主要目的有两个：一是扩大展览影响，吸引更多的目标观众参展，在更广的范围推介展览品牌；二是与相关组织及个人建立发展展览组织工作的合作关系与渠道。

展览公关工作被称之为"社会工程"，是一项系统的人际交流工作，需要周密的安排。策划组织公关活动,要确保公关活动的宗旨与展览目标一致,与项目宣传主题相关。公关工作最好交由专业公关代理公司实施,可提高效率与效果。高水平的展览公关活动,将大大推动与改善展览品牌的知名度。

一、展览公关活动的组织

组织公关活动是展览品牌宣传中的一项重要的工作,通过公关活动的造势为展览组织机构与目标客户间搭建一个有效的沟通平台,同时也对树立展览品牌良好的公众形象,扩大展览品牌的影响力,创建和谐经营环境起到重要作用。其组织推广的步骤如图 4-10 所示。

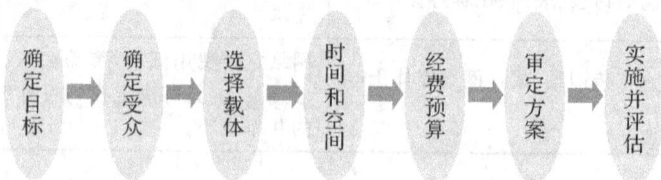

图 4-10　公关活动组织流程图

1.确立目标

展览公关活动的目标是指展览组织机构希望通过策划、组织、实施公关活动或事件,为展览组织机构和展览项目树立与营造良好的形象和经营环境。明确的目标有利于宣传工作的开展。因此,需要从内、外部条件出发,确立科学合理、操作性强的目标。

(1)内部条件。公关活动策划者在进行策划的过程中,特别要注意内部的资源是否可以在公关活动中得到充分的利用,如是否配置了具有经验丰富的人才,在不影响其他工作正常进行的情况下,是否能为活动提供足够的经费支持。

(2)外部条件。公关活动的外部条件比内部条件更加重要,社会公众所关心的热点都聚焦在公关活动传播载体的有效性方面。因此,要全面挖掘有助于公关活动目标实现的信息,并加以充分利用。通过有效的公关策划与有实力的目标客户进行交流与沟通,开发合作项目。

2.明确受众

展览的公关宣传推广活动的受众一般是指参展商、观众、业内专业人士以及重要媒体和相关政府部门等。不同的展览项目,所设定的宣传推广受众也有所区分。为了有助于公关活动的顺利进行,提高活动的组织效果,在事先应对受众进行分析,可利用展览组织机构数据库定位目标受众,也可以借鉴其他同类展览的公关活动,确定受众的范围与展览公关活动所期望达到的目标。只有在受众明确的情况下才能针对受众的基本特点,策划旨在达到宣传与推广目标的公关活动,从而提高公关活动的效果。

3.选择传播载体

选择不同的传播载体将会对公关活动的整体效果产生影响。因此,认真评估与选择传播载体是整个公关策划组织工作的重要一环。

公关活动的传播载体可以是人,也可以是物,还可以是事件。例如:2010年上海世博会组委会为向全世界推广上海和世博会,组委会邀请姚明、成龙、郎朗等作为大会的形象大使,充分发挥其在国内外的知名度来提升上海和世博会的形象。又如,在日本爱知县举办的世博会上,2006年杭州世界休闲博览会组委会巧妙地将杭州周宣传融入中国馆开馆仪式(见图4-11),起到了良好的宣传效果。杭州周以诗画开篇,开展丰富多彩的活动,充分利用世博会平台极大地提高了杭州与休博会的国际知名度和影响力。上海世博会与杭州世界休闲博览会组委会选择不同的两张"金名片"作为公关活动的载体,对世博会和休博会的推介进行了有效的推广与造势。

图4-11　"最忆是杭州"

4.确定时间和地点

公关活动的有效实施还取决于选定合适的时间与地点,能否巧妙地安排好公关活动的时间与地点对公关活动的效果具有直接的影响。在公关活动的时间和地点的选择上,活动的策划组织者要充分利用各种不同的外部条件,抓住有效宣传契机,使公关活动产生最佳的宣传与推广效果,这是公关策划与组织的重要内容。例如:杭州市人民政府充分利用世博会良机,将杭州周作为中国馆开馆仪式,借世博会的良好知名度以及人流、信息流高度集中等特征,成功地宣传了杭州的城市名牌。

5.经费预算

良好的财务支持是公关活动成功举行的基本保障,活动的策划组织者需有效地调控整个进程,列出各种公关活动项目的支出与收入,及时编制公关活动的预算。这将大大提高公关活动的社会效益与经济效益。

(1)场地及设备费用。公关活动通常是安排在一个固定场所进行,展览组织机构需要租赁场地和相关设备,因而需提前编制相关预算。

(2)宣传资料制作费用。公关活动需要制作相关的宣传资料,也将利用一些场合来进行这些活动的宣传与推广,预算宣传资料与推广经费,能对费用进行有效的调控。

(3)嘉宾邀请费用。公关活动需要邀请一些国内外著名的专家、学者、知名人士、企业领导人、新闻媒体人士以及行业主管部门领导等,这就会产生相关的嘉宾邀请费用。

(4)接待费用。接待费用主要包括食宿费用、交通和宴请费用。如活动需在境外进行,还将规划境外产生的其他接待费用。

(5)其他费用。公关活动预算中还应包括活动过程中产生的人工、办公费用和杂费。

除以上必要的开支外,如果能策划与开发一些企业赞助、广告产品等,将会减轻公关活动的经济压力,甚至还可从公关活动中赢利。

二、公关活动常见形式

展览公关活动常见的有以下几种形式:开幕式、招待和宴请、推介会、座谈会、拜会活动、贵宾邀请、专题会议、礼品促销、进行评奖、现场表演等,这些活动各具特色,其目的都是为了更好地进行展览项目的宣传与推广。

1.开幕式

开幕式是展览会的重要仪式,也是重要的展览公关活动。举办开幕式的主要目的是制造气氛,扩大影响,结合新闻媒体的报导,开幕式能产生相当大的宣传和公关效果。开幕式的邀请范围包括政府领导、工商名流、新闻人士、外交使节等,这些人物本身就有相当大的影响力,具有宣传价值。可以提高展览会的知名度,吸引更多的观众参观展览,同时这些人物都有一定的最高决定权或建议权,对展览贸易效果有着直接的或间接的重要影响。

2012年德国汉诺威工业博览会开幕式隆重举行。中国国务院总理温家宝和德国总理默克尔女士参加了当天的开幕仪式。展览组织机构邀请了众多政府官员、社会名流与专家等出席开幕式,为展览塑造了良好的专业性与权威性的品牌形象。

2.招待和宴请

招待和宴请是展览公关的主要方式之一,举办招待会的主要目的是扩大交际范围,为参展商、观众、合作单位等提供一个与展览组织机构交流与沟通的重要平台。

邀请一些重要人物出席招待会,并适当安排重要人物在招待会上主持并作简短讲话有利于提高招待会的气氛与效果。在招待会上,展览组织机构的工作应多与当地工商界人士、政界要员以及新闻界记者结识与交流,建立良好的人际关系。

举办招待会将涉及活动经费、人员安排、事件组织、时间管理等因素,因此,要事先制定计划、统筹安排。

3. 推介会

展览推介会的作用,有以下几个方面:

(1)目标客户与协作单位的行为与处事方式都带有自身固有的特色,通过推介会而进行面对面交流和感情联络,可以建立展览组织机构与各界良好的人际关系。

(2)与目标客户直接对话、交流,是双向互动式营销,是鲜活的形象宣传,举办推介会,比单纯寄送招商材料,更让客户感到亲切、舒适,更贴近他们的需求。

(3)通过推介活动,可进一步展现展览项目的亮点与吸引力、深入回答目标客户所关心的问题。

(4)让目标客户感受到展览组织机构的专业化素质和真诚服务精神,增强对展览的信任和忠诚度。

因此,推介会组织的成功与否,极大程度地决定了招展和招商工作的成效,需要展览组织机构高度重视。

例如,2010年上海世博会在美国、德国、英国、法国、加拿大等世界各国及中国很多的大中型城市组织世博会推介会,取得了良好的效果,为2010年上海世博会的招展和招商的组织工作起到了很大的推动作用。

4. 拜会活动

拜会活动是一种"走出去"的公关方式,主要形式是展览组织机构拜访与展览品牌发展有关的组织、机构和个人,拜会表示对被拜会人的尊重,同时也是公关工作,其目的是为了获得被拜会人的支持。级别较低的拜会人的工作多为展览具体工作服务。而高级别的拜会活动不仅会为展览本身的多渠道、多层次的交流奠定良好的基础,同时也会创造新闻宣传价值,从而达到展览品牌宣传的目的。

5. 贵宾邀请

贵宾邀请是一种"请进来"的公关方式。主要形式是邀请级别较高的人士参观展览,因此,也称作贵宾参观。贵宾邀请的主要作用是提高展览的知名度,扩大展览影响力以吸引目标客户的注意和参观兴趣。但这项工作需新闻宣传的密切配合。贵宾邀请可以是展览所在地的政府领导、工商名流、企业巨头,也可以是展览项目的积极响应人士。由于贵宾的重要宣传效应,展览组织机构要与重要贵宾建立并保持良好的关系,尽早组织与联系,在开幕式以及展出期间安排贵宾参观。

贵宾参观组织活动应认真谁备,时间、地点、接待人、参观路线、休息、资料、礼品袋等各种细节都要安排妥当。贵宾到达之时,展览组织机构应安排人员迎接。如果贵宾级别很高,参观之后,可以安排一个小型招待会。

6. 专题会议

现代展览不仅更趋于专业化发展,而且更注重展览与专题会议的有机结合,展览组织机构协同政府部门、行业协会、科研机构、大专院校、生产企业一起策划组织专题会议,并邀请政府领导、专家学者、企业家、新闻媒体等共同参与。通过专题会议表现一个行业与产业的最新产品与技术,研讨产业的宏观政策、发展趋势、技术环境、产品概念、时尚理念等。举办专题会议的目的就是让展览与会议相互促进,共同提高,全面增强展览在专业领域中的权威性、专业性,提升展览的专业化水平,为扩大展览的受众群体,全面造势,多方面、多层次地加强展览的影响力。图 4-12 所示为香港亚洲五金交易会中的专题会议。

图 4-12　香港亚洲五金交易会中的专题研讨会室

7. 记者招待会

记者招待会一般是由展览组织机构的高层领导主持或发言,通常时间在 1 小时内。发言者要对敏感或深度问题有充分的准备,以免现场出现尴尬冷场或惊惶失措的情况。

如果展览的新闻价值还没有大到需要举办记者招待会时,可以考虑安排记者采访。记者采访可以是由展览组织机构主动邀请安排,也可以是针对记者的要求进行安排。与记者招待会相比,记者采访影响范围要小,但是灵活,可以进行多人的交流,工作量也较小。工作做到位,也会有很好的宣传与公关效果。

记者招待会和记者采访要有后续安排,一是确保发稿,二是要向记者提供展览组织活动过程中的新素材,三是在活动结束后向有关人员书面表示感谢。(即使未报道,也要为其参加招待会、参观展览所花费的时间表示答谢)

图 4-13　义乌市市长在 CEFCO 论坛接受 CCTV 采访

第五节　展览品牌传播策略

将展览品牌形象有效地传递给目标客户,使他们对展览项目的理念和核心价值有更深入的理解,促成展览品牌成为展览组织机构与参展商和观众之间的一座桥梁,并在目标客户中不断积累,最终获得目标客户的认同从而提高目标客户对品牌的忠诚度。

一、展览品牌形象传播的策略

1. 提供有形线索

展览品牌定位和品牌个性等都是无形的东西,参展商和观众看不见、摸不着,印象自然也不会深刻。充分利用标志、符号、图案、标识语、数据和形象的比喻等将无形的东西化为有形的线索,能使参展商和观众能更直接地认知展览。

2. 谨慎合理承诺

展览组织机构的承诺会使参展商和观众形成对展览品牌形象的预期,如果承诺不能兑现,展览的品牌形象将受打击。因此,展览组织机构需合理承诺能提供的服务与条件。展览是一项需要不同工作人员和多部门协力完成的系统工程,服务水平往往会因为具体执行者的不同而不同。展览组织机构如对提供的服务不量力而行,信口开河,将会对展览品牌形象造成极大的压力。

3. 重视口碑传播

展览组织机构无法控制众人口碑的传播渠道,但口碑传播对展览形象有巨大的影响,尽量建立展览良好的口碑,让满意的客户告诉其他人,讲出他们对展览服务的感受,或制作一些资料让展览现有的参展商和观众传递给潜在的目标客户,重视对"意见领袖"的宣传与推广等。

4.组织员工培训

展览本质上是提供一项服务,服务的品质需要展览组织机构来提升。组织员工培训,引导员工自觉地提供高质量的服务,对工作有责任感和荣誉感,让员工与参展商和观众互动,为参展商和观众提供满意的服务。同时还要让员工也熟悉展览品牌传播的相关内容,使所有员工承担起展览品牌传播的重任。

5.建立长效机制

展览品牌的传播要着眼其连续性和一贯性,因此,展览组织机构需建立长效机制,保持展览品牌传播的一贯性。保证展览品牌传播始终如一地对外展示展览品牌的个性和形象、展览定位与特色。

二、不同阶段展览的传播策略

展览项目所处的发展阶段不同,其宣传与推广的目的与作用是有所区别的:

1.培育阶段

为使市场尽快了解新的展览项目,需加强宣传推广的力度,展览组织机构往往会通过多种渠道和方式相组合,扩大展览的知名度,比如各种形式广告、软性介绍文章、人员推广、直邮等推广宣传方式,多种传播媒介的组合对提高展览知名度具有积极的作用。

2.成长阶段

此阶段的目标客户已对展览项目有所了解,在加大宣传力度的同时,要针对目标客户群进行定向、定量、定期的推介与传播,如利用专业性报刊杂志上的广告、同类展览上的宣传等形式。实践证明,目标客户在相对集中的专业渠道中更易找到针对性信息,传播效果也更直接。

3.成熟阶段

此阶段的目标客户对展览已有了较多的了解,可适当减小宣传力度,但仍需要保证向目标客户的宣传与推广,为进一步扩大展览的规模,还需吸引更多的客户,更新一些忠诚度较差的客户,需要研究与分析传播方式,以确保展览品牌形象有不断的创新,带给目标客户更多的附加值和增值机会。

4.衰退阶段

此阶段的宣传推广力度需实施展览组织机构采取的应对措施:一是展览组织机构采取积极的转型措施,加大宣传推广的力度,目的是为了突显展览的创新与服务;二是展览组织机构采取坚守的措施,减少宣传推广的成本投入,展览存在利润损失的风险;三是展览组织机构采取放弃措施,不再投入宣传推广的费用,集中精力开发其他新的展览项目。

三、品牌传播评估策略

展览组织机构应认真落实对展览品牌传播进行评估的工作,评估策略的重点是以评促改、以评促建、评建结合、重在建设。展览组织机构在评估传播策略的过程中可以整合传播方式,调整传播策略,从而进一步提高展览品牌的传播水平。评估有利于更好地遵循展览品牌的指导思想,进一步改善传播方式,加强传播渠道建设,细化和深化展览品牌传播工作,全面提高展览品牌传播质量,为展览品牌建设服务。具体评估可以从展览近期、中期、远期三个阶段,评估的最主要的目的是以阶段性措施的成果对展览宣传的策略水平进行测评,从而获得完善品牌传播策略的依据,最终达到优化品牌传播的目的。

思考题

1. 展览品牌形象传播的目的是什么?
2. 选择展览品牌传播渠道时应该注意哪些问题?
3. 展览品牌传播为什么要坚持品牌的个性?
4. 怎样选择和组合宣传推广渠道? 依据是什么?
5. 请制定工艺类展览项目公关推广宣传的可行性方案。
6. 如何进行公关事件的组织与活动推广?
7. 公关策划工作中最重要的环节是哪一个? 为什么?

案例分析　　　　ISPO China 如何走品牌营销之路

首届亚洲国际品牌体育用品及运动时尚博览会(ISPO CHINA)于 2005 年 3 月 14—17 日在上海新国际博览中心举办,这是德国展览公司将成熟的国际品牌展览移植到中国的典型案例。ISPO 作为世界最大规模的体育用品博览会,每年冬夏在德国慕尼黑举办。作为成功的展览品牌,它的展品涵盖了体育产业的所有重要类别。ISPO Munich(ISPO 慕尼黑)是西欧及东欧体育用品的贸易中心,其影响力辐射多达四亿终端消费者。对于专业人士来说它更是一次重要的盛会,品牌商、零售商、分销商、设计师、媒体以及运动员共同组建成了国际运动界的专业平台。

一、ISPO China 的理念

国际性的博览会即是反映世界经济的一面镜子,同时也对世界经济有着重要影响力。ISPO 视自身为一个活跃的经济平台,紧扣贸易行业,使整个体育服务器界得以展示自己的产品、品牌、特色和理念。将 ISPO 移植到中国,在新的土地上再现风采是 ISPO 的核心目标。因此,ISPO China 其实质是 ISPO Munich 在中国展览市场的拓展。

ISPO 的办展理念是始终向客户承诺提供"更多":更多的论坛,更多的活动,包括向零售商提供更多附加值的服务(如:行业高峰会议、特别活动策划、专题讨论、

评奖、开业计划、行业聚会活动等），以市场驱动为核心内容。ISPO China 理念源于其在德国慕尼黑长期主办 ISPO 的经验，及中方合作者在本土的丰富资源，遵循专业指导方针以推动体育用品市场的积极健康发展。随着 ISPO China 的诞生，这一国际展览品牌不再局限于慕尼黑，又有了新的发展天地。成为国际体育运动用品产业及增长中的亚洲市场的又一崭新贸易平台。

二、展览 LOGO 设计与子品牌开发

ISPO 来源于两个英文单词"International"和" Sport"，在设计中分别为两层含义，"I"代表国际，"SPO"代表运动，体现展览的主题和范围。ISPO 展览 LOGO 设计的基本原则：简洁、易记、具有象征意义。夏冬两季 ISPO 的 LOGO 主图设计分别为"太阳"与"雪花"，夏季 LOGO 为红白两色且带着跳动火焰的太阳图案，容易使人联想到跳跃的青春、澎湃的激情和永远的希望；冬季 LOGO 为蓝白两色六边形雪花图案，使人联想到纯洁、理性、运动的乐趣，产生幸福的感觉（西方人认为雪花是幸福的象征），如图 4-14 所示。

ISPO 德国夏季展　　　　ISPO 德国冬季展

图 4-14

ISPO China 则是在 ISPO 在慕尼黑成功举办后移植到中国的子品牌，具有更强的地域色彩，因此在设计中在沿用 ISPO 的设计理念与视觉元素的同时加入了"China"，以区别本土展览品牌与子品牌的关系。如图 4-15 所示。

图 4-15　ISPO China

三、ISPO 及 ISPO China 经营的主要特点

1. 唯品牌参展

ISPO China 对参展产品的质量高度重视，对参展品牌精挑细选，严格把关。

为确保参展运动品牌和产品都是精品,ISPO China 只允许原创品牌、正牌运动产品以及特许经销商参展。参展商须是原创品牌、正牌产品的持有者,杜绝外包公司、制造商以及仿制品公司参展的情况,从而保障了品牌展览的质量。

2.工作氛围

ISPO China 紧扣信息与业务交流环节,在展位设计、交流区域、讲座和分主题论坛中着重体现这一清晰的定位。参展商通过展览可以结识众多的零售商,也可参加专题论坛和研讨会来加强参展商的产品营销。展馆具有六个独立的运动主题区域,并集中管理参展商需要的背景音乐,通过和谐的音乐创造了一种特别的工作氛围。ISPO China 开放前三天为贸易日(Trade Day),只对零售商、分销商及媒体开放。第四天为(Public Day),对公众开放,让公众感受运动用品领域的新技术以及国际知名品牌的风采。

3.六大主题区域

ISPO China 品牌和产品分为六个主题:雪类/户外运动,板类运动/青年时尚,团体运动,健身/健美,运动时尚,高尔夫。这些分类反映了当今运动用品市场中最具活力、最重要的几方面。

4.创新造就品牌

ISPO 经历近40年的发展历程,创新是其保持长久不衰并做成体育用品行业世界最大品牌展的秘诀。创新,首先体现在展品范围及题材的不断调整和补充上。ISPO 虽然属于专业展,但涵盖面很广,其分项目一直处于变化之中,近年来已明显趋向于按运动项目分类。新项目也越来越时尚。为了统一形象,各分项目后缀了ISPO,如跑步 ISPO(running_ispo)、运动服 ISPO (sportwear ispo)、沙滩装 ISPO (beachwear_ispo)、健身 ISPO(fitness_ispo)等。其实,每个项目都是一个专业展,比如,跑步 ISPO 从专用服装、跑鞋到五花八门的跑步器械,无所不包。

创新也体现在展览服务管理方面的创新,从2002年起,ISPO 为了提供更好的服务,开始实行会员制,推出了 ISPO 卡(Ispocard)。会员卡提出"省时"(save time)、"省钱"(save money),而且"更实用"(enjoy benefits)的口号。ISPO 卡持有者不仅在展览期间可免登记、免排队、免费使用慕尼黑的公交系统,在展览中心餐饮和停车均可打折,甚至在全国都可以享受优惠。例如,租车按不同车型分别为10%～20%不等的优惠幅度。持卡者还将成为 ISPO 社区成员,可以长年得到ISPO 周到的专业化服务。例如,持有2002年夏季 ISPO 卡,可免费参观慕尼黑冬、夏季 ISPO,盐湖城冬、夏季户外用品展,慕尼黑高尔夫等5个展览,持2003年夏季 ISPO 卡,则可以"一卡看八展"(2个在英国,6个在德国)。因此,ISPO 卡推出后,受到极大欢迎。原计划2003年冬季会员发展1.5万人,结果2002年夏季即已超过此数,会员包括了 ISPO 的所有大客户。

第五章 展览组织与管理

第一节 编制招展与招商方案

招商招展方案是展览组织过程工作的细化书与责任确定书，也是展览活动组织工作中的指导性文件，编制具有实际内容且操作性强的招商与招展方案，将对参展商的组织，展品的合理分类，以及多渠道、多形式地吸引国内外企业参展，邀请境外贸易观众参观产生重要的作用。

一、编制招展方案

展览项目规划的重要内容之一就是招展方案。一份完整的招展方案涉及展会概况、特色介绍、目标市场定位、财务预算、市场推广方法等多项内容，要能全面描述展览项目与展览组织活动环节的基本特征，使之便于切实展开展览组织工作并为展览项目赢得可持续的发展空间，在行业中逐步确定其品牌形象。归纳起来要注意以下几个方面：

1. 产业分布特点

展览题材所在行业在全国的分布特点，各地区的产业发展状况，该产业的企业结构状况及分布情况是编制招展方案的重要依据，应从宏观上作概要的阐述。所涉及的内容要密切结合产业实际，科学分析，力求准确无误，否则，以此为依据编制的招展方案就会严重脱离实际，在实施过程中因信息不对称而导致成效不大。

2. 展区和展位划分

招展方案的编制要结合展览的题材和定位对展区和展位进行合理的划分，有必要可附上展区和展位划分平面图，以供进一步论证。

3. 展览服务项目价格

招展服务项目价格是招展方案的核心内容，对招展营销工作有重大影响。招展价格要合理，价格水平过高或过低，都会影响展览的成效。

4. 招展函的编制与发送

确定招展书的内容、编制办法和发送范围。编制招展书计划时，充分考虑招展书的印制数量、发送范围及如何发送等问题。

5.招展工作分工

对具体的展览招展工作做出分工安排,包括协作单位、相关部门与展览组织机构内部营销人员的具体分工、招展地区分配等,责任落实到人与部门。

6.招展代理组织

对展览招展代理的选择、指定服务提供商的确定和管理做出安排,对代理的佣金与责任以及代理招展的地区范围和权限等做出具体的规定。

7.招展宣传推广

对配合展览招展所做的各种招展宣传推广活动做出规划和安排。

8.展位营销办法

分析进行展位营销的具体办法及实施措施,对招展营销人员的具体招展工作提供工作方向与方法。

9.招展活动经费预算

对各项招展活动过程中产生的费用支出做出初步预算,以便展览组织机构能及时、合理地进行各项经费安排。

10.招展总体进度安排

对展览的各项招展工作进度做出总体规划和安排,以便有效控制展览招展工作的整体进程,确保展览招展成功。

二、编制招商方案

招商方案与招展方案相辅相成,其内容与格式接近招展方案,而面向的对象不同。在现代展览活动组织中,国内外展览组织机构越来认同将专业观众的组织即招商工作放在首位,利用更好的招商方案,来吸引更多、更高层次的参展企业。招商方案的编制不但要掌握在招展方案中所列的内容,还包括以下几个方面:

1.确立招商活动组织的目标

在策划展览招商活动时,首先要确立该展览的目标是什么,即通过展览活动展览组织机构要达到什么目的,是提升展览在同类展览中的形象,还是能够获得较好的经济效益,展览过程中是否要安排更多贸易活动项目等。目标确立后,围绕招商活动的目标制定相配套的方案,提出如何使招商工作目标得到实现的可行性办法。

2.确定招商方案的原则

招商方案的编制要考虑两个重要原则:一是方案的可行性;二是方案的可选择性。

编制招商方案要切合实际,具有可行性,经过各部门的协同作战,上下努力最终能够实现。切忌不顾实际,光凭感性认知,凭空拍脑袋来制定不切实际并最终无法实现的方案。

3.招商方案的实施

招商方案的实施是将招商活动付诸实际、付诸行动的过程。实施的方案必须经过严格筛选并充分论证,能满足与展览招商活动的可行性和可靠性的要求。实施过程中要严格遵守方案中制定的程序、原则和操作办法,不能随意变更展览活动的时间、地点等,以防在展览活动中出现混乱局面。

4.招商方案实施的跟踪与反馈

招商方案实施阶段结束后,并不意味招商活动的终止或招商方案全过程的终结。圆满执行整个招商工作,还需及时对展览的观众进行跟踪、反馈。这项工作组织得好,能巩固和扩大展览组织活动的成果,使观众对展览的品牌形象有更进一步的认知,达到事半功倍的良好效果。

案例一 2011第二届中国长沙(国际)孕婴童产业博览会招商方案

展会概况

1.展会名称:2011第二届中国长沙(国际)孕婴童产业博览会

2.展会时间:2011年10月13日—10月16日

3.展会地点:长沙红星国际会展中心

4.展会主题:快乐孕婴童·美好新生活

5.展会安排

(1)展会日程:

布展时间:2011年10月9日—2011年10月12日

展出时间:2011年10月13日—2011年10月16日

撤展时间:2011年10月16日,下午17:00以后

(2)展会规模:

本次博览会分为内场、外场,布局充分突出国际化,突出孕婴童产业特色,突出名优品牌,突出长沙市会展经济的蓬勃生机。

内场:长沙红星国际会展中心一楼、二楼展厅,展会面积两万平方米。

外场:长沙红星国际会展中心南广场,亲子嘉年华大型游艺设施。

6.展会组织机构

主办单位:长沙市人民政府

承办单位:长沙市广播电视台

协办单位:长沙市会展办

长沙市商务局

长沙市工商局

长沙市教育局

长沙市卫生局

长沙市妇联

长沙市质监局

雨花区人民政府

执行单位：长沙广播电视台新闻频道

长沙广播电视台新闻广播

7.主题活动

前期预热

(1)"快乐我来拍"大型户外电视真人秀：以孕婴童为主流人群,采取街头真人秀的形式与观众互动,用电视自拍的视角记录真实的自我,释放情感,为博览会聚集人气,打造影响力。

(2)"快乐合家欢"童谣主题大赛：在展会前期,结合建党90周年契机,利用电视、电台优势,组织父母亲和小朋友共同表演童谣、儿歌、红色歌曲,邀请著名的表演艺术家和育婴指导专家到现场助阵,拍摄成电视短片进行宣传,录制成音频在电台同步打榜,并同步发送至网络。通过现场、网络票选、短信票选等多种形式在评选的同时推广,全面覆盖有效人群,提升展会影响。

(3)"快乐手拉手"婴童用品分享日：在博览会开幕之前,通过电视、电台、平面、网络等宣传手段,倡导家长和小朋友,把旧置的服装、用品、玩具等捐献给贫困地区(如四川澧县)有需要而无力购买的小朋友,通过留下真情号码、真情小卡片的方式,直接与接受方建立联系。分三至五季持续进行,并借助各种媒体手段制作例如《我从山中来》等专题节目,拉近城市小朋友和贫困地区小朋友的距离,在树立公益形象的同时,提高展会的关注度。

(4)"快乐我最行"星级孕婴童服务评比：在博览会开幕之前,各职能部门推介医院、幼儿园、摄影等相关孕婴童服务机构,由各机构自行申报材料,主办方组织专家、学者制定星级标准进行审核评定并到各机构进行实地考察,通过短信考察消费者对各机构的信任程度,综合权衡专家意见与短信后,由组委会在开幕式上发布星级服务评比结果,并由主办方授牌,从而树立展会的权威性,提升相关企业对展会的关注度。

现场活动

(1)2011第二届中国长沙(国际)孕婴童产业博览会开幕式：开幕式将邀请省、市领导及海内外知名企业代表莅临现场。以欢愉时尚的青春歌舞和稚气天真的幼儿表演为表现形式,呈现青春、跃动、健康的生活气息,使开幕式高潮迭起、异彩纷呈。

同时,湖南省孕婴童产业协会挂牌仪式也将成为本届博览会开幕式上的一大亮点,组委会将邀请省、市领导为协会授牌,各成员企业到场观摩。该协会成立后将发挥政府与企业单位的桥梁作用,为行业发展出力献策,为会员单位服务,促进企业协调自律,维护孕婴童产业经济的正常秩序,维护产业共同利益,为湖南的孕婴童产业的健康发展做出应有贡献。

(2)"星城翻斗乐"亲子嘉年华:以"亲亲宝贝·快乐成长"为主题,在博览会期间户外场地搭建大型游艺设施,将游戏的权利归还给天真烂漫的孩子们,寓教于乐,让家长与孩子一同体验在游戏中学习的欢乐。

(3)"宝贝计划"孕婴童新品发布会:在博览会期间,主办方将组织参展商在中心舞台展示企业自身产品,同时,主办方将尽可能地组织海内外(包括非参展商)环保、科技的新型孕婴童产品在中心舞台集中演示。

(4)现场其他配套活动:

①各产商家同步进行产品展示推介及项目洽谈活动、健康服务(讲座、义诊等)及科技成果体验等活动。

②开设摄影、金融、保险、家政、培训等服务公司现场咨询、预约活动。

③开设游博览会中大奖系列活动,针对参观者设立观展幸运大奖、游艺竞技大奖等多个互动环节。观展家长和小朋友可通过到访商家展位收集品牌商标卡和参与大型"智勇大冲关"获得奖品。组委会将联合参展商提供婴幼儿食品、医疗、教育等多方面物资奖品。

展会宣传

1.新闻宣传:

从活动启动之日起,由长沙市广播电视台统一协调,制作30秒、15秒、10秒的宣传片在下属各频道黄金时段滚动播放,集中各类媒体广告宣传手段对活动进行全面推广,并邀请各级媒体采用专版、专栏、专题等方式对相关主题活动进行全方位跟踪报道。

2.官方网站:

本次博览会设立了官方网站(www.hncstv.com)——"2011第二届中国长沙(国际)孕婴童产业博览会"网站,网站设计精美,实用性强,并且在中国婴童网、中国母亲网、湖南妈妈网等国内知名网站上都有链接,开辟了专版专栏发布本次博览会的相关信息。

3.市内气氛营造:

本次博览会期间,将在市内主要干道悬挂刀旗、大型户外广告牌、公交车站灯箱广告等等各类广告,并统一规划和VI设计,形成全市统一风格、体现出浓厚的展会氛围。在参加本次展会的有关医院、幼教机构、培训机构等单位的显眼处,可以采用喷绘图片、撑牌展示等方式,集中介绍本次博览会的活动内容;在本次博览会指定下榻的酒店、宾馆,也将采用喷绘图片、大型海报等宣传方式,为本次博览会营造氛围,热忱欢迎国内外广大客商和友人的到来。

4.现场直播：

博览会期间,长沙广播电视台新闻频道 都市 105 新闻广播在黄金时段对博览会开幕式及展会期间部分活动进行现场直播,使观众、消费者更直观地感受到活动的规模和气氛的热烈,从而产生参与欲望。

第二节 设计制作招展书与招商函

招展书和招商函的策划和编印工作在展览策划和营销工作中具有重要意义。这不仅是因为招展书与招商函是展览组织工作的核心内容,而也是展览概况与相关展览信息的主要依据。因此,招展书与招商函的设计制作对展览组织工作的成败具有重要意义。

一、设计制作招展书

招展书是与参展商沟通的重要载体,也是展览项目的第一份说明书。因此,招展书的制作必须准确且尽可能做到全面、简要,主要包括以下几个方面内容:

1.展览的基本内容

展览的基本内容主要包括:展览名称、展览 LOGO、展览时间和地点、展览组织机构、办展意义、展览特点、展品范围、展览费用、与展览相关的广告等。例如,2011年广州国际游艇展招展书封面如图 5-1 所示。

2.展览环境的基本介绍

展览题材所在行业、办展所在地的环境介绍等包括行业生产、销售、进出口及发展趋势,以及办展所在地区的市场环境及市场的辐射范围。如图 5-2 所示。

3.展览招商和宣传推广计划

展览组织机构对往届到会观众的分析资料及邀请专业采购商的情况介绍,同时也要详细介绍展览宣传推广的手段、方法、渠道及措施等,这些都是参展商最关注的展览价值,对参展决策具有决定性的影响。因此,展览组织机构在招展书中要精心规划这些内容。

4.展览价格与展览服务

展览组织机构将展览展位的收费标准以及服务项目等内容安排在招展书的明显位置,同时还要向参展商提供如何办理参展手续、填写参展申请表以及付款等信息并注明展览组织机构的联系方式。(见图 5-3 中国义乌国际小商品博览会参展企业展位申请表)

图 5-1　2011 广州国际游艇展招展书

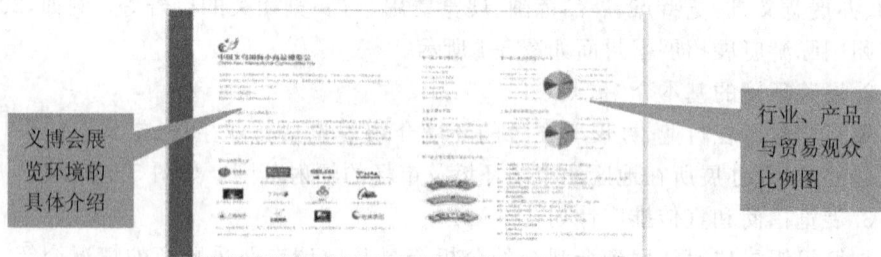

图 5-2　2012 义博会招商函内页

5.历届展览的基本情况与图案

主要介绍历届展览的成果和辅助参展的一些图片,如展馆平面图、周边地区交通图、往届展览总结资料图、展览现场图等,图片不但可以丰富招展书的内容,还可以起到美化作用。(如图 5-4 所示)

二、招商函的基本内容

展览招商函的主要对象是展览的目标观众,尤其是对展览将会起到重要作用的专业观众,招商函的设计制作应做到精美雅致,与展览的品牌风格相吻合。若希望境外参展商来参展,则要制作英文版招商函(见图 5-5 第二届中国厦门咖啡展览

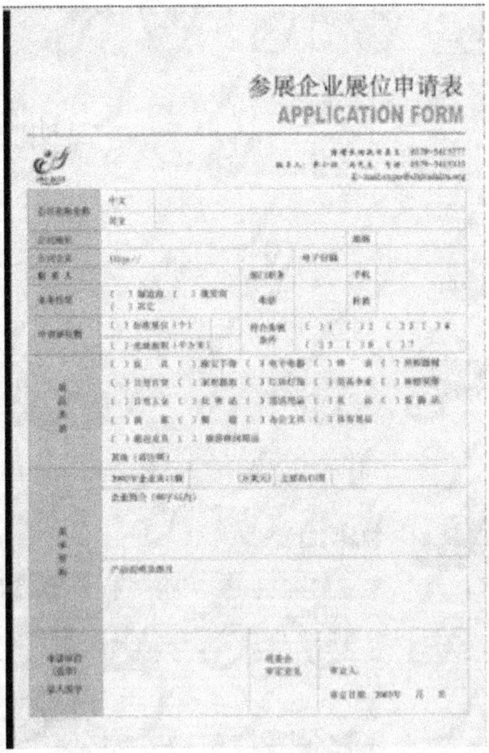

参展企业展位申请表
APPLICATION FORM

图 5-3　义博会展位申请表

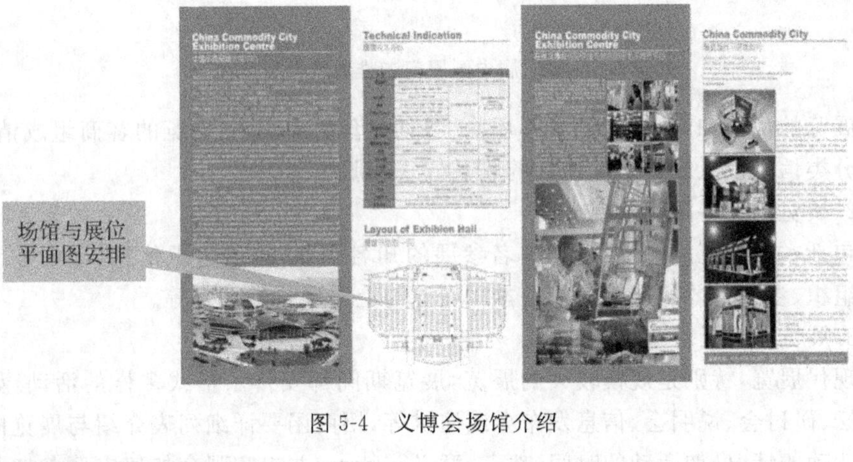

图 5-4　义博会场馆介绍

会招商函）

1. 展览的基本内容

包括展览名称、展览 LOGO、展览时间和地点、展览主承办单位、展览的规模、

图 5-5　第二届中国厦门咖啡展览会招商函

本届展览的优势和特点、展览举办环境、展览配套活动、上届展览的客商组成情况、产品分类信息以及展览组织机构的联系方式和服务等。

2.展览的招展招商情况

包括本届展览的主要展品、报名参展的知名企业、招展组织信息、境内外专业观众组织、参展重要组团情况以及本届展览与上届展览的区别等。

3.展览相关活动

现代展览,特别是规模较大的展览,展览期间都安排了形式多样的活动,如专题论坛、研讨会、说明会、信息发布会或演讲等,招商函要详细列表介绍与展览同期举办活动的情况,如活动的时间、地点、意义与特点,并告知观众如何申请参加此类活动。

4.观众登记表

观众登记表是展览招商函的回执,主要包括申请观众的基本信息,以及参观的目的、感兴趣的行业、获知展览会算途径等信息。目前,许多展览为方便观众预先登记,在展览网站上开设预登记的服务。(见图 5-6 第 18 届广州国际照明展览会在线预登记系统)极大地方便了观众登记,提高了观众组织的工作效率。

图 5-6　第 18 届广州国际照明展览会在线预登记系统

三、编制招展书和招商函的原则

招展书和招商函是展览组织机构向目标客户提供的正式文件,内容较为繁杂,因此,在编制招展书和招商函时,对其内容、图标、版面等一定要做科学合理的规划与安排,使招展书和招商函在展览的招展与招商过程中发挥应有的作用。展览组织机构在编制这些资料时有以下原则:

1.内容做到准确无误

招展书和招商函是参展商和观众了解展览的第一手资料,也是展览组织机构向目标客户提供的重要文件性宣传资料,其目的是为了促进参展商与观众参展与参观的决策。因此,招展书和招商函上所有内容都必须准确无误且具有全面性,这对展览组织机构或展览品牌都会带来重要影响。

2.文案策划简洁实用

招展书和招商函的方案策划为了能够提升参展商和观众的阅读兴趣和参展热情,必须要简洁实用,在文案策划中尽可能地体现展览对目标客户的核心价值,包括展览组织理念、展览环境、展品分类、展览费用与服务、参展商和观众的地区分布与比例、展览的宣传与推广、展览期间的配套活动等。

3.设计制作精美雅致

招展书和招商函在文字、图片的排版和安排上要注重美观,设计制作精美雅致,这不仅是为更好地吸引目标客户,提高招展与招商效果,更重要的是通过这份展览资料,能增进目标客户对展览组织机构服务价值的信赖与认识,形成品牌效应。

4.便于携带与传递

招展书和招商函的传递形式主要有三种:邮寄推广、同类展览推广和招展招商代理推广,这需要资料便于携带,适合传递给目标客户。我国有些展览组织机构在设计时过于追求内容与形式的大而全,不仅增加了招展书和招商函的编制与印刷的成本,而且在推广与实施的过程中造成目标客户因难以携带而随手废弃的情况,降低了宣传推广的效果。因此,强调资料的便捷性会增加展览推广的成效。

5.推广印刷宣传品的包装纸张选择

在设计制作招展书和招商函时,必须充分认识印刷宣传品的尺寸、色彩、纹理对预期受众所产生的影响。因为宣传品的包装针对着不同的受众,所以需要从视觉吸引力及整体视觉效果方面研究印刷宣传品的物理特性,考虑怎样综合运用纸张色泽、油墨色泽、以及折页等刺激阅读。经验丰富的专业市场人员往往在事前就已清楚该采用怎样的设计组合(包括纸张重量、色泽、尺寸和折页方式等)来传达那些非常重要且影响持久的非语言信息。

以下是影响印刷宣传品传达视觉(非语言)信息的重要物理特性:

(1)尺寸——大的印刷宣传品通常比小的显得较重要,而那些非标准尺寸则能创造特别或深刻的印象。此外,还应注意宣传品的尺寸能否装入标准封套,否则很可能会被参展商扔掉。

(2)纸张类型——该选择光面纸、糙面纸、纹理纸,还是书写纸?一幅照片印刷在光面纸或书写纸上,哪种更能体现展览的风格?总之,应该用优质的纸张传达高品质的信息。

(3)纸张色泽——注意纸张色泽与内容的相关性。比如,白色、土黄、浅黄等色调能加强真诚感;粉红、橙、黄等色调较易吸引注意,但通常质感不足;而白色的成本最低,最保守。

(4)纸张重量——厚重的纸张能传达一种高品质的感觉,而轻薄的纸张则显得无足轻重。同时还应知道,纸张重量与类型与成本是密切相关的。

（5）折页——比较不同的折页方式,如标准式、创意式、手风琴式、风扇式等,并根据宣传品的作用和目的进行选择。

（6）包装——根据宣传品的整体风格,整合设计宣传品的包装。

第三节　招展活动的组织管理

完善的招展与招商的组织管理是整个展览项目能够顺利完成的重要保证,也是展览组织工作的重点。展览组织机构必须全面统筹,认真实施,提高招展与招商的效率。

一、招展工作的组团与代理管理

1.招展组团的管理

展览组织机构为了保证展览项目的品质,通常会采取定向巨星组团的方式来实现基本招展数量,特别是政府主导型展览,如广交会、华交会、昆交会、高交会等展览。展览组团是按照行政区域来进行的,其责任单位是行政区域内与贸易厅局、行业协会或国际组织相关的展览组织机构。发展招展组团单位,利用组团单位的积极性与资源优势来完成招展任务,是展览组织机构提高招展效率,保证展览成功的重要环节。

（1）合作招展组团单位的基本构成

◆ 当地行业协会。

◆ 主办单位的分支机构。

◆ 行业性权威机构(如外经贸局、中小企业发展局等)。

◆ 展览组织机构(公司)。

◆ 海外的专业性国际展览代理机构(公司、旅行社等)。

（2）招展组团管理的主要工作方法

招展组团主要通过召开筹备会、检查会、动员会等会议进行管理。展览组织机构通过召开会议来传达招展工作的主要精神;布置具体的招展工作,明确招展任务;鼓舞招展组团单位的士气,培养在组团工作中的归属感与集体感;加强各组团单位间的互助合作精神;检查招展工作落实情况;发现招展活动中的问题,互通讯息,相互学习。

◆ 筹备会。是为展览的筹备工作而召开的会议,国内展览通常是在展览开幕前 3 个月召开。会议的目的是介绍招展工作筹备情况;布置工作,明确责任;指导招展单位按时按质完成筹备工作;培养集体感和协作观念;同时也为展览组织机构的招展工作征集意见与建议。

会议通常由组委会最高领导主持,项目经理或协调人主讲。展览组织机构的展品运输、宣传联络、设计施工、行政后勤的具体负责人参加会议并就各部分工作提出要求。同时还应邀请招展组团单位的高层负责人和具体协调人参加会议。

◆检查会。是检查招展筹备的工作会议。可以视招展进度情况定期或不定期地举行。检查会议有两种形式：一是招展工作检查会，通过会议检查各组团单位招展进度情况，根据各组团单位招展进度的差异情况，动态协调展位的分配数与组展比例；二是组团展前工作检查会，在展览开幕前一至两个星期召开，主要检查展台施工、展品运输、展台布置等工作及人员行程、住宿、膳食、市内交通等安排。

◆动员会。这项会议通常在开幕前一天召开，展览组织机构的主要工作人员与组团单位负责人都将出席。会议要求参加组团的参展商服从组团单位的统一指挥，进一步严明纪律，鼓舞士气，出台组团和管理办法。要求参展工作人员具有高度的责任心和荣誉感，建立良好的展台环境与秩序，提高工作效率。

（3）招展组团工作的重要作用

◆提高展览会的影响力，加快信息的有效快速传递。

◆充分利用各方资源，优势互补，加快资源整合。

◆最大程度挖掘新客户，壮大参展队伍。

◆降低招展成本。

2.招展代理的管理

招展代理是展览组织机构借用外部力量来做大做活展览组织的有效手段。通过招展代理可以有效扩大招展组织工作的网络，拓展营销规模，为展览组织机构增加经济效益。因为，只有具备良好资质的招展代理商才能切实地履行职责，按时完成招展任务，所以这项工作的要点就是要加强对招展代理商资质的管理。

（1）招展代理组织形式

◆独家代理。在规定时期内，展览组织机构将某一地区的招展权赋予某家代理商独家负责，展览组织机构与其他代理商在该地域内不再进行展览项目的招展活动。独家代理只有通过展览组织机构的资质审查并承诺完成一定数量的招展任务，才能取得这项授权。

◆排他代理。展览组织机构赋予代理商在规定地区与规定时间内的招展权，在该地域内不再安排其他代理商进行该展览项目的招展，但展览组织机构不在限定的范围，可在该地区招展。国外招展代理通常可采取这种形式。

◆一般代理。展览组织机构在同一地区同时委托若干代理商作为展览组织机构的招展代理，并明确各招展代理商的招展权限，展览组织机构也可在该地区实施招展，采用此招展代理方式时，需明确统一的代理条件。

◆承包代理。代理商买断一定数量的展位，不论能否完成约定的招商数量，代理商都需将商定的展位费付给展览组织机构。

(2)对代理商管理的有关规定

◆定期提交代理情况的书面报告。每隔一段时间,要求代理商定期汇报其招展情况,汇报代理商和当地参展商对展览的看法、意见和建议,并对所在区域的市场做出分析,形成简要书面报告上报给展览组织机构。项目负责人根据实际情况再对招展工作安排做必要调整。

◆招展价格的控制。代理商对外招展应严格按照代理合同所规定的价格折扣进行操作。展览组织机构给予代理商的代理费和准许代理商给予参展商的折扣须严格区分,由展览组织机构决定是否给予参展商展位折扣,代理商无权给予,以免引起招展价格的混乱。独家代理、排他代理和一般代理的代理费,通常是该代理商所交参展费总额的 15%～20%;承包代理的代理费用要高于 20%的水平,或可达到 25%甚至更高。承包代理一般只有在完成承包展位数量后才可提取代理费。为鼓励代理商的招展积极性,给代理商的代理费可以采取累进折扣制,即按招展的不同数量给予对应的代理费比例。

◆收款与展位划定。所有参展商展位的分配应统一由展览组织机构控制和最后确定,代理商只能按与展览组织机构商定的展位分配进行划位,如遇特殊情况,代理商必须向展览组织机构提出展位划位的申请,并经展览组织机构书面认可后才能实施。

◆参展商的费用管理。代理商(除承包代理外)原则上不得代收参展商的参展费及其他一切费用,个别特殊情况,可允许代理商代收参展商的参展费用,但须在展览组织机构指定时间内,将其所代收的展位费扣除商定的代理费后的余额全部汇入到展览组织机构指定账户。

二、招展活动的控制管理

要使展览在与同类展览的竞争中脱颖而出,招展活动的控制管理非常重要,主要体现在建立在创新的招展策略和管理方法上,如为重点参展商策划参展计划书,编制有效的招展进度计划,为营销人员制定目标考核办法等。

1.为重点参展商策划参展计划书

为重点参展商编制参展计划书是国际展览组织机构普遍采用的营销策略,也是提速整体招展活动的有力举措,展览营销工作实践证明,参展企业普遍存在从众心理。重点参展商积极参与到展览项目中对其他参展商具有良好的示范效应。因此,为重点参展商策划参展计划书,使之尽早作出参展的决定,扩大招展的影响,对于整体的招展活动有重要的影响。

参展计划书提倡简洁且具感染力,针对重点参展商的企业特性与产品特点,提出有利于参展商营销的展览信息,如展览的宣传推广计划、意向重点参展商名录、大型采购组织与会消息等协助重点参展商所在企业的领导和参展负责人更好地制

2012年×××××展览项目代理协议书
代 理 协 议

编号：
　甲方：XXXX展览有限公司
　乙方：

　　甲乙双方经友好协商，就甲方授权组织的＿＿＿＿＿＿＿＿＿＿活动（以下简称"活动"）的招商、招展代理事宜达成如下协议：

　一、　合作宗旨

　　1、发挥各自优势，发掘各自资源条件，优势互补，互惠互利；
　　2、双方均应遵守国家有关法律、法规和活动规定。

　二、　甲方责任

　　1、甲方对活动的合法性和质量承担全部责任；
　　2、负责向乙方提供活动有关的资料、文件；
　　3、甲方负责活动的组织、承办工作；
　　4、甲方根据约定向乙方支付代理费，为客户统一出具正式发票。

　三、　乙方责任

　　1、按活动的总体要求进行招商，并经常向甲方通报招商情况；
　　2、在报名截止日期前，将会议费或展位费汇入甲方指定账户；
　　3、执行统一标准收费，不得向参加活动的代表收取额外费用；
　　4、自行承担招商、招展过程中的一切费用。

　四、　代理费的计算

活动内容	招商招展数量	代理费	备　注
	人/展位以下		
	人/展位以上		

注：甲方在活动结束后的3日内向乙方支付代理费。

　一、　其它

　　1、协议自甲乙双方签字盖章之日起生效，有效期至活动结束为止；
　　2、本协议一式两份，甲乙双方各持一份，具有同等效力。

　　甲方：××××国际会展公司　　　乙方：

　　代表：　　　　　　　　　　　　代表：

　　　　　　　　　年　　月　　日

图 5-7　展览项目代理协议书

定参展决策。计划书的基本内容有：

◆ 场地规划——应明确指出重点参展商可优先选择的特色区域。

◆ 场地协定——为迅速将潜在的目标参展商转化为现实的客户,应提供格式化的场地协议。

◆ 统计分析——历届展览专业观众的分类与构成比例(这是针对参展商的核心服务内容),协助重点参展商评估展览,理解参展价值。

◆ 行业调查——参展商专业结构调查,尤其是参展行业的发展趋势的信息调查,对重点参展商是具有实际价值的"增值"服务。协助重点参展商迅速评估与参展有关联的核心信息。

◆ 参展价值——展区和展位的有效细分为重点参展商提供最佳市场推广平台,对此类展区与展位进行详细的描述,增进重点参展商的参展信心。

◆ 增值服务——展览组织机构为重点参展商提供的一系列增值服务措施列表。(如网络服务、贸易撮合服务、商务旅行服务等)。

◆ 宣传信息——通过对展览组织机构所确定的宣传推广计划的详尽介绍使重点参展商有效评估参展对企业的重要影响力。

2. 编制招展进度计划

招展工作实施前,展览组织机构应先制定招展进度计划,统筹规划招展营销工作及要达到的具体效果。预先规划采取的招展形式和时间要求以及各阶段招展工作要达到的程度与效果等。招展进度计划的制定可对展览招展工作实施总体监控,对照检查,发现问题后及时调整策略,从而保障招展工作顺利完成。招展进度安排一般采用表格的形式,如表5-1所示。

表 5-1 招展进度计划表

时间	地点	招展方式与措施	拟完成的招展目标(%)

在展览营销实践中,典型的新展览项目招展进度计划为:展览开幕前12个月,开始招展营销工作,针对性的招展宣传推广活动同时铺开,使目标参展商对展览有一定的认知;展览开幕前9个月,招展全面展开,宣传推广活动范围进一步扩大;展览开幕前6个月,基本结束拜访重点参展商的工作,招展宣传推广活动范围逐步缩小,招展任务完成50%左右;展览开幕前3个月,招展任务基本完成,对意向性的目标参展商进行服务跟踪,为展览顺利开幕做准备。

3. 制定营销人员的目标考核机制

为有效地调控招展进度,需为营销人员建立目标考核机制,通过考核机制及时掌握营销人员在招展过程中的效率、方法与状态。有了明确的目标考核,营销人员就会对目标进行深入研究,有效组合招展的方法和技巧,并及时反馈相关招展策略与市场环境变化的动态关系。建立目标考核机制,对于招展过程中出现的问题就可以采取调整人手或完善招展策略的方法去解决,从而确保招展计划的所有部分都能有序连贯地进行。

(1)制定目标考核的原则

为确保招展工作处于最佳的状态和结构,考核要明确招展进度在规定时间内所应达到的目标。鼓励营销人员通过不断的努力实现团队工作目标与个人表现愿望。

各展览组织机构就如何制定考核目标各有其不同的思路,有制定每季度或每年度的招展基准数,也有制定每月度招展基准数的做法。无论哪一种,都是通过明确销售团队的招展进度目标,来实现不偏离既定的招展方向,从而促使全体营销成员完成个人目标,确保招展整体进度的实现。

招展目标考核的制定要考虑公平性和合理性的原则。切忌仅要求营销人员一味追求招展目标而忽略营销人员在招展过程中的个人成就感和团队荣誉感。应让营销人员更多地参与到决策的过程中,参与目标考核方法的制定,使其更加明确招展的目的和要求,从而增加展览组织机构对招展进度的有效控制。

(2)量化考核目标

量化考核目标对控制营销进度非常重要。由于展览业涉及的范围比较复杂,经常会出现偏离目标的情况。量化目标就是指明销售团队在一个具体的时间段需完成的指标或任务。有了目标的指引整个销售团队就能共同努力,随时互相提醒、相互激励,整个招展活动按预期实现的可能性就会大大增强。在量化考核目标的工作中,要科学地导入激励机制,在营销人员分享团队的工作效率和荣誉的同时,也要为优秀的营销人员提供表现与发展的空间,树立榜样。

三、制订招展应急预案

1.招展可能失败的因素

招展工作并不是一帆风顺的,经济环境影响、市场发展变化、天灾人祸等情况都有可能影响招展工作的顺利进行,并且,这些风险的发生且具相当程度的不确定性和无法预见性。(图5-8 招展可能失败的因素)因此,招展工作与其他工作一样,存在一定风险。如能事先做好应对招展风险的准备,分析风险对招展工作影响的具体原因,制定应急处置预案,从而采取切实的组织措施,就能有效降低风险对展览的影响。

2.展览应急预案的制订

应急预案是在深入对导致招展失败的不同因素进行分析后,通过对当时环境的有效评估并制订的解决方案。招展应急预案有以下几方面内容:

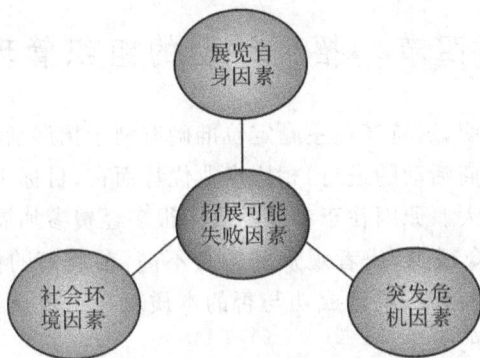

图 5-8　招展可能失败的因素

(1)针对社会环境因素

◆ 展览组织机构应随时关注社会政治方面的形势和动态,从思想上保持必要的应急准备。

如何在第一时间针对可能出现的危机可能性进行分析评估;

◆ 组织高素质的沟通团队应对由社会环境层面引起的具体问题。

◆ 制定应急宣传方案及展览组织的调整方案,如展期延期举办、展商结构调整等。

(2)针对展览自身因素

◆ 展览组织机构要特别关注目标参展商针对展览的信息反馈,及时排除招展隐患,化解可能恶化的危机因素。

◆ 加强对展览项目可行性分析的再研究,找出不确定原因,提前进行预防,如对展馆面积的租订要适当,并争取留有余地等。

◆ 一旦展览招展出现难以挽回的情况,要尽早进行展览的项目转移处理,如与其他类似的展览合并等。

◆ 出现最严重的内部管理因素而导致无法按期举办展览,要本着最大限度减少损失(经济与信誉的损失)的原则,果断处理,尽早宣布展览改期、延期或停办,并对相关后果进行弥补。

(3)针对突发事件因素

◆ 在相关展览招展协议、合同等文件中增设"不可抗力"的条款。

◆ 为目标参展商购买相关的保险。

2003 年"非典"疫情是极其严重的天灾人祸,展业无疑受到了很大影响,针对这种情况,我国大多数的展览组织机构都选取了停办或延期举办的决定,对招展过程中已发生经济关系的参展商进行了事后补偿,有效地控制了危机恶化所带给展览组织者经济和信誉的损失。

第四节　招商活动的组织管理

展览组织实践表明,展览产业主题定位准确有利于招展活动的进行,而目标市场的明确则有利于招商活动的进行:相比产业优势而言,目标市场的优势对展览业的影响及促进作用更大。原因在于参展商投入很多经费参加展览主要是为了拓展销路和市场,如果观众很少,或者观众的质量不高,参展商的信心就会大打折扣。因此,观众是展览的生命线,展览成功与否的本质就在于观众组织管理的成效,而不是一味提高参展商的数量。

随着展览市场的竞争加剧,我国越来越多的展览组织机构也开始认同"展览成功的关键在于观众组织"这一观点,改变以往只注重招展,紧盯展位销售收益的思路,将展览组织的工作重点转到观众组织上来。

观众组织管理的方案可以分成以下五个步骤:界定观众、评估市场、确定主题、制定推广方案、效果评估(见图5-9)。展览组织机构在严密的方案指导下通过动态的评估与监测,就可以从容地进行观众组织推广的战术组合,提高观众组织的效率和效果。

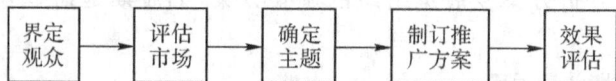

界定观众 → 评估市场 → 确定主题 → 制订推广方案 → 效果评估

图 5-9　观众组织管理示意图

一、展览目标观众界定

观众组织与推广的主要目的就是要将展览市场拓展所期望的目标观众组织起来参加展览,因此在观众组织工作开展前就需对目标观众进行清晰的界定。目前,我国和美国展览业根据观众的特征进行界定(如图5-10所示),其数据来源可以从观众统计、行业调查、市场研究等渠道入手。在采集观众信息时就应注重观众的职务、购买决策力等方面的详细资料,结合不同的展览题材,对观众群体的组成结构进行基本界定,以便针对展览项目的实际情况,制定相关的观众组织策略。

同时,展览组织机构需结合以下具体问题,深入了解目标观众的实际需求,并最终完成目标观众的界定工作。

1.谁是展览的目标观众?(展览题材不同,目标观众也会有所不同)

2.目标观众在展览中的主要角色是什么?(即目标观众参展的身份,是采购商还是研究人员或是生产企业的技术人员等)

3.目标观众参加展览活动的主要目标是什么?(目标观众参展的主要目的是采购,还是询价或是进行相关的产品信息收集等)

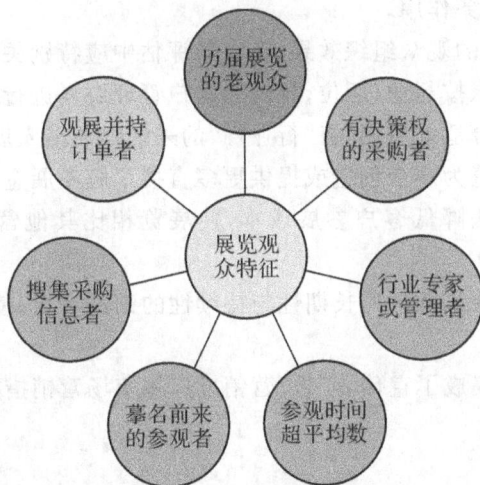

图 5-10　展览观众特征

4.目标观众适合什么样的展览主题活动?(目标观众需参加市场推介、高级研讨会或是相关新产品发布会等)

5.谁来支付报名参观费用,费用是多少?(目标观众的参观费用是由谁支付的,对参观展览门票价格的敏感程度如何)

6.什么时候是参观的最佳时间?(不同的目标观众群体,对时间的要求会有所不同)

7.什么是目标观众的区域性?(明确招展的重点区域)

8.如何安排与参观有关的设施?(如 VIP 会客厅、媒体中心等)

9.展览为目标观众能带来什么利益?(对目标观众的增值服务,如免费机票、穿梭巴士等)

10.参观需要花费多少时间?(进行生理与心理疲劳度预测,确定目标观众在展馆停留的时间)

11.争夺这些目标观众的同类展览有哪些?(确定有多少竞争展览在争夺目标观众,从而能更全面地确定针对性的推广策略)

二、评估市场

展览作为参展企业市场营销组合中的一部分,应为买卖双方提供最直接的面对面互动平台,使展览成为参展企业产品营销组合与动态市场营销实体结合的营销工具。因此,展览组织机构明确目标观众界定后,需认真地研究与分析开发的展览题材在目标市场营销体系的具体作用,详细收集与研究展览题材的行业环境,了解同类竞争展览在观众组织方面的具体措施与观众构成的基本情况,并不断开发展览的贸易功能与服务作用。

展览要达到良好的观众组织效果,在市场评估中应特别关注以下的要素:

1.针对性:将观众按行业、职位、年龄等客户管理要素进行有效的分类与检索。

2.时效性:安排合适的展期,将"行业性"的采购档期纳入展览会的展期内。

3.销售环境:展览为观众创造或提供更多直接了解参展企业的机会。

4.成本效益:设法降低客户参展成本,使展览相比其他营销工具有更好的附加值。

5.持续性:发挥展览所具的长期性与持续性的销售特点,使参展商和观众从中获益。

6.协同性:展览集成了宣传、广告、营销推广等市场营销措施。

三、确定主题

确定对观众的推广主题是展览组织机构进行观众组织的重要工作,通过对展览的宗旨和服务进行详细的描述与定义,对历届展览的效果回顾、分析产生的问题以及甄选不同的解决策略来增进观众的信心。这些方面的内容有以下几个方面:

1.主办展览的宗旨是什么?展览预定完成的具体目标是什么?

2.展览预期覆盖的目标观众群体是哪些?

3.展览提供观众的参与程度。

4.历届展览的实际效果与回顾。

5.展览组织过程中产生的集中性与代表性问题。

6.展览组织机构在展览主题与服务创新策略方面有什么具体目标与措施?

7.观众组织工作的截止期限,各阶段推广活动的时间分配。

四、制定推广方案

制定推广方案是展览观众组织管理中非常重要的一个环节。将具有时效性的展览信息通过一系列专项活动及时与目标客户进行互动,赢得观众参观展览的机会,将对观众组织管理产生重要的作用。展览组织机构应密切关注展览推广不同时间段的整体经济走势和行业环境,采取针对性宣传推广的战术和方法,达到最佳的推广效果。推广方案应包含展前、展中、展后三个方面:

1.展前推广

◆ 通过与展览主题相关的专业杂志、贸易市场、网站、报纸、电台、电视台投放广告及邀请新闻媒体撰写相关文章,提高目标观众对展览会的关注程度。

◆ 根据展览组织机构所收集的目标观众的信息,向贸易商、进出口商、销售商及大型消费机构邮寄招商函与入场券。

◆ 参加国内相关行业的重点展览会与目标观众进行面对面推广,这种推广的方法较为直接且能提供展览的最新资讯并及时解答目标观众的问题。

2.展中推广

◆ 现场增值服务：快速办理观众注册手续、行李寄存、住宿办理、订票服务、展览向导、城市地图、参展商查询等。

◆ 贸易增值服务：免费上网、免费电话、现场贸易撮合、设立商务谈判区和咖啡区等。

◆ 论坛增值服务：举办参展商产品发布会、行业研讨会、专业发展趋势论坛、下届展览新闻发布会等。

◆ 公共增值服务：展览组织机构协同展览举办城市提供的多项服务，如德国慕尼黑国际博览会公司主办的 ISPO 期间，参观商只要持 ISPO 卡（Ispocard），就能享受免费公共交通、免费停车、免费参观其他展览、餐饮打折等服务。

3.展后推广

◆ 展览会报告：展览组织机构在展览结束后应以最快的速度形成专业的展览会报告，并将这些报告通过相关媒体及时发布，系统地向目标观众提供展览会所取得的成绩。

◆ 发送感谢信：整理本届展览的观众资料，及时向到会的观众发送感谢信并寄送展览相关报告和最新的评估咨询，使观众能直接感受展览组织机构的精心服务，感谢信可附带"满意度调查问卷"，调查观众对参观展览后产生的感受和印象。

◆ 观众座谈会：展览组织机构在展览结束后召集主要的观众团体进行座谈会，面对面地交流观众组织工作中存在的问题，询问提升展览现场观众接待工作和服务水平的方法，听取不同的意见与建议，获得良好的效果。

4.效果评估

效果评估应列为展览组织管理中的一项重要工作。为保证观众组织工作的长期、有效地开展，评估工作应动态地贯穿于整个展览组织过程，展览组织工作的每一阶段都应设置评估点，具体评估有：①观众统计分析，②观众统计方式分析，③参展商分析，④展览会分析，⑤往届推广方法分析，⑥展览环境分析，⑦推广效果分析。

评估工作可由展览组织机构自己内部执行，也可邀请展览研究机构对观众的数据进行评估。国际上，大多品牌展会都邀请独立的第三方评估机构进行评估，权威评估机构的报告可大大提高展览会统计数据的客观性与可信度。评估报告中观众数据的统计分析有助于对不同类型观众进行精确的分类与描述，为展览组织机构编写宣传推广资料提供翔实可信的依据。

第五节　展览财务(预算)管理

良好的财务管理和预算控制是成功展览组织的最重要因素之一。财务安排得当,不仅可以增加收益、提高效益,而且对展览经营管理者分析项目、确定收入来源、控制预算等都有益处。

一、制定财务目标

财务目标是财务管理的前提。财务目标必须与展览组织机构的项目目标相一致。展览项目的财务目标并非都是为了盈利,比如宣传性的展览,主要是为了扩大展览组织机构的声誉,加强与客户的联系或者调研等。若展览项目的核心财务目标是为了获利,那么制定财务目标就是必须的。

展览项目的预期利润有三个决定因素:一是历史经验,即历年该项目的盈利情况;二是流动资金,项目预算的绝大部分;三是预期利润率,做预算时预期利润与投入资金的比率。展览项目无论是以商誉为目标或以盈利为目标,其目标统称为投资收益(ROI),或称项目价值。用简单的方法来计算:投资收益率=净利润/项目总成本。

投资收益对展览组织机构具有重要意义且能被衡量,通常在展览项目实施之前决定。投资收益不完全是财务性的,为衡量展览项目的财务成果,必须设置一个用于实现既定财务目标的预算开支。预算采用的方式,可视具体情况而定。

二、制定预算

展览项目预算是展览组织机构经营管理的重要工具。预算也是展览项目经理的行动计划,是协助实现财务目标的重要手段,展览财务中最具挑战的工作就是编制预算。预算编制通常只是在有限的信息和假设的基础上展开,为了反映收入和支出的状况,日常经营活动同样需要构筑年度总预算的框架。展览项目预算编制依据以下几个因素:

- 市场判断和预测。
- 相同或类似项目的历史数据。
- 当前经济环境和未来预报。
- 依据可提供资源(如投资回报率)期望得到的合理收支。
- 展览项目筹措资金而选择适用的财务类型(借贷资金、预付款、现存资金等)。

1.财务历史数据

为现在的展览项目制定一个新的预算需要回顾以往的工作,参考历史数据,考虑新价格和通货膨胀因素,对费用和收入进行调整,制定出相对精确的预算来指导项目的展开。财务历史数据是以三年的财务状况为时间跨度。如遇无法准确构建一个财务历史的情况时,项目经理只有依据预测时所掌握的情况编制预算。如某个项目是第一次做且没有历史数据参照,项目经理可依据类似规模和性质的公司来编制预算。以历史数据为基础编制的预算非常重要,但以项目预测为基础而编制的预算也同样重要。如果项目以前没做过预算,那么制定预算时需要做更多的调查研究,根据项目各种花费的最新报价,对预期收入做出切合实际的估计。新项目在第一届实施时会出现许多不可预知或不可控因素,识别这些因素并将其记录在案,那么做第二届的预算时会容易得多。

2. 宏观经济环境

宏观经济环境对预算制定有一定影响。展览组织机构应该参考宏观经济数据编制预算。从政府经济部门可以获得大量经济数据,任何展览项目不应凭空想象,无论是国际性的展览项目,或是各种会议、展览或者赛事,经济环境对项目成功举办具有一定的影响。经济数据包括失业率指数、通货膨胀指数和零售价格指数等。

依据宏观经济环境判断合理的收入预期。对预期收入进行假设而编制的预算,能较好保证展览项目的预算控制。而在可供资源基础上对收入的预测是基于市场调研数据与经济环境。对收入预期做出合理假设是预算编制的重要依据之一。展览组织机构需对部分参展商做问卷调查,广泛征求意见和建议,判断潜在参展商是否会参加本届展览,对希望实现的收益进行测算。

3. 项目收益

收益项目可以为预算增添购买力。如果没有收益冲销费用,展览组织机构将处于负债经营中。若展览组织机构的目标是宣传性展览而不是为了获利,应及时采用零基预算编制法,即展览组织机构的目标不是为了盈利而是将所有的收益花掉。收益来源于许多途径,常见的收入类科目有:

- 广告收入
- 优惠销售收入
- 博览会或展览展览台租金收入
- 以货代款的礼品(按照市场实际成交价值计算)
- 赠款和合同收入
- 投资利息收入
- 商业销售收入
- 注册费收入
- 大型活动票房收入
- 赞助费收入
- 经销商佣金收入(酒店支付)

4.费用支出

（1）行政管理费

行政管理费是指项目经营过程中产生的办公费、复印费、通讯费、信函往来、低值易耗品等辅助性工作的费用。在预算编制过程中，会发生有几个项目共享的行政管理费需要在各项目进行分摊，这些费用如果由本项目支付，应该列明行政管理费分摊比例，在预算分析及上报预算执行结果时一并体现。部分展览组织机构有分机构，某个项目的预算要报到分公司预算中，而后者要上报到总公司预算。所以行政管理费不只考虑本项目的预算，还要考虑共享费用的分摊问题。

（2）固定费用

展览项目的固定费用是指可预测的费用项目，例如租金、工资、保险费、电话费、支持项目运作所需要的其他经营费用等。当经营费用降得越低，净利润就越可观。为了降低经营费用，要采取措施设法减少固定费用的支出。展览组织机构如将固定费用压缩到既可稳定质量又可创造可观净利润的基准线时，就需将关注点转移到可变费用或直接费用上。

固定费用不随着项目的参加人数而变动，即使实际收益少于预算收益时，固定费用也不变。例如印刷和邮寄宣传资料是早在项目进行之前就发生的，某些为项目提供产品和服务的供应商的费用，场馆租金费用一般也不会变动。

（3）可变费用

可变费用会伴随参与人数或其他因素的变动而变动。可变费用或直接费用包括：视听设备租赁费和劳务费，注册工本费，活动节目单设计、印刷费，以及其他支出项目的累计费用。印刷和预先租赁视听设备和工作人员都需有足够的时间才能保证质量。展览企业需利用历史数据测算所需项目的数量，或快速获取特别供应的方案来减少预订物品数量。这将达到压缩可变或直接费用的目的。另一方面，展览组织机构的经营人员在争取服务供应商优惠条件上的谈判水平，也将对可变费用产生重要的影响。

（4）展览费用分类

展览业一般将展览费用划分为四大类，并根据不同的特点、标准提出分配比例和备用比例，详见表5-2。

表5-2　展览费用分类表

类别	用途	占总预算比例（%）
设计施工费（展台费用）	设计、施工、场地租赁、展架租用或制作及搭建和拆除、展具制作和租用、电源连接及用电、电器设备租用及安装、展品布置、文图设计制作及安装等	35%～70%

续表

类别	用途	占总预算比例（%）
展品运输费用	展品制作或购买、包装、运输、装卸、仓储、保险等。这部分开支因距离远近、展品多少而有所不同	10%～20%
宣传公关费用	宣传、新闻、广告、公共关系、联络、编印资料、录像等。这部分开支收缩性较大，展览项目宣传工作这类开支项目也可列为间接开支项目	10%～30%
行政后勤类费用（人员费用）	1.间接开支：筹委会员工的工资是常性开支，从管理角度看，算展览工作效率和效益需计算人员开支 2.直接开支：行政后勤人员的交通、膳食、住宿、长期职工的补贴、人员培训、人员制服、临时雇员的工资等方面的支出	10%～20%

展览费用预算需依据财务特点，参照展览工作方案分类逐项安排。预算要列明开支项目、预算额、实际开支额等。还需列出预算额和实际开支额的差额比例以及占总额的比例，这两种比例数据对以后的预算有很大的参考价值。此外，为管理好开支，可以加一栏备注。

5.费用统一归集

（1）详细开列账户或者科目，列明预算各项费用。

每项费用的支出都归口到相应的科目核算，如注册费或房租等，方便预算内容与会计科目相统一。使用电算化记账的展览组织机构应对每个账户制定统一的科目代码，利用科目代码编制报表，列明每项费用发生的时间和额度。

预算编制时间可按年、按月编制。使用财务数据库软件编制，预算会更准确、更便捷，是实现项目财务目标的较好工具。

（2）展览各项费用明细

展览费用可以分为直接费用和间接费用。直接费用是为筹办展览直接开支的费用，各个展览项目之间会有比较大的差异。直接费用由项目有关人员负责、管理，属于展览组织工作的一部分。间接费用是为筹办展览花费的人力、时间以及从其他预算中开支的费用，比如公关人员的工资、开会、差旅、交通、通讯、展品制作、展品包装、展品所占用的资金等。间接费用不属于展览预算，从费用管理的角度看可以省略。但是从整体经营角度看，不论怎么开支都是成本，都涉及效益。项目有关人员，特别是项目经理须应该清楚掌握间接开支情况，有利于控制总成本，提高工作效率和效益。以下是一般支出类科目：

会计费用、广告费用、专项广告费、视听设备租赁费、视听人员劳务费、汽车里程劳务费、汽车租赁费、颁奖费、宣传手册和邮寄费、保险费、法律咨询费、执照费、照明设备租赁费、照明人员劳务费、地方和国家税收、材料运输费、杂费、日常管理费、许可证费、复印费、摄影费、注册费或入场费、咨询师聘用费、装饰费、娱乐招待费、评估费、食品和酒水费、小费、宾客交通费、注册材料费、报告编制出版费、调研费、现场办公家具费、现场办公费、场地租赁费、现场电话费、音响设备租赁费、音响人员劳务费、活动节目单费、公关费、演讲者酬谢费、演讲者车马费、职员交通费、志愿者奖品费等。

6. 损益平衡点分析

损益平衡点分析是财务预算的重要内容之一。贡献差益是损益平衡计算的重要依据,所谓贡献差益是指从某客户获得的收入与在该客户上发生的可变成本之间的差额。

贡献差益＝客户收入－客户的可变成本

计算损益平衡点是用全部固定成本除以贡献差益:

损益平衡点＝全部固定成本/贡献差益

7. 预算调整

展览费用在实施阶段还须动态地对预算进行调整,控制开支,对展览费用进行管理。展览费用管理有几个原则:第一,确定人选负责全部直接开支,明确费用标准和使用权限,公布展览目标和预算额,负责向全体筹备人员说明;第二,不轻易改变授权或干涉被授权人的决定;第三,将预算限额及时告知有关的人员,包括服务提供或承包商。

预算是根据估算制定的,因此不一定精准,需不断进行调整。展览组织工作实践表明,变化是不可避免的,但任何改变都应具充分的经营理由。如果理由充分,即使会造成额外开支,甚至损失,应调整的还是要调整。至少每两个月评估一次,发现问题找出原因,及时调整,使预算更接近实际情况和需要。项目方案中的工作项目,不要因为经费短缺而随意取消,随意取消预算费用会影响项目的正常运行,导致整体效果下降。同时,费用调整的时间离展会开幕期越近,产生的额外费用就会越高。

三、预算的执行与控制

企业应当将财务预算作为展览项目组织、协调各项经营活动的基本依据,将年度预算细分为月份和季度预算,以分期预算控制确保年度财务预算目标的实现。

1. 预算记账方法

预算必须适用于当前情况,应记录下所有收益和已付费用。在预算执行过程中有两种记账方法:现金记账法和权责发生制记账法。

(1)现金记账法

现金记账法是指当收益实际收到、费用实际支付时才记录的收益和费用。当收到支票并且已经存入账户时才将收益列入预算;实际收到发票并且已付款时才将费用扣除。会计记账法对按合同约定的收益和费用不在考虑之内。现金记账法与权责发生制记账法相比有缺陷但较为简易。

（2）权责发生制记账法

权责发生制记账法是将能够预计到的收入和费用都记录在账上，报账则要等到收入或费用预期发生的那个月份。把应付科目的资金留出来，这样在需要支付时便能拿出这笔款项而不是已用于它处了。当某项应计科目真正收到或支出时，在其保留支出数或收入数中冲减掉而成为实际的收益或费用。

2.预算执行过程

预算的执行应强化现金流量的财务预算管理，按时组织预算资金的收入，严格控制预算资金的支付，调节资金收付平衡，控制支付风险。

（1）展览期间的预算执行

为使预算不致处于负债中，必须保持合理的收支进度。如果收益滞后了，就需要控制成本，尤其是可变成本。有许多因素会影响现金流动速度，如节假日、行业的竞争性活动或邮寄的拖延。无论出现哪种情况，都需要削减费用来实现项目的财务目标。在整个项目计划期需经常检查预算，每周查阅和更新预算。预算并非一成不变的，它是工作管理的辅助工具。

（2）削减成本

展览组织机构的经营管理人员必须树立成本意识。降低成本，保持利润持续增长是推动展览项目发展的利器之一。实施预算过程中管理人员要虚心听取利益相关人的意见，诚实、准确地确定在最恶劣的情况下，为了保持利润而必须削减或舍弃哪些费用项目，保留哪些成本项目。在不影响活动整体性前提下确定削减哪些成本，应对项目费用进行重要性排序，然后把预算编制过程作为行动的出发点。削减成本是帮助展览组织机构改善现金流的方法之一。

（3）确保现金流

对展览组织机构而言，仅仅能够赢利的经营运作并非是成功的运作。不少展览组织机构或者参展企业败走麦城的原因源于现金拮据。从账面上看，利润盘盈，而在账户上却分文没有。这样的现象被称为"无偿付能力"。对现金流进行合理而有效的管理可以避免出现这种尴尬局面。

现金流动是一种支付手段，凭借这种手段，展览组织机构可以如期支付账单或工资。为保证现金正向流动有两条措施：一是与客户或服务商事先约定付款条款和条件，并以合约的形式确定，促使展览项目有足够的收入来承付的支出；二是建立应收账款回收制度，及时回笼资金。

以下是展览组织机构管理应收款的部分技巧：

（1）在日志上记录应付款到期应付日。

（2）清晨打电话给应收款客户，询问何时办理付款手续。

（3）策划与安排人员前去提款。

（4）无法实现专人提款，则要求对方用快递或银行转账等方式汇款。

（5）要求付款时的态度要礼貌而坚定，直到收到款项为止。

对应收款账户进行有效管理，只是保持现金流量流向合理的一项工作，另一项工作，要求当事人掌握签订标准应付账款的知识和协议，掌握谈判技巧，争取最优惠的付款条件。尽快地回收现金，尽可能争取较宽松的支付账单时限。

（4）应付账款管理。

与客户建立合作关系时，要尽可能地了解客户的经营规模、经营范围和经营性质，了解他们的设备是自有的还是租赁的，还要了解经营淡季的准确时间等。因淡季期间，不仅可以争取到优惠的付款条件，也可获得打折的商品和服务。

与经销商首先应建立友好的合作关系，然后在相互尊重的气氛中开展优惠条件的商务谈判。财务管理实践，应付账款支付规则和习惯因单位而异，因此，展览组织机构或者参展商有可能协商调整规则和习惯，使企业从中获益。

（5）外汇汇率。

国际会展活动是跨国界的经营活动，汇率对展览组织机构有很大影响。展览组织机构需掌握汇率和汇率波动的情况，以及影响财务运作的国际汇率差价。展览行业的全球化特征非常明显，一个举办国的活动所购买的物品，经常产自于销售国之外的国家。展览组织机构的付款手段或者是国际收款手段也需随时调整。

3. 预算执行与控制方法

（1）建立信息反馈机制，对各项预算的执行情况进行跟踪监控，不断调整执行偏差，确保预算目标的实现。

（2）在预算执行过程中各级预算单位应定期召开预算例会，对照预算指标及时总结预算执行情况、计算差异、分析原因，提出改进措施。

（3）定期编制预算执行表，比较实际与预算目标的差异，并进行差异分析，填写分析结论。

（4）制定明确的权责制度。预算控制中要严格区分预算内和预算外支出，当月经营过程中如果发生了超预算或预算外支出，必须按授权范围审批后执行。

（5）各预算单位严格控制费用支出，各项费用应该按专项进行使用和控制，严禁各项目费用之间相互替代使用。

（6）定期进行预算执行情况总结和分析。总结分析时应注意以下方法和内容：

◆ 本期预算执行情况应与上一年度同期进行对比。

◆ 在进行季度预算执行情况分析时，应进行下季度预测，包括但不限于市场分析、销售收入预测、重大成本支出预测、季度利润预测、资本性支出完成预测等。

◆ 进行第二季度分析时，应对全年完成情况进行预测。

◆ 第4季度需按月提交月度预算支出预测，分别在9、10、11月底报送本月完成情况及下月的预算支出预测。

思考题

1.招展书的内容有哪些？招展书如何编制？

2.如何编制招商函？

3.编制招展书和招商函应遵循哪些原则？

4.展览组织工作中,招展书和招商函起到什么作用？

5.展览招展和招商方案的区别在哪里？为什么？

6.招商方案的步骤包括哪些？应该如何编制招商方案？

7.展览观众组织有什么更好的途径？

8.为什么说展览观众组织是品牌展览发展的重要前提？

案例分析

2012深圳国际酒店设备及用品展览会
2012 Shenzhen International Hospitality Equipment & Supplies Fair
会期：2012年11月6-8日 会址：深圳会展中心2号馆

主办单位：亚太酒店用品协会、粤港澳酒店总经理联谊会、广州华展展览策划有限公司

支持单位：中国酒店投资人联盟、中国酒店采购报、国际酒店金领袖联合会、中国宾馆及饮食业专刊、亚太酒店用品网 www.hosap.com 等

承办单位：广州华展展览策划有限公司、深圳市中展展览有限公司

邀请函/INVITATION

一、连接海外、辐射内地、溢满商机

新市场、新商机,2012 年 11 月 6—8 日,2012 年深圳国际酒店设备及用品展览会将在深圳会展中心隆重举办。深圳是中国最大的经济特区,经济总量相当于一个中等省份,人均 GDP 率先突破 1 万美元,人均可支配收入居全国首位,是中国经济效益最好的城市之一。深圳毗邻世界的贸易和服务中心——香港,国际人士经香港进入深圳,在 144 小时内免签证,无论在经济意义还是在地理意义上,深圳都是中国连接海外、辐射内地的枢纽和桥梁。

日前,深圳前海深港现代服务业合作区开发开放的有关政策已得到国务院批准,将"实行比特区更特殊的政策"。深圳酒店业将迎来新的发展机遇,随着深港合作日益密切,深港同城化步伐加快,深圳酒店业正向国际化发展的道路上快速前进。

当前,中国酒店业已进入高速增长期,酒店投资规模不断扩大,全国每年大约有1600家新建酒店投入使用,总投资额近4000亿元。据预测,2012年,中国酒店业采购市场规模将达12000亿元。酒店餐饮业的持续发展,为举办酒店用品展创造了良好的市场条件,在举办酒店用品展方面,深圳具有得天独厚的优势。顺应市场需求,适时举办2012年深圳国际酒店设备及用品展览会,将成为酒店用品厂商搭建宣传品牌、拓展市场、扩大销路的最有效的交易平台,将为参展单位带来显著的经济效益和社会效益,势必引起中外厂商的强烈关注和积极参与,我们诚挚地邀请贵单位参展参观,拓展无限商机,实现共赢发展!

二、广州华展——中国领先的酒店用品展主办机构

展会主办单位广州华展展览策划有限公司是中国领先的酒店用品展办展机构,具有16年成功办展经验,拥有良好声誉。展会合作伙伴以及主办、协办、承办单位的综合实力雄厚。华展公司每年5月、6月和11月分别在西安、广州和深圳举办酒店用品品牌大展,将开创中国酒店用品行业三展互动、共赢发展的崭新局面。

由广州华展主办的HOSFAIR系列酒店用品展,在西安已经连续举办了13届,在广州已经连续举办了10届,积累了大量的参展和参观商资源,高质量的买家群体,令参展商获得丰硕成果。

深圳酒店用品展将共享华展所有资源,将在以往成功办展经验的基础上,创新超越,力创酒店用品展新辉煌,举办中国性价比最高的酒店用品品牌大展。

三、展会时间

2012年11月6—8日

四、展品范围

厨房餐饮设备用品、酒店家具、酒店布草及制服、清洁设备用品、客房大堂用品及酒店照明、桌面用品及酒店用瓷、酒店智能产品、酒店食品(咖啡设备用品、葡萄酒、餐饮食品原材料、茶、饮料)

五、参展费用

1.标准展位(9平方米):国内企业7800元人民币,双边开口展位加收10%。每个标准展位配置3米×3米光地、3面展板、1条楣板文字、1桌2椅、2个日光灯、1个纸篓,会刊、清洁等。

2.室内空地(36平方米起租):空场地800元/平方米。租用空场地现场需向展馆交纳特装管理费10元/平方米(提供会刊介绍、保安、清洁服务)。

六、展会优势

深圳酒店用品展以促进酒店用品行业的进步和发展为己任,将每年定期举办,其优势在于:

1.国际化:展会11月初举办,既符合国际买家采购习惯,也符合国内买家集中采购的习惯,有利于扩大展会实效。展会坚持国际化的市场定位,突出国际化特色。

2.品牌化:深圳是中国酒店用品生产、销售和进出口基地;由于独特的区位优势,展会将汇聚品牌厂商的最新技术和产品,有利于展会品牌化发展。

3.长期化:展会将每年举办,得到众多行业机构、参展参观商以及行业媒体的大力支持,为展会持续发展打下了坚实的基础。拥有天时、地利、人和优势的深圳酒店用品展,将成为酒店采购和经销代理商洽谈代理合作的重要平台,将对促进酒店用品行业的繁荣发展发挥越来越大的作用。

七、展会宣传和买家组织

☆ 在100余家报纸杂志、50余家专业网站、多家电视、电台等大众媒体进行全方位的宣传推广;

☆ 通过短信、电邮、展会快讯等方式对展会进行宣传推广;

☆ 在各地专业市场布置大型户外广告,对展会进行宣传推广;

☆ 展会现场将举办高质量的产品展示活动、技术交流讲座、新品发布会、高峰论坛、专家评点等活动,吸引更多的专业人士参与;

☆ 通过政府部门和行业协会邀请组织高质量的采购商以及业内人士到会参观采购;

☆ 利用主办单位庞大的客户资源和数据库系统,点对点邀请采购商到会参观采购;

☆ 观众来源于:在建/筹建/开业的酒店、宾馆、度假村、招待所,酒店管理公司;酒店设备、餐饮设备进出口商、批发商、经销商;酒店厨房设备工程商、酒店建设工程公司;酒楼餐厅、酒吧咖啡厅、茶楼、会所俱乐部、休闲中心;装修设计公司、房地产开发商、高校、商场;餐饮服务咨询机构、管理机构及厨房设计顾问公司;食品、饮料、酒类及烘焙制品进出口商、批发商、经销商;政府采购部门、部队、媒体、杂志、贸易协会等。

八、主办单位——广州华展展览策划有限公司

地址:广州市广州大道中900号金穗大厦9楼H座(510620)

电话:020—38866778、38867122 传真:020—22223568

网址:www.hosfair.com   邮箱:service@hosfair.com

深圳市中展展览有限公司

地址:深圳市福田区彩田路5015号中银大厦B栋8A(518026)

电话:(0755)83507908、83507958 传真:(0755)83507939

网址:http://www.hosfair.com   邮箱:

参展合同

<table>
<tr><td rowspan="7">参展单位资料</td><td>公司名称</td><td colspan="5"></td></tr>
<tr><td>公司地址</td><td colspan="3"></td><td>邮 编</td><td></td></tr>
<tr><td>联系人</td><td></td><td>职 务</td><td></td><td>手 机</td><td></td></tr>
<tr><td>电 话</td><td colspan="2"></td><td>传 真</td><td colspan="2"></td></tr>
<tr><td>网 址</td><td colspan="2"></td><td>E-mail</td><td colspan="2"></td></tr>
<tr><td>参展产品</td><td colspan="5"></td></tr>
</table>

申请项目	展位号	展位数/平方米	单价	总费用	备注
□标准展位 □空地展位					
会刊广告	□封底 10000 元	□封二/封三 8000 元	□跨版内页 6000 元	□全彩 4000 元	□黑白 2000 元
其他广告	□门票单面10000元/3万张		□参观证单面 15000元/1万个		

以上费用合计人民币＿＿＿＿＿元,参展单位应于 3 日内即＿＿＿＿年＿＿月＿＿日前汇入广州华展公司账户,未在规定时间内付款,主办单位有权取消申请的展位,本展杜绝酒店用品以外的产品参展。

汇款账户:广州华展览策划有限公司　　　　账　号:4405 7101 0400 05066
开户银行:农行广州华苑支行　　　　　　　汇款请注明:深圳酒店展

参展单位需确认以下事项后,方可参展:

1. 受不可预测及不可抗力影响,主办方有权缩短或延长举行日期、延期甚至取消此次展会;
2. 鉴于大会的整体需要或有特殊原因,双方协商更改展台位置,参展单位需配合执行;
3. 不得将其展位自行转让,不得携带易燃、易爆、有毒等物品及与申报参展产品不符的产品进
   场,否则主办方有权将其清出展馆,参展费用不予退还,并保留追究参展单位责任的权力;
4. 杜绝玩具、飞机、箱包、望远镜、按摩器、切割工具、榨汁机、珠宝、项链等酒店用品以外的产
   品参展,一旦发现,主办方有权将其清出展馆,所付金额不退;
5. 不得展出侵犯他人知识产权的产品,主办方有权封存侵权产品或将其清出展馆,参展费不退。

<table>
<tr><td>参展单位:(盖章)</td><td colspan="3"></td><td>主办单位:(盖章)</td><td colspan="3"></td></tr>
<tr><td>签约代表</td><td></td><td>日 期</td><td></td><td>签约代表</td><td></td><td>日 期</td><td></td></tr>
<tr><td rowspan="5">主办单位</td><td colspan="7">广州华展展览策划有限公司</td></tr>
<tr><td colspan="4">地址:广州市广州大道中 900 号金穗大厦 9H</td><td colspan="3">邮编:510620</td></tr>
<tr><td colspan="4">网址:www.hosfair.com</td><td colspan="3">邮箱:</td></tr>
<tr><td colspan="4">电话:020-38866778　38867122</td><td colspan="3">传真:020-22223568</td></tr>
<tr><td colspan="4">联系人:</td><td colspan="3">手机:</td></tr>
</table>

第六章　展览营销的基本方法

展览营销有许多具体的营销方法和技巧,根据不同的环境和对象,采用不同的方法,能够提高招展与招商的效率。当前展览组织机构在招展与招商的组织活动中,主要有两类营销方式:一是利用高新技术与网络技术相结合的电子模式,如网站推广、在线展览、网络贸易撮合等,二是经过技术改良后的传统营销方式。本章主要介绍以下展览营销的五种基本方法:网站营销、电话营销、传真营销、邮件营销、直邮营销,如图 6-1 所示:

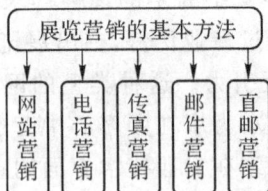

图 6-1　展览营销基本方法

第一节　网站营销

"网站营销"是指利用网络、网站进行的各种展览宣传、展示及营销的推广。是以增加销售、提高服务质量、搞好客户关系等等为目的的网站建设。近年来,我国很多展览企业把建立网站作为启动信息化工程的第一步。相当一部分展览企业在网上安了"家",创建了自己的企业宣传网站。但也出现了一些不好的现象:根据观察调查,在我国,展览企业建设了专业网后,仅有少部分尚能利用网站发布信息或更新企业相关资讯,绝大部分则在制作完成并新鲜一段时间后就再也不闻不问。纵观这些成为"摆设"的网站,究其原因,大都存在如下问题。其一,网站规划设计不全面;其二,网站制作形式不科学;其三,网站宣传推广不到位;其四,网站维护管理不规范。

网站是展览企业信息化建设的重要组成部分,是展览企业展示形象和实力的窗口。目前,我国展览企业的多数业务仍主要依靠传统业务方式开展,但是,越来越多的展览企业已经认识到通过互联网形式参与市场竞争已成为信息时代经济发展的必然趋势。那么,到底如何建设展览企业网站,特别是中小展览企业网站,使网

135

站真正为展览企业发挥效益呢？以下是一些展览专业网站建设过程中的几种方法。

一、明确网站建设的定位

明确展览企业网站建设的终极目标。展览企业建网站是要通过互联网这个全球性的网络来宣传与推广展览品牌、开拓市场，同时，降低展览企业的管理成本、交易成本和相关服务成本，并通过开展一系列的电子商务活动获得一定的经济效益，最终与展览企业的经营目的保持一致。所以，只有将信息技术同展览企业的管理体系、工作流程和商务活动紧密结合起来，才能正确地建设和维护网站，并使网站发挥作用，为展览企业服务。

定位网站，首先要明确定位展览专业网站的诉求风格，概括起来，网站在诉求风格上有理性诉求和感性诉求及综合型三种：

1."诉求"和沟通策略建立在不容置疑的证据所支持的主张上（强调理论及逻辑性，以事实为基础，以介绍性文字为主的理性诉求）；这类网站强调以事实为依据，以展览专业优势为核心，通过专业优势，突出展览特点，进行营销活动，着力点在专业优势的视觉冲击力和吸引力。这种类型的网站往往专业服务方面不惜笔墨，以理性诉求确立其营销地位，力求在顾客心中营造一种技术领先的氛围，从而产生对展览的信任感。这类网站在专业技术方面的宣传、展示以及应用和对实际的具体作用等方面都下大力气渲染，在风格上保持一致，与展览的 CI 形象一致，以保持展览对目标参展商网上、网下形象的连续性，从而巩固品牌地位。

2.建立在被顾客"感觉"良好的情感诉求上，（强调直觉，以价值为基础，以形象塑造为主的感性诉求）强调感性诉求的网站多以树立企业形象为主，以服务为导向。这里的服务有两方面含义，一是展览本身提供的服务，如展位租赁、展具租赁等服务；二是展览的售前、售后服务。通过服务提升展览在客户心中的地位，从而促进营销，这一类型的网站注重风格的设计与创意，以感性诉求为主，着意渲染或营造独特的展览氛围，着意体现网站或展览服务的价值感，不平铺直叙，不是仅将传统的服务搬到网上，而是力求在顾客心中营造一种崭新的品牌形象，并产生信任感。

市场经济是竞争性经济，因此，展览组织机构要加强对目标参展商选择品牌理由的研究，加强个性化氛围的营造，在感性诉求上下功夫，消除展览组织工作与目标参展商在时间与空间上的距离，建立客户忠诚度，增加客户价值，通过拓展、建立、保持并强化客户关系使自身效益最大化。另一方面，优化设计网站，以独特的设计营造个性化的展览文化。

3.综合类型也较常见，是基于理性与感性诉求的结合，对于同一展览，不同的客户可能会有不同的选择——展览本身的特性也可以决定理性或感性的属性。在网站氛围的营造上要明确分辨：如果展览在某一层面上不能充分说明展览的服务特性,就需将理性与感性诉求二者结合起来,分别进行理性和感性的诉求引导,借以打动不同类型的顾客,既以大量的事实突出展览的专业优势,又营造一种感性的氛围,强调展览或服务给客户带来的价值,通过二者的有机结合,营造展览的个性化。

以理性为主的展览网站多为专业型的展览,而以感性诉求为主的网站综合类型的展览,当然这不是绝对的,作为专业型的展览,其网站可能也需涵盖服务内容,也会有综合型展览的内容,展览网站在不同时期选择不同类型的网站风格,也是展览组织机构采用的不同营销战略。但不管是什么类型,基于的目标就是为营销服务,使其发挥真正的价值。

二、组建技术团队做好策划

建立一个行之有效的营销性的展览网站决不能马马虎虎,草率行事,随便准备点资料,找一些象征性的图片,一揽子塞给专业网络公司。因此展览组织机构应自始至终有明确的目标:通过建立网站达成什么营销目标?通过网站,能够为访问者或目标参展商提供什么样的服务,换言之能为目标参展商带来了什么利益?同时能为展览组织机构或展览品牌赢得什么样的机会?这就要求展览组织机构组建良好的技术团队,做好网站建设的策划。

确定网站建设与管理人员。对于大型展览组织机构来说,建议设专门的部门总体负责展览企业的信息化发展规划。但对于中小展览企业来讲,考虑到人员、资金等实际问题,单设部门存在一定的困难,也可考虑将网站建设融入其他职能部门。

专职部门不仅负责展览企业网站的规划、建设、管理与维护,而且负责展览企业信息化发展规划的制定、普及展览企业上网知识、组织人员对传统展览企业的管理模式、工作流程等进行信息技术改造。展览企业是单纯做一个网站进行宣传好,还是结合展览企业内部业务开展全面的电子商务好?类似这样的问题,职能部门及管理者应为展览企业做出符合自身发展的信息化建设的最佳方案。

在建网策划的过程中,技术需及时把握展览网站所具有的共性,根据展览组织机构的不同需求,选择合适的方式来进行具体策划:

1. 发布信息

组建展览营销网站,技术团队应在第一时间将展览及相关的服务信息放到网上,以获取更多的营销机会和市场竞争力。利用展览网站以最省钱、最有效的方式向外界提供展览的相关信息与服务是增加展览营销渠道的一种方式。通过及时提供展览的最新消息,将 Internet 作为销售辅助工具,随时随地给处于一线的营销人员提供各种即时性的目标参展商的信息,以支援展览营销活动并与营销人员随时保持沟通联系。

在收集展览信息时要确定目标访问者的属性,要清楚目标参展商访问网站的理由,也就是要考虑需求问题,只有针对性地提供网站信息内容,才能更好地吸引访问者。如果访问者关心基于展览提供服务甚于展览价格时,网站上就应该更多强调展览的服务内容。

2.树立展览品牌形象,展示或提高展览的竞争力

展览网站的最基本作用就是展示展览品牌形象,如同各种传统媒体发布的企业形象与宣传广告,所不同的是费用低廉、有效期长、速度快、更便捷。技术团队在策划的过程中要更进一步了解竞争展览的站点,并进行比较和细致分析,明确竞争展览网站所提供的相关内容,清楚自身展览的优点与不足,从而做到扬长避短。实际上,对竞争者站点的分析应该贯穿整个展览网站的建设过程中,通过全面的分析发现所推广的展览品牌与竞争者的差异,利用差异性战术来塑造展览品牌形象,提高展览的知名度,满足更多的老客户和赢得更多的潜在客户。

3.强化客户服务

客户服务的重要性已为众多展览组织机构所认识,展览市场竞争的激烈性导致展览的差异迅速缩小,既而售前、售后服务的个性化日益突出。目前,大型品牌展览都在着力加强这方面的宣传力度,网站是一个交互性极强、反应迅速的媒体,通过网站搜集目标参展商的信息及反馈,有助于加强客服的质量,从而为展览赢得更多的客户,创造更多的效益。因此,技术团队应强化对展览服务的侧重,根据展览的特点为服务定义网络营销风格,并在网站建设中加以完善,给目标参展商在虚拟空间中留下深刻印象。

4.展示展览的专业优势与新展览项目推广

在目前竞争激烈的展览市场中,大型的展览组织机构拥有技术垄断或展览品牌优势,而一般中、小型展览组织机构很难挖掘这方面优势,这就需要技术团队充分利用网络的开放性和跨地域性,通过互联网的信息资源共享,来赢得中小展览与大型展览相抗衡的可能性。中小展览组织机构可以获得对现代展览至关重要而又以常规方式无力收集的市场信息,跨地域性,使展览营销突破传统展览发展方向、展览规模和展览市场的地域限制。

Internet是与目标参展商沟通的重要工具,同时也是推销新展览项目的重要渠道。通过展览网站可从各个方面介绍被推销的新展览项目。测试市场对新展览项目的反应,并得到即时的反馈。在展览营销活动中有时一张照片可以胜过千言万语,可以通过提供展览的场景照片、文字及影像资料等多媒体手段为目标参展商提供相关的展览信息。

5.增进与客户的沟通,提高工作效率

目标参展商对展览的意见,对展览组织机构的建议,需即时得到反馈并迅速回应。网站是展览组织机构与客户交流的桥梁。技术团队应准备一些日常需要客户

填写信息的表格,将它形成电子表格并发布到网上,通过网络推广,采集客户信息,丰富潜在客户信息库,并及时做好组织跟进工作,从而挖掘更多的新客户。

互联网最大的优势就是可以实时地为客户服务,在工作过程中,经常会遇到目标参展商提出的各类问题,且有很多是重复的,因此,技术团队将客户最常关心的问题在网站上汇总,并给出答案,也就是网站通常称之的"常见问题解答"(FAQ,Frequent Answer for Questions),解决重复答复这些问题的困扰,从而使网站的工作更具效率。

三、网站框架要形成特色

网站内容及制作形式要有特色。"千篇一律"的展览企业网站制作模式可以作为参考,但不能照搬照抄。要结合展览企业自身的特点进行个性化的改造。

1.首页设计要简洁。首页没有必要做成大篇幅的动画,因为动画下载占用时间较长,尚未看到具体的内容就让人失去耐心,有悖网站建设的初衷。尽可能采用多语言版本,以吸引境外展商与观众,增强其对展览的了解,同时也是展览逐步成熟以及走向国际化的必然。

2.展览企业介绍要全面。要从展览企业的历史、发展、规模、优势、特色、社会地位、媒体评价、荣誉及诚信等方面,配以照片多层次多角度进行包装宣传。需要注意的是,对于展览企业理念之类面向展览企业内部管理的内容,无需介绍得过分详细。

3.展览产品及服务内容要详细。要将展览的名称、日期、主办、协办单位、主要概况、展览概况、参展范围、展览实况照片、展览标志、参展报价、展览服务以及与展商或观众紧密关联的《参展商手册》等有关详细资讯放在网上。但很多展览企业出于竞争或保密等原因,上述信息在网站上往往显示得不够完整和详尽,不利于展览的组织管理。

4.要提供联系方式。建议将展览组织单位各相关部门及有关具体负责人:如招展部门、现场管理部门、货物租赁部门、各地招展招商代理机构、客商服务中心等详细的联系方式通过网站显示出来。因为通过日常的联系与交流将会为展览的成功打下坚实的基础。

5.要开设交互功能。开辟网上交互功能,让访问者提交反馈建议表单,网络交互要实事求是地注明响应时间,便于留言者有计划地访问网站,不会由于多次查看得不到答复而失去对网站的信任。如有可能,将前期的回复一并放到网站上,供不同访问者共同参考。

6.要具备下载和打印功能。对于展览企业来说,公开的产品照片、表单、说明书等资料,最好具备网上下载和打印功能,便于访问者在网下研究,增加参展机会。

对于其他的栏目,展览企业可根据自身的需求进行个性化设计。需要注意的是,真正有意向参展的展商或观众,都非常注重实效,而不会对网站是否花俏评头论足。因此,展览网页的美工制作只要做到恰如其分地表现就行。如"华交会"网站的设计就是完全考虑目标参展商的使用习惯,将"华交会简介"、"参展商专区"、"采购商专区"、"展会服务"、"新闻中心"及"网上华交会"都设计在首页最显眼的地方,并根据这些栏目的设计编辑这些针对性的信息,使目标参展商更容易地获取期望得到的相关信息。(如图6-2所示)

图 6-2　中国华东进出口商品交易会网站主页

四、与专业网站合作及推广网站品牌的方法

展览企业网站建成后,推广很重要,网站的网址、邮箱是宣传网站的基本要素。一般的做法是:注册搜索引擎,包括网络实名等。但仅仅做到这一点还不够,还应该策划针对展览相关的其他网络资源进行合作,企业宣传的总体包装,如:名片、信件、展览企业宣传手册、招展招商宣传手册、路牌广告,在平面宣传媒体上的显要位置标识展览企业网站的网址。如果展览企业的销售或是服务对象是在全球范围内,还需要根据展览产品与市场不同,布局合理地策划多种有效的网站推广方案。

与专业网站合作及推广网站品牌的核心要点,就是文字资料需有专人负责方案策划,需培养熟悉展览营销并有一定文字组织能力的专业人才,即能站在展览、市场和目标参展商的立场,多角度考虑文字的组织方式。向合作方提供资料时不能全部基于展览的宣传手册、彩页、各种报告、技术资料,因为,往往这些资料由于技术性太强或一味地站在展览组织机构的角度:如展览有多么悠久的历史、专业性强、取得多少荣誉等,而应站在客户的角度考虑问题。如将网站的品牌效应、服务特式、增值服务内容等这些很好的亮点,由专人整理,并通过良好的方案进行组织,提供给合作方,使网站品牌在推广过程中更有成效。

五、强化做好运维管理,及时维护更新信息

加强网站的管理和维护。网站建成后,管理和维护非常重要,包括动态信息填充、产品更新、咨询回复、网站安全等。主管部门要制定网站管理与日常维护更新制度,落实考核与奖惩办法,建立信息更新渠道,确保网站发挥作用。

总之,展览企业建网要落到实处,网站制作切忌只求美观,盲目攀比,而要根据展览企业经营的实际需求,构建适合自身特点的建网计划和模式,以最小的投入换取最大的回报,从而获得最高的经济与社会效益。另外,展览企业的网站还应该多关注自己特定的客户群,通过多种形式和客户进行交流,便于客户通过网站和展览企业保持良好的沟通,为展览企业深层次地发展提供有效的意见与建议。只有把网站做成展览企业和客户之间沟通的有效纽带,网站才能真正发挥作用。

第二节 电话营销

长期以来,展览组织机构就已经认识到电话营销作为展览项目的推广工具,在实用性、准确度以及激发目标参展商参展决策与实时反馈方面的重要作用。电话营销是靠声音传递信息的艺术,营销人员需利用极有限的时间将展览项目的基本要素传达给目标参展商并激发他们参展的热情。如果没有办法在最短时间内激发目标参展商的兴趣,通话就可能随时被终止,因为目标参展商不喜欢浪费时间去听一些与自己无关的事情,除非通话会使他们感觉有某种价值。

一、电话营销的目标

在电话营销过程中,营销人员需通过对话去感受目标参展商的反应并判断营销方向是否正确。同样地,目标参展商在电话中也无法看到营销人员的肢体语言和面部表情,只能借助所听到的声音及所传递的信息来判断对这个展览是否有兴趣或是否可以信赖营销人员提供信息的真实性,由此来决定是否继续这个通话。在电话营销的最初过程中,营销人员需控制通话节奏,以期达到两个基本目标:

1. 电话营销的主要目标

根据展览的具体特性,确认通话客户是否为真正的目标参展商,如果能够确认,则进一步让目标参展商了解展览的概况与服务项目,引起目标参展商的重视,最后确认目标参展商何时可以做最后决定及参展报名时间。

2.电话营销的次要目标

通过电话营销尽可能多地获取目标参展商的相关资料,确定未来与目标参展商保持沟通的联络方式与时间并与之建立长期信息交流的关系。

电话营销是感性而非全然理性的销售过程。在展览营销实践中,电话营销的效率性与便利性是通过营销人员的个人魅力与技巧来实现的。展览组织机构要促成电话营销工作成功,需要对营销人员进行电话营销技巧的训练,同时还要有良好的系统支持,并需配置CRM管理软件。(如图6-3所示)

图 6-3　电话销售技巧教材及现场培训

二、电话营销的前期准备工作

1.了解目标参展商的背景资料

在实施电话营销过程中,营销人员需对目标参展商的相关资料进行研究。如果展览组织机构已导入了客户关系管理系统,就需对目标参展商所在的行业、规模、有否参展记录、被联络人的职位、历史联络记录等情况进行了解。只有仔细研究以上资料,营销人员才能做到有的放矢,才能明确电话营销中应该把握的重点,否则就像盲人摸象,很难确定目标参展商的具体需求,更不容易说服参展商做出参展的决策。

2.了解目标参展商参展动机

目标参展商的参展要求一般有两类,一是希望通过参展而获得某种实效,二是要求参展时能有效控制参展成本,减少参展所造成的相关经济风险。这既包括了对展览的基本要素如展览题材、展览规模、宣传、影响力等需求,还包括展览组织机构能在展览中提供增值服务的期望。概言之,目标参展商的参展要求最重要的几个方面就是:经济效益、方便性与安全感。因此,电话营销在强调参展必要性的同时,还应对展览服务的增值性加以客观的介绍,以强化展览营销的整体效果。

3.为目标参展商准备参展建议方案

电话营销重点应从抓住目标参展商所需的信息着手,积极为目标参展商做好参谋,使目标参展商通过电话营销获得对参展的一些具体建议,如什么样的展位合适,工程搭建的规定、展览有何种活动可以参加,估计境外客商参展数量,展台是否需要准备外贸报价单等。参展建议是营销人员与目标参展商沟通的有效利器,也可体现出营销人员的整体素质与服务理念。

三、电话营销技巧

成功的电话营销人员可以从目标参展商的声音中判断其对推荐的展览项目所持积极或冷淡、有兴趣或漠不关心、耐心或急促、接受或抗拒的基本态度。并用自己沉稳有力的声音来传达有效的展览信息与服务建议,从而形成电话营销的独特魅力。电话营销的技巧归纳起来有以下几个方面:

1. 讲好电话开场白

电话营销的开场白如同书名或报纸的大标题,使用得当,会立刻使人产生好奇心并想深入了解。反之,则会使人索然无味,不想继续听下去。因此,在初次打电话给目标参展商时,须在 15 秒内做良好的自我介绍,引起目标参展商的兴趣,并愿意继续谈下去。要使电话营销顺利进行,营销人员首先要清楚地让目标参展商知道:

• 我是谁,代表哪家展览组织机构或哪家展览的组委会?
• 打电话给目标参展商的目的是什么?
• 展览组织机构的服务或展览给目标参展商带来什么价值?

为了营造双向沟通的良好效果,营销人员要避免讲话时间过长,只顾向目标参展商推销展览,以致目标参展商失去耐心。如果条件允许,最好能用 2/3 的通话时间去聆听目标参展商的需求与意见反馈。

2. 把握与关键人物的通话

在电话营销过程中要充分把握与关键人物的通话技巧,所谓关键人物可能是决策人物(如总裁、总经理等),也可能是具体部门的负责人或是决策层的秘书等。营销人员与这些关键人物通话时,要做到:

• 通话过程中,要把握语音与语速的节奏,语气中要显得有自信。
• 措词不能过于客套或显得有求于人,而应不卑不亢,有分寸,有原则。
• 通话中避免劝说目标参展商一定要参展,而应强调为客户所提供的有效服务。
• 如遇秘书类关键人物,应说服他(她)协助营销人员向高层传达相关信息。
• 想方设法确认谈话的对象有多大的决策权限。
• 从通话中找出相关信息,如目标参展商对展览的兴趣点,曾参加过何种类似的展览,确定参展的内部决策程序与最后决定的时间等。
• 通话应建立良好的氛围,尽量鼓励目标参展商多说话,有效地进行互动性沟通。

- 在通话时应经常确认谈话的主题是否偏离预定目标。

3.掌握有效提问的技巧

通话过程中，营销人员通过有效的提问能进一步采集目标参展商的相关信息并能引导目标参展商参展的兴趣及与营销人员的互动上。提问时需关注以下信息：

- 目标参展商的企业性质（国营、民营、独资、合资）？
- 目标参展商是否设有专业的展览管理部门（大型企业营销部设有协调参展事务的部门）？
- 目标参展商每年参加什么样的展览，一年有多少次？
- 目标参展商对本展览是否了解，有无意向参展？
- 根据以往经验，目标参展商期望解决的一些参展问题等。

4.重新整理并重复目标参展商观点或回答要点

在通话前，营销人员应准备好纸与笔，以便通话时能随时将目标参展商所提及的重要问题以提纲的形式记录下来，做到边通话，边整理。在合适的时候，清楚地向目标参展商复述他的观点或回答要点，使其清楚地感受到营销人员自始至终在聆听他的观点与需求，尊重与重视目标参展商的需求与意见，从而直接产生对营销人员素质及服务品质的认可，并转化为对营销人员的信任。

5.客观介绍展览项目内容与服务特点

通话中，营销人员应客观地向目标参展商介绍展览项目的具体内容与服务特点，不要随意扩大展览功能与不确定的服务内容。目标参展商将会有兴趣了解展览的专业观众组织的情况，营销人员应特别认真或详细地回答这些问题，因为这是对目标参展商提供的最直接、最关键的服务。因此，营销人员也应熟悉和了解招商情况。

6.认真处理棘手的和引起争执的问题

在处理棘手的和引起争执的问题时，营销人员总习惯急于证明目标参展商的想法不对，结果造成双方你来我往，谁也不肯相让的结果。正确的做法是营销人员应站在目标参展商的立场做换位思考，尽量让双方对棘手的和引起争执的问题有所沟通与交换意见，妥善地处理与解决，最后达成共识。这些问题产生的原因主要涉及以下几个方面：

- 目标参展商不需要所提供的展览服务（这种目标参展商应及早放弃，以免浪费时间）。
- 营销人员的销售技巧不好，无法有效回答目标参展商所提出的问题。
- 营销人员对展览项目与服务的描述过于完美，让人生疑。
- 参展费用太高、目标参展商的销售经费中没有参展预算。
- 目标参展商需对展览项目进行研究与评估，不希望太快做出参展决定。

- 不想在电话上浪费时间,尤其当目标参展商正忙于其他事务时。
- 营销人员提供的展览与服务的信息不够充分。
- 目标参展商对展览项目了解不多,因沟通不够,害怕被骗。

营销人员对通话过程中可能出现的棘手或引起争执的问题应有心理准备,在通话时能及时将问题的焦点与解决方法记录下来,并将这些问题及时归纳总结,为今后处理类似问题做参考。

7.有效地结束通话

通话进入最后阶段,会产生两种结果,即营销成功或暂时不成功。如果成功地达成参展意向时,营销人员应采用正面积极的方式结束对话。建议使用以下方法:

- 向目标参展商致谢,感谢其信任与支持,确认通话是愉快和富有成效的。
- 再次确认目标参展商的基本信息与希望获得的服务与需求。
- 肯定或强化目标参展商参展决定的意义与正确选择。
- 提供目标参展商随时能得到服务支持的联络方式(如办公电话和私人手机)。

如果营销不成功,营销人员在结束电话时,也一定要非常礼貌地结束通话,其理由有二:第一,现在虽未确定参展,但当目标参展商未来有参展需求时,如果营销人员给他留下了良好的印象,成交的概率会大大增加。第二,能使营销人员保持积极和乐观的态度思考问题,如果营销人员因为目标参展商这次没有同意参展,就会产生负面情绪并将负面情绪带到下次通话,这势必影响营销人员与其他参展商继续沟通的效果,继续营销就会出现障碍。

8.事后跟进电话

当营销人员的展览营销处于成交阶段时,营销人员就需安排下一次通话时间,提供更进一步的信息与咨询服务支持,积极巩固电话营销的成果。

第三节 传真营销

传真具有快速、安全、直观的特点,也被广泛应用在展览营销中。要利用传真营销取得良好的业绩关键在于是否能够确定目标参展商的传真号码,而且在传真前需与目标参展商有过初步或一定程度的沟通。确定传真号码后,就可以发送具有针对性和参考价值的展览信息材料,成功概率一般很高,投入产出比也很高。

一、发送传真时要注意的事项

1.使用专用的纸张,可显示出展览组织机构的档次与职业风范,纸张上要标有展览组织机构的名称、营销人员姓名、地址与电话号码。

2.需确认目标参展商联系人的姓名、职务以及参展商名称的正确拼写。

3.也可使用固定格式传真,在使用称谓时需特别注意要有的放矢,因为有些目标参展商对此非常敏感。

4.起草正文。正文应向目标参展商介绍展览组织机构、展览项目与营销人员的基本情况,以及展览的内容和所提供的各种服务项目情况。

二、传真正文的写作要求

1.简洁,易于阅读,有四至五个简短的段落就足够了。

2.尽量将传真正文的长度控制在一页之内。如要用两页,发送者需在第二页署名。

3.第一段应能激发目标参展商对展览组织机构与展览项目的兴趣与热情。

4.第二段需介绍展览项目的一些组织情况与展览价值。满足目标参展商对展览项目了解的基本需求。如展览的历史、品牌、主办机构、规模与发展状况等。

5.第三段应表明展览项目所取得的突出成就、荣誉、参展商和观众的组成情况,直接有力地支持第二段内容。如果可能的话,尽量以数字量化这些成就。

6.第四段需介绍展览营销的内容,告诉目标参展商如何申请参展,可查询的相关展览项目网站、展览营销部门的联络人与联络方式等。

7.第五段应非常简短地结束传真并表示感谢。

8.使用敬语结束正文并标明所附招展函或其他附件的名称。

9.确保在正文上有展览组织机构领导或经办营销人员姓名的签字并签署日期。

10.在正文中应避免出现负面和相互矛盾的内容,相关信息要认真核实。

11.不要说谎或者夸大其辞,对展览项目与服务的描述要做到客观真实。

12.切忌滥用代词"我",应以展览组织机构或展览项目组的身份来与目标参展商进行沟通。因为客户愿意接受具有权威性的信息或感受被重视的感觉。

写好传真正文,将有关招展资料,如招展书、展区展位平面图或其他目标参展商提出的资料一起发送,但需在传真的首页上标明总页数与当前页号,以便目标参展商确认是否完整地获得这份传真的所有资料。

三、群发传真

群发传真是在传真基础上,随着电子技术的成熟与网络技术广泛应用发展起来的一种用于展览营销推广的创新技术,具有先进、智能、快速、简洁的特点,已逐步发展成展览组织机构与目标参展商信息交流的有效手段。在成本方面,群发传真也较直邮低廉许多。

群发传真是由电脑执行的一项传真功能,通过在电脑操作系统上安装传真收发软件,实现用电脑向其他传真机发传真、自动接收传真、群发传真、转发新接收到的传真到电子邮件、定时发送传真、IP 电话发送传真等多种功能。能够为展览组织机构节省办公费用,同时能够有效地为展览营销活动发送传真广告。目前群发传真软件有三种形式可以获得:

1.电脑操作系统已捆绑了此类软件;(如 Windows XP 系统本身附带此项功能。)

2.软件开发商在网上所提供不同下载方式的群发传真软件;

3.会展管理系统中所自带的群发传真软件。(如:西安远华 3W Show 会展管理软件。)

群发传真软件具有系统设定、数据管理、文档管理等多项功能,能及时导入电脑系统中的各项文档,并精确地将营销人员拟好的材料按软件设定的方式自动发送到目标参展商手中,具有全天候、不需值守、无纸办公、精确记录、资源共享等优点。(如图 6-4 所示)

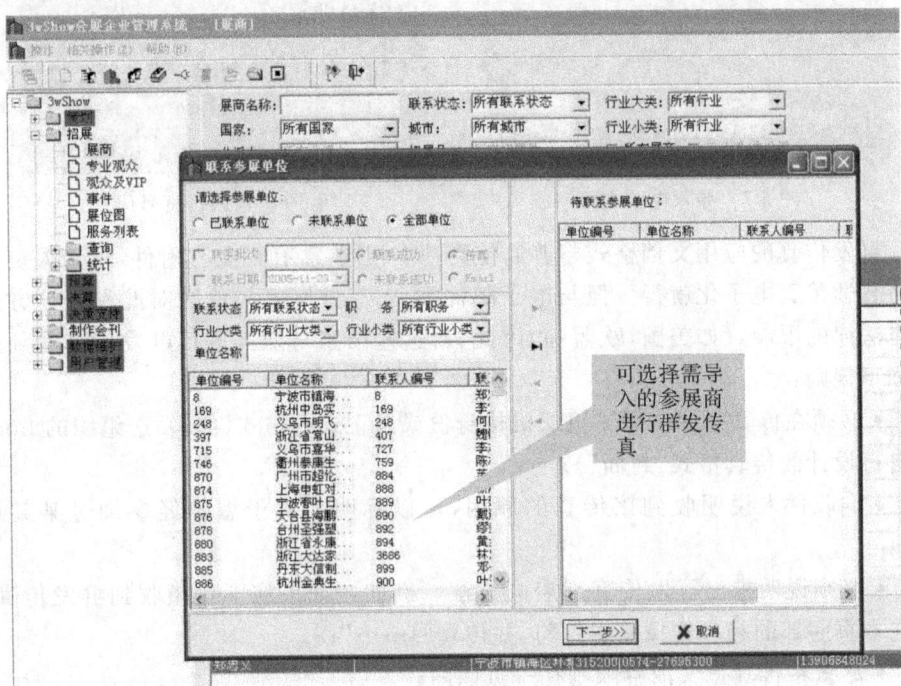

图 6-4　3W Show 会展企业管理系统中的群发软件模块

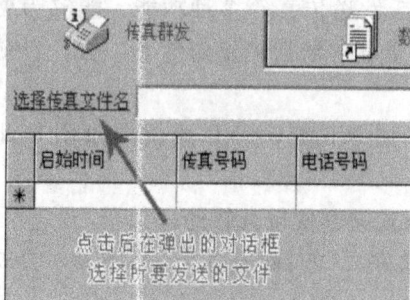

图 6-5　导入电脑文档

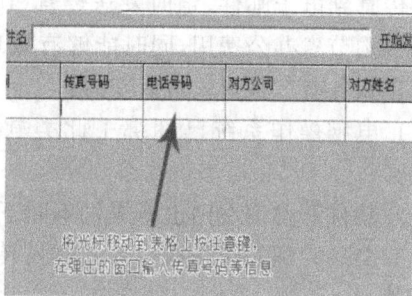

图 6-6　输入传真号码

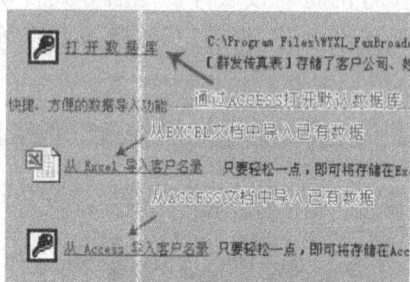

图 6-7　导入电脑文档

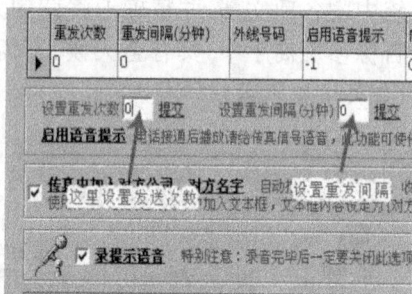

图 6-8　输入传真号码

群发传真的应用文档格式与普通传真基本相同,需有正文与附件,营销人员只需将普通传真电子化就行。但与电子邮件类似,有些国家与地区对此种推广方式具有法律的限制,(如美国,欧盟等)因此,对这些国家与地区进行群发传真时须遵守如下规则:

　　• 必须在传真中注明展览组织机构身份或以正式的格式(如:发送组织的 Logo 或自行设计的传真格式"封面");

　　• 向收件人说明收到该传真的原因,可以标明:"鉴于您曾经参加过某某展览";

　　• 必须说明推出群发传真列表的方法。例如,"如果您不希望收到群发传真,请在本页底部的相应选择框中打勾,并传真回……";

　　• 尽量将传真正文内容限制在一页以内;

　　• 传真的图文编排以及文案撰写须遵守有关规则,信息清晰、简练、具体,且富激励性;

　　• 绝对不能给未曾有业务接触(从未参观或询问过展览)的目标参展商发传真。

展览组织机构在展览营销组织过程中可以参考与借鉴国际展览组织机构或品牌展览在组展中使用的传真格式与风格,根据自身的展览特点与内容进行相关的调整。

第四节 电邮营销

电子邮件在展览营销工作中的应用与传统通讯方式相比具有高效廉价的营销特征,它融和了电话通讯的速度与邮政通讯的直观性,显示了强大的营销优势。首先是速度快,电子邮件可以在瞬间将展览的相关信息实时送达目标参展商的信箱。其次是方便性,与电话通讯不同,电子邮件不会因"占线"而浪费时间,目标参展商也无需在电话旁守候,从而跨越了时间和空间的限制。再者是价格低廉,展览组织机构利用极其低廉的费用发送其他通讯方式无法负担的信息。

一、电子邮件的撰写

1.主题要明确

电子邮件的便捷性,使得展览营销的目标参展商可能每天要处理大量类似的电子邮件。如果要让邮件从众多的其他邮件中"脱颖而出",其秘诀就是将主题写好,主题要明确醒目,具有吸引力,同时要本着实事求是的态度,切忌浮躁,将邮件沟通或交流的内容表达清楚。

2.内容要切入重点

由于电子邮件信息量大,传播速度快,目标参展商没有更多时间去研读一封与其无关的邮件,因此撰写邮件内容一定要切入重点,按照重要程度依次说出,做到条理清晰,表达正确,必要时可在句段中加上1、2、3等作为引导。内容中应避免使用模糊、笼统的字眼以及前后矛盾的语言。

3.告诉期望值

在电子邮件应体现明确的期望值,否则,目标参展商将邮件读完后还不知所云,电子邮件就失去了其应有的作用。因此,在邮件中应将重要的展览信息(如展览的时间、报名方式、截止日期等)、要求做的事(如参展回执、填写调查表、参加专题会议等)叙述清楚。只有明确期望值,邮件才不至于被忽略,造成重要事情的贻误!

4.语气要恰当

明确电子邮件的阅读对象,是企业领导者,还有参展部门负责人,或是其他人。发给目标参展商的邮件须针对不同的对象使用恰当的称谓和语气,让对方感觉备受尊敬、温馨、亲切。

5.语法通顺

撰写的文稿要语法通顺,是对每封电子邮件最基本的要求。目标参展商阅读邮件时对文体的感受,会影响其对展览组织机构总体水平的印象,直接关系到展览营销与招展工作的进程。撰写中文邮件错误发生率一般较低,但撰写外文信件时就相对会出现很多问题。而且,邮件一旦发送出去就不可能收回,所以写完邮件后需反复斟酌用词及语法,然后再发送。

6.注意邮件格式与礼貌用语

既然是信件,就须注意常用的格式和礼貌用语。正确的邮件格式应该是:

> 收信人:
> 　　您好!
> 　　(正文)
> 　　(结束语)

常见结束语有"此致、敬礼"、"顺祝安康"等,同时在写电子邮件时可使用个性化签名,让目标参展商能识别邮件的来源,形成风格后相比普通邮件的格式化签名会更添亲切感!

7.告诉详细联络方式

当前由于技术或网络的原因,仍有不少邮件服务器不能及时将邮件发送到对方邮箱,从而无法实现实时邮件传递。因此,在邮件中尽可能将发件人的联系方式写上,如 QQ、MSN、电话(办公室电话、家庭电话、手机)、地址、邮编、传真等,这样目标参展商即使在电子邮件不畅通的情况下,也可通过其他方式联系到营销人员。

8.遵守职业道德与法律规定

一些展览组织机构认为,电子邮件将会成为与目标参展商信息交流的最佳方式。但在使用电子邮件时还需要遵循一些法律规则,以避免被指控为垃圾邮件等不利后果。

以下是美国《展览会》(*EXPO*)杂志(1997 年 11/12 月号,第 36 页)使用电子邮件规则:

- 必须在电子邮件正文中声明展览或展览组织机构的身份和名称等。
- 向收件人注明收到该电子邮件的原因及感兴趣的相关内容。(如"因为您曾经参观我们过去的某某展览会……")
- 必须随电子邮件向收信人说明取消或退出邮件发送名单的方法。
- 绝不给未曾有过业务接触(从未参观或询问过展览)的人群发电子邮件。

二、电子邮件发送技术

1.精选拟发送邮件的地址

邮件地址可从展览组织机构的数据库中提取,也可从展览专用网站的邮件列表中整理,甚至可以通过各种渠道收集的展览信息中精选(如专业出版物、展览会刊、其他展览相关网站等)。通过专业管理软件如:邮件列表管理器对地址文件进行整合处理。删除重复邮件的地址,按要求组成指定数量的邮件发送列表,以适合群发软件的发送要求。

2.查验邮件地址的有效性

国内外很多门户网站推出的免费邮箱,如连续三个月不使用就会被网站删除。因此,需对邮件地址进行定时检查校验,删除已失效的地址。

3.注意邮件主题的撰写

国内外很多网站的邮件服务器为过滤垃圾邮件设置了常用垃圾关键词,如果邮件主题和邮件内容中包含大量有嫌疑的关键词(如促销、价格等词汇),服务器将自动过滤该邮件,致使邮件发送不成功。因此在撰写邮件主题时,应尽量避开被嫌疑为垃圾邮件的文字和词汇或垃圾邮件所常用的宣传推广主题,以便邮件群发能顺利地进行。

第五节　直邮营销

直接邮寄(简称直邮)是一种历史悠久的营销方式,在国外也称为目录销售,直邮是通过邮局寄往目标参展商的邮件,传递各种可以影响目标参展商做出相关决策的营销信息。国际品牌展览营销中仍被广泛采用。(如:香港礼品及赠品展、中国资源网举办的交易会等)该种方法,在我国展览营销工作中也有着很好的开发前景。

直邮与其他营销工具相比具有以下优势:

- 成本低廉,展览营销的性价比好。
- 包括的信息十分详细、全面。
- 用邮件的方式寄给目标参展商,缩短了双方间的沟通距离。
- 特别利于巩固与老客户之间的关系。
- 直邮的对象是经过认真筛选的,具有很强的针对性,减少展览营销的盲目性。
- 不需要较多的人员投入。
- 整体回应率较高。
- 便于设计制作色彩绚丽、充满创意且富激励性的广告文稿。

当今的直邮活动充分利用现代科学技术与经营理念,注重目标参展商或邮寄对象的感受,讲究策略和方法,配合一定营销技巧,用严格而标准的操作程序规范直邮活动的整体过程,彻底改变了传统直邮方式种种不尽如人意的地方,逐步成为我国展览组织机构在展览营销中的重要工具,并发挥重要的作用。

一、直邮信函的构成

1.信函

直邮应有一封直接用于展览组织机构与目标参展商沟通的信函,没有信函或其他的书面形式进行沟通,直邮活动的成效就会大打折扣。

2.信封

展览组织机构为吸引目标参展商的关注,需设计有创意的信封风格。如何设计信封风格,没有固定的做法,这取决于展览组织机构对邮寄活动的经费预算和预期目标。

3.联系方式

直邮活动中,特别是直接邮寄招展书和招商函时,邮件中应列明如何随时取得联络的有效方式。联系方式是促进目标参展商与展览组织机构对话与互动的有效保障。其重要性仅次于信函。

4.展览宣传册

对展览组织机构而言,直邮的重要功能就是将展览营销的推广信息(如招展书、组团文件等)及时送达目标参展商,使目标参展商对展览及展览组织机构提供的服务项目有更深入的了解,因此展览宣传册必不可少。

5.相关展览信息

邮件中应包括动态的展览信息,如展览组织机构的招展成果、招商安排、展览期间的贸易服务等内容。

二、直邮信函写作的基本要求

直邮信函的撰写是能否取得展览营销成效的最直接和最重要的因素,正确撰写有效的信函,能使直邮的展览营销获得事半功倍的效果,基本要求如下:

1.信首与信尾

不宜含有大量营销信息,过量的营销信息容易分散目标参展商的注意力,降低对重要信息的识别率。因此,信首应尽量简洁并让目标参展商感到亲切与被尊重。信尾则可传递一些简短的展览服务信息。

2.篇幅简洁

信函篇幅的原则是力求简洁,切忌重复罗唆,这应贯穿于直邮的各个方面。

3.使用问候语

恰当使用问候语并关注目标参展商的感受是激发目标参展商的热情并继续进行沟通的有效方法,也是增强亲和力的主要方式。

4.使用标题和小标题

展览营销主要任务是销售展位和服务,因此,激发目标参展商阅读兴趣的标题是直邮营销成功的关键。小标题是对每段内容的浓缩。将正文分成易读的段落，并给每段加上小标题，方便目标参展商从中选择所需的信息。

5. 下划线和黑体字

在信函中使用下划线和黑体字可以起到强调重要内容，引起目标参展商的高度关注的作用，但频繁使用会降低整体效果并影响信函的整洁度。

6. 使用色彩

色彩的使用可以使信函美观，体现展览组织的理念和风格，色彩需与展览及服务形象基调保持一致与和谐，但也不宜过于频繁使用。

7. 写作风格

熟练运用写作技巧能提高邮件的可读性和反馈率。写作时需注意以下几点：

- 首起段落要具有创意；
- 写作语气要具亲和力；
- 明确信函的期望值；
- 让目标参展商体验价值与尊重；
- 写作的叙事结构要清晰。（如图 6-9 所示）

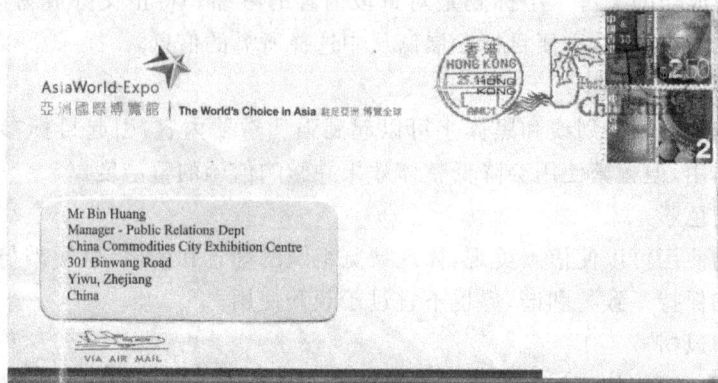

图 6-9　2006 年亚洲国际博览馆直邮件

三、直邮名单的选择与编辑

以上工作准备完毕,就需对邮寄名单进行选择与编辑。邮寄名单主要来源有两种:一是从外部获得,另一种是展览组织机构的信息存档。

1.外部邮件名单

● 意向客户名单——对直邮曾有过回应或对展览项目与服务进行过咨询的客户。

● 目标参展商名单——通过行业协会、专业展览、专业市场等采集的名单。

● 专业出版物名单——名单由专业出版物进行编辑,通常按行业、企业特征、所属区域、产品情况等详细分类(如行业或企业指南、展览会刊等)。

● 重点客户名单——资料主要来源于政府所辖各部门,如外经贸系统、劳动管理部门、工商部门或大型企业等。

对外部名单需要进行细分和跟踪管理,认真评估分析每次直邮活动的效果,了解和比较不同名单的优劣,跟踪记录分组名单在每次直邮活动中的优劣。根据评估结果确定外部名单的使用价值与管理办法。

2.展览组织机构的数据库名单

● 客户关系管理系统中录入的历届参展商名单。

● 以往查询展览项目与服务的潜在参展商名单。

● 展览营销活动中,沟通积极的企业名单,这些名单分布在展览组织机构的各个部门,需集中整理并统一录入直邮活动的名录中。

邮件发送名单的准确性和相关性直接影响直邮的整体效果。因此,展览组织机构在管理邮件发送名单过程中应强调专业性、针对性和有效性。

四、直邮活动的组织与实施

通过一系列系统的筹备工作后,就可进入直邮的策划和组织阶段,其步骤如下:

1.设定量化目标

设定直邮活动的量化目标,科学评估营销活动是否达到预期效果。例如,直邮回应率达到5％时是否能直接产生2％的目标参展商等。

2.确定预算标准

预算标准直接决定了直邮活动的形式与范围,对营销活动的进程具有重要影响。

3.明确目标参展商

对展览营销的目标参展商了解的信息越多、越全面,展览的营销策略就越具有针对性,营销效果就越好。

4.策划邮件创意

策划邮件外观及内容的创意,是一项最富挑战性的工作。邮件的外观可以显现展览组织机构的品牌理念和展览风格。

5.评估邮件内容

要对邮件内容的草拟方案进行评估,要注意文化背景、社会习俗、宗教习惯、受众区域等,检测其沟通效果是否符合展览营销目标。

6.设计与印刷邮件

由展览组织机构的设计部门进行平面设计并交付印刷。也可与专业服务提供商合作,如专业广告公司或策划公司等。

7.发送邮件

由展览组织机构营销部门实施或通过邮局承揽的形式发送邮件。

8.分析反馈

邮件发出后,要注意收集反馈信息,并进行专业分析,检测活动的成果。

根据国际营销研究机构评测,在直邮活动中有近24％的目标参展商可能永远接收不到邮件,而16％的目标参展商则将邮件直接抛弃。产生这种结果的直接原因,一方面是由于企业组织结构中存在着众多的"过滤者",如秘书、办公室主任等,层层过滤邮件;另一方面是很多的直邮信函没有良好创意、制作不精良、个性不鲜明、传递过程不科学,致使邮件到达率不高。因此,对展览营销工作而言,现代直邮活动的组织应更强调对直邮介质进行科学、合理的策划,强调发挥直邮介质在营销活动中产生的直接效果,重视对整体直邮活动的过程监控,从而及时采取纠错与调整措施来达到展览营销的预期目标。

思考题

1.为什么要建立展览的专门网站？

2.如何规划展览网站的相关模块？

3.如何与其他专业网站进行合作推广？

4.电话营销的沟通技巧有哪些？

5.传真正文的写作要求是什么？

6.简述直邮与其他方式相比的营销优势。

第七章　展览现场服务与管理

第一节　展览展位搭建

一、基本概述

现代展览评价展位是否成功的标准不是看它华丽和奢侈程度,而是看它的沟通能力,它所表达的概念,展位所确定的功能性和展品本身的内涵。因此,展位可以理解成一张企业的名片,展位的大小、设计、外观必须尽善尽美,符合竞争标准,才能使参展商在展览中具有竞争优势。

主场搭建商通常由展览组织机构指定,为参展商提供展位搭建等现场服务的企业。主场搭建商主要负责为参展商提供标准搭建、水电气等动力设备的预定及安装、展具租赁等,并为主办方提供大会整体布置(如拱门、指示牌、名录牌等)。它还需满足参展商提出的一些特殊要求,如提供标摊变异、紧急加装、撤展等多项服务。一般租用光地的参展商自行选择和最终确定搭建服务商(俗称"特装搭建商"),主办方可适当推荐信誉较好的搭建商供参考,如主场搭建商。

二、展位搭建服务的要素

1.设计与搭建

展位搭建服务是指展位的设计和搭建的过程,也是展区与展位设计意图或设计方案兑现的过程。设计通常都是事先完成的,但也有现场临时的设计,而搭建指现场的工作。

现代展览可供展位的搭建时间越来越短,国际惯例是三天,最少的是一天,如果是一天的话,多为拼装,即在公司里先做好然后到现场拼装,这对搭建公司的技术要求就非常高,强调高效性、新型材料与高科技含量。做好展位的设计与搭建需提升重视程度:

(1)展位的设计和搭建是展览最重要的工作之一。

(2)展位的设计和搭建是两个密切相关的工作,相互联系,相互作用。

(3)展位的设计和搭建是一项系统工程。涉及面非常广,特别是采用最新科技成果的展示器材发展很快,不断地推动了设计理念的创新与搭建工程的改革。

（4）展位的设计与搭建要预先了解展位，系统性地构思展品的布置。对观众而言，展位的设计、展品布置所呈现的展示效果是体验性最强的环节。

2.标准展位和特装

展位设计和搭建因展位类型的差异而有所区别，包括两种：一种是标准展位的设计和搭建（通常称"标摊"），一种是特装展位的设计和搭建。两种展位的租赁价格是不一样的，标摊每平方米的单价要高于光地（特装），参展商租用了标摊，就意味着得到了一定面积的展示空间和主场搭建服务，即主场搭建商提供的标摊配置。一个9平方米的标准展位，国际标准配备是一张桌子、两把椅子、两盏射灯、一个电源插座、一个废纸篓。（如图7-1所示）

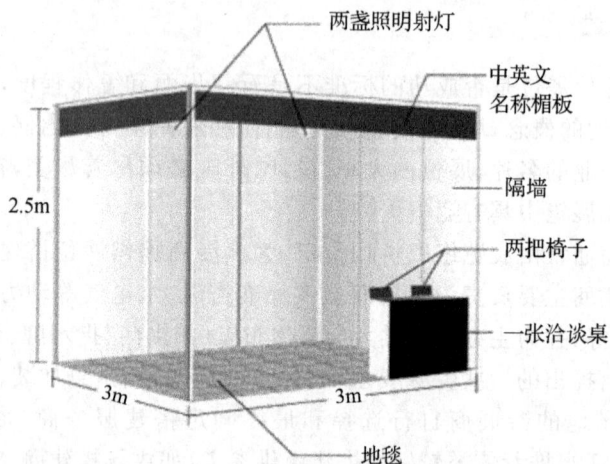

图7-1 9平方米标准展位

传统标摊四四方方，色彩单调，视觉效果差。随着展览档次和要求的提高，以及主办方对标准展位概念和意识的转变，越来越多的标摊变异出现在展览中。所谓标摊变异是对传统标准展位进行装饰上、色彩上、高度上的变化，增强视觉效果。标摊变异在国外已成趋势，现在一部分国内展览也在推广。这种展位相比特装展位来说，制作、施工和拆除都比较方便，成本又低，因为标准展位和变异标准展位的器材都是属于向搭建商租赁的性质。

特装展位又称光地，即一定面积的空地，由参展商在租赁的空地面积内自行布置。一般主场搭建商只负责确定光地的方位，并在四个角划好定位线。如果有需要，参展商也可向主场搭建商租用家具或器材。在展览现场，主场搭建商的现场服务是面向所有客户的，包括主办方、参展商和特装搭建商等。

主场搭建商通常由主办方指定，作为主办方的增值服务来推荐。而特装搭建商则以参展商自行选择为主。主办方只进行推荐，但不指定。参展商可以选择各自的特装搭建商搭建,形成各种风格,只要不超过场馆限定的搭建高度、限定使用的防火搭建材料等,主办方一般均不会干涉。现代展览对展位设计所达成的共识是:展位开放性越好越便利参展商与观众的交流与沟通,最好是四面开口。展览中有些参展商会将展位设计成全封闭式,一是为了营造神秘的气氛,二是为了知识产权的保护。如,在某届展览中,耐克的展位就是全封闭式的。占地几百平方米双层结构的展位,底层除了几个 LOGO 只有一个门,没有任何产品,到了二楼,由热情的礼仪小姐带领参观产品,产品不多,但全部是精品,展示效果非常好,也有效地过滤了采集商业信息的竞争对手,达到知识产权保护的目的。展位的布局是一门颇为深奥的学问,要运用不同的设计与技术手段进行效果强化,所以说特装展位的设计和搭建工作就显得非常重要。(如图 7-2 特装展位效果图)

图 7-2　特装展位效果图

3.主办方选择主场搭建商

展览主场搭建的业务是由主办方决定的。主办方在选择主场搭建商时慎之又慎,因为展览的现场布置一半是由主场搭建商来负责的。主办方选择主场搭建商时考虑以下几个因素:

(1)主场搭建商对主办方租赁的场馆运营方式、硬件设施及其相关的规定是否有足够的了解。

(2)主场搭建商要为展览主办者设计或审核展区和展位平面图。一是由主场搭建商设计平面图,主办方进行审核,二是由主办方设计平面图,主场搭建商来审核。

(3)主场搭建商需熟悉并承担如大会的会标、观众和参展者的登记处、办公区、开幕仪式、招待区域、馆别、指示牌等布置工作,并熟练、高效地操作。

主场搭建商的工作主要有:标准展位的搭建、相关功能区域的搭建、动力设施的预订和安装等。一些有特殊用电、用气、用水需求的展览(如机械类展览,参展商要申请许多大功率的动力电、压缩空气、给排水用于启动机器;IT类展览,需要用稳压电源)。主场搭建商都需预先作好准备,并在现场对这类展位给予特别关注。若因为供电、供气、供水的不正常而影响参展商机器的操作,需按规定作出相应的赔偿。

4.主场搭建商的其他职责

主场搭建商需预先确认展览现场货物运输的大致情况并与大会物流商紧密配合,在展品运输上,要先安排特殊的展品进馆,搭建和运输双方在时间和空间上要协调配合。

展位搭建工作中还需要加强维护和值班。要在确保安全的同时随时为客户解决问题。

在撤展过程中,还需注意以下问题:

(1)主场搭建商要最后离开。

(2)撤展前确认断电时间,然后才能开始撤展。

(3)标准展位必须等参展商都离开后才能撤展。

展览规模都会经历一个从到大的过程,作为主办方,应致力使展览的服务有所创新和突破。而主场搭建商则应积极配合主办方解决服务创新与突破过程中遭遇的任何问题和困难。

5.特装展位的设计

特装展位与标准展位有很多相通之处。但在具体操作中,特装展位和标准展位有明显的区别。首先,标准展位的高度一般是 2.5 米,而特装展位的高度一般都要超过 2.5 米,在对展馆的设施进行了解时,特别要注意可搭建的限高。其次,特装展位对照明的需求远远大于标准展位,且照明器材也更丰富。再次,特装展位的搭建材料选择范围广,组合形式多样,最后,特装展位因面积较大,可设置多个不同的功能区域,对设计的理念要求更高,多媒体设施的应用也更广泛等。

展馆的结构和特点对特装搭建影响很大。现代化展馆多具备单层无柱式的结构特点,适应各类大型展览活动的需求,而建造时间较早的国内展馆还是以多层、多柱的较多,展厅的内部形状和高度不一,所以,搭建商需对展馆进行实地考察和测量。比如在标准展位遇到有柱的情况,一般不作任何修饰,而特装展位为整体美观就要求把这根柱子封闭起来,封闭柱子就需根据展厅的实际情况决定。一般要注意以下几点:

(1)该柱子上是不是有消防栓,根据消防规定不能对有消防栓进行密封与隐蔽；

（2）该柱子上是不是有开关箱，对有开关箱的柱子需设置一个方便随时开启的门；

（3）该柱子上是不是设有消防卷帘门的轨道，如果有，该柱子也不能封闭。

因此，特装搭建商在设计之前一定要到现场去勘察，取得需要的展馆技术数据。

项目经理是决定特装展位成败的关键人物，搭建项目经理集设计、选材、现场搭建指挥于一身，全面负责设计与搭建工作。展位的设计虽属艺术范畴的工作，但和绘画不一样，展位要符合参展企业的宣传形象，还需包含艺术风格。特装展位的设计和搭建是一项人性化的服务，设计和施工方案的改进和调整需要大量的沟通，只有与参展商直接接触方能使之尽善尽美。展位的设计师要把参展商提出的要求艺术化。也可以说展位的设计是比较痛苦的，尤其是那些要商业运作的展位设计，设计师认为红色的漂亮，但是参展商一定要用绿色的，只能忍痛换成绿色，否则的话设计只能是废纸一张，成不了具体的展位。特装展位在设计时要主要需依据三个方面的内容：

（1）要以设计展位的环境为依据。如果是与其他展位背靠背的，那就可以三面开放，一面封闭；如果是独立在展区内的，那可以四面开放。

（2）要以展示产品的需求为依据。展位所有的环节都围绕产品来布置，设计稿要突出的自然就是展品。洽谈时可以索要参展商以往参加展览的展位图文资料作为参考。

（3）要以参展商的预算为依据。设计师要完成一个比较符合参展商要求的设计稿往往需要有明确的预算为指导，有经验的搭建商可以指导参展企业作出符合展位设计的预算。

展览主办方一般会在招展书上列出展览的相关内容时注明主场搭建商，并且会推荐几家信誉好的特装搭建商作为增值服务。

6.展位材料

（1）常规展位材料

参展商及展览组织机构对于展位设计所需用的材料，特别是常规材料的规格、尺寸、价格应当十分熟悉，便于设计时合理进行成本预算，也有利审核预算和选择搭建商。展位材料使用节约成本的最有效的措施就是使用标准型材料。在这方面，我国和发达国家的差距是相当大的，例如，在德国某展览器材的展览上，全部都是铝合金材料、金属材料，没有使用一块木质材料。而我国展览上大多使用木质材料，则是一次买断的，这样成本就相差很大。铝合金材料成本低，又漂亮，搭建速度效率高。目前国内一个3万～5万平方米的展览会，需要2～3天的布展时间，而德国一个展览往往有30余万平方米，只需两三天就能布置好，拼装机械化程度高，拼装系数也高。

现在国内有很多特装企业倾向购置与应用铝合金材料,因这是展览搭建发展的趋势,展位搭建各方开始观念转变,更多人认识到要懂材料的规格,要了解新材料的属性与功能,从特装设计的角度而言,对新材料的成本核算也是一门新的技能。

(2)特装材料

特装的材料一般分为如下几种:

①铝合金特装。标准铝合金型材的结构,与标准展位的尺寸不同,按照变形的搭建、搭得高一些,搭成圆弧状等。这种特装的售价较低,但有一定的局限。比如一个 0.5 米的圆弧,尺寸再大一点就是 1 米的圆弧,没有 0.78、0.73 米的圆弧。变化受到局限。

②金属和木结构的特装。钢和木结合的结构。木结构的展位可以随意变化,不受任何限制,但是纯木结构的价位相对较高,所以可以用钢结构来做一些骨架、装饰等。钢的部分是租用的,销售的价格比全铝合金的要高。

③纯木的特装。目前,纯木特装已较少见,而布的使用较多,布虽然不能重复使用,但是成本比较低。现代展览重复使用搭建材料的趋势越来越明显,以往撤展是先把灯拆下,以后还可以用,再拉倒木质的展位,然后人离开,最后展馆方把东西收走,展览组织方还需为此支付一笔费用。现在多数是搭建商统一拆卸后运走,大幅度地降低了成本,同时提高了效率。

7. 现场搭建和预算

现场的搭建和布展工作分两部分:一是产品,即展位框架的制作,另一个就是宣传图文的展板。展位不是一个纯的框架,展位中需要有企业产品的内容。

从产品来说,如果彩稿画得仔细,或者在效果稿上给参展商做仔细的分析,在设计上应该就不会有大的问题,但在展位的制作方面可能会出现一些问题。由于是用 3DMAX 进行设计,在现场制作时,一些细节的地方由于制作不出来而变形。这个就需要从展位的设计、施工图到展位的制作有一个严格的监理。比如说做圆,用夹板包圆有一个极限,小于 300 毫米直径就不能做了。如果一定要做的话,只能用其他材料代替,比如说塑料管。

从图形的展板来说,则可能有很大的问题出现。最主要的是客户对于展板内容设计与编排认可,而在看到实际效果后时常提出修改意见,有时这种修改牵涉到展板的整体布局,这就需要修改的时间。因此,有些特装展位需要向客户预展。一般在搭建工厂内进行预展,所有的特装都先在工厂里拼装预展后再拆开运送。

第二节 展览物流服务

一、展览物流概述

随着展览业的快速发展,展览物流从展览的组织过程中逐渐细分成一项专业的服务,这项服务常由专业的展览运输代理商来承担。展览物流以展品运输为主。按业务性质来分,展品运输应归入现代物流业范畴,且以物流业中的运输业为主,具有明显的货运代理的特点,当然,还具有展品的某些特殊要求。了解展品运输的性质和基本要求,对于选择合适的运输代理商,对于更好地为参展商提供咨询服务都有重要意义。

1. 现代物流

(1)现代物流的定义。现代物流是在传统物流的基础上引入高科技手段,如通过计算机进行信息联网,并对物流信息进行科学管理,从而加快物流速度、提高准确率,减少库存,降低成本,延伸并扩大了传统物流的功能。

(2)现代物流的构成要素。现代物流具备运输、储存、装卸搬运、包装、流通加工、配送、信息处理等七大功能,也可理解成现代物流的七大要素。各要素之间互为基础、相互紧密联系,各要素功能的正常发挥,才能保障整个物流系统能力的提升。在我国,进出口业务有着其独特的业务特点和规律,展品的流通传输过程需受到我国进出口的管理,也属于物流业的研究范畴。

2. 运输业和展品运输

(1)运输的概念

运输是人和物的载运及输送。它是在不同地域范围间以改变"物"的空间位置为目的的活动,对"物"进行空间位移。和搬运的区别在于,运输是较大范围的活动,而搬运是在同一地域之内的活动。运输是现代物流的中心环节。任何物品,从其生产地至消费地的空间位移,都是依靠运输来完成的。运输是物流的主要功能要素之一。

从费用来看,运费在全部物流费中占最高的比列,一般接近 50%,有些产品的运费甚至高于产品的生产费,所以节约的潜力很大。

(2)运输方式的分类

按运输设备及运输工具不同分类:

①水运。使用船舶运送客货的一种运输方式。水运主要承担大数量、长距离的运输,是在干线运输中起主力作用的运输形式。在内河及沿海,水运也常作为小型运输工具使用,担任补充及衔接大批量干线运输的任务。

水运的主要优点是成本低,能进行低成本、大批量、远距离的运输,是大型国际展览主要和经常使用的运输方式。但水运也有显而易见的缺点,主要是运输速度慢,受港口、水位、季节、气候影响较大,因而会出现运输中断的情况。使用水运方式运输展品时要留有充分的时间。

②空运。使用飞机或其他航空器的一种运输方式。航空运输的主要优点是速度快,不受地形的限制。但是,空运的单位成本很高,因此,主要适合运载价值高或体积小、重量轻的展品,或者是急需的展品。

③铁路运输。使用铁路列车的一种运输方式。铁路运输优点是速度快,不大受自然条件限制,载运量大,运输成本较低。主要缺点是灵活性差,只能在固定线路上实现运输,需要与其他运输手段配合和衔接。铁路运输的经济里程一般在200公里以上。

④公路运输。使用汽车,或其他车辆(如人、畜力车)在公路上进行客货运输的一种方式。公路运输主要承担近距离、小批量的货运,水运、铁路运输难以到达地区的长途、大批量货运以及铁路、水运优势难以发挥的短途运输。公路运输的主要优点是灵活性强,对收到站设施要求不高。可以采取"门到门"运输形式,即从发货者门口直到收货者门口,而不需转运或反复装卸搬运。公路运输也可作为其他运输方式的衔接手段。因此是展品运输中最广泛使用的方式。公路运输的经济半径一般在200公里以内。

(3)运输管理原则

对运输组织管理应贯彻"及时、准确、经济、安全"的基本原则。

①及时:按照供运销等实际需要,能够及时将物品送达指定地点,尽量缩短物品在途时间。在展品运输中,"及时"是第一位的。

②准确:在运输过程中,防止各种差错事故发生,准确无误地将物品送交指定收货人。

③经济:通过合理地选择运输方式和运输路线,有效地利用各种运输工具和设备,运用规模经济原理实施配货方案,节约人力和运力,提高运输经济效益,合理地降低运输费用。

④安全:在运输过程中,防止霉烂、残损及危险事故的发生,保证物品的完整、无损。

(4)展品运输的管理

展品运输业是现代物流业的一个分支,它不是简单的运输,而具有现代物流业的若干基本要素,如信息管理。因此合格的展品运输企业应当按照现代物流业的程序和规范运行。展品运输业是随着展览业的发展而形成专业从事展览品运输的一个特殊行业,它具有一般运输业所没有的特点与要求。它经常以货运代理的方式委托专业公司开展展品运输业务,特别是在国际展览中,国际货运代理人扮演着重要角色,或简称"承运商"。

（5）展品运输的相关对象

①工作对象：展品运输的服务对象主要是主办方和参展商；

②协作对象：在大型展览中更要跟协作单位做好沟通。如场地方、海关和"三检"，场地方是否允许提前让展品入馆和海关的开箱查验直接影响到展览的进程。还要跟治安、消防、公安的协作，共同保证展览如期、顺利、安全地进行；

③合作对象：包括机场、码头、车站和搭建商。跟搭建商搞好关系，协调好，以便现场运作顺利。而与机场、码头、车站合作好，即可按时顺利地完成装卸工作，使展品的进馆、回运等工作更加高效，更能节省成本。

3. 承运商的作用

承运商参与了同货运有关的以下活动：为客户选择最适合的运输方式；为客户选择最适当的承运人并签订运输合同；组织货物拼装；制备有关单证；协助客户达到有关法规和信用证的要求；代为清关；向用户提出包装建议；代办运输保险；代办仓储、分拨业务；对运输中的货物进行监管等。承运商的作用归纳：①组织协调；②专业服务；③沟通控制；④咨询顾问；⑤降低成本。

4. 展品运输的特殊性

展品运输业除了具备现代物流业的特点，还具以下特点：专业性、实效性、特殊性、完整性。

（1）专业性：展品运输业分为三个阶段，即展览的前期、中期和后期，每个阶段的工作内容和要求都不同，严格区别对待是做好"门对门"式展品运输服务的关键。

（2）时效性：展品运输业对时效性有着严格的要求，展品出错货物没按时到达或主承运商运作错误都会导致展品不能按时进入展馆，从而使参展毫无意义，展品运输过程是不可逆的。从收货、报关、报验，必须按流程进行。一个环节出错就会导致下一工作环节的失败。

（3）特殊性：展览有它的特殊性，展品运输的特殊性需执行国家政策所规定的"两免两禁"。

①"两免"：a）国外的展品进入国内免进口许可证；b）免交相应的税费。

②"两禁"：如若展品享受了上述的"两免"，就必须实行"两禁"。a）进入展馆的展品禁止拿到展馆外进行展览。b）严禁在展览现场零售展品。

（4）完整性：展品运输是个系统工程，它要求承运商提供"一览式"的服务。即从跟参展商联络、接货到最后的结算、承运、装卸、包装等一整套的服务，直至展览结束后将展品运出国。相对于其他领域的物流企业而言，展览承运商的职员需要做的更多，营销、组织、协调等都是必备的专业素养，同时现代展览中承运商的沟通能力也越来越被重视。

二、展品运输的运作

1. 展品运输的流程

(1) 货物承揽，即营销。展品运输行业是看货量的多少而不是看项目的多少，因此项目的承揽实际强调的是货物的承揽。只有货量大，才能提高经济效益。

(2) 境外接货。

(3) 海外委托代理。

(4) 运输。

(5) 报关报验。

(6) 卸货和就位。撤展时将展品按原样拆卸，装回包装箱内，经过海关查验，原物返回，销案。

以上是整个展品运输的大致流程。

2. 展品运输的阶段

以单个展览项目为一个周期，其展品运输主要分三个阶段：

(1) 展览前期：

① 联络参展商；

② 项目备案，向海关和"三检"备案。海关备案的材料：主办方的展览项目批件；主办方与承运商的合同；承运商出具给海关的保证函。"三检"备案每次报验都需要所有材料的原件；

③ 货量统计，申报时主要凭经验和规模去估计，精确的货量统计是在展品到达展馆之后，承运商将精确的货量统计后上报，便于安排人力、机力，并根据展品性质安排布展顺序和准备必要的起重、运输工具；

④ 报关；

⑤ 三检；

⑥ 提货，如遇展品较早到达，承运商需承担保管责任，届时再提货到展览现场。

(2) 展览中期。

以现场查验和进馆服务为主，及时与参展商沟通第一时间将参展商的要求传达到操作工人那里，按照操作程序将展品就位。展品就位的原则是先里后外，先难后易。同时要跟主办方协商运输通道。再者是进一步跟参展商沟通，做好回运的准备工作，做好回运登记，以便准备集装箱等工具。最后是做好撤展服务，与布展服务相反，即将展品拆卸回运。

(3) 展览后期。

展览后期有两项工作：一是尽快把货物回运，时间延长，仓储费用会使参展商的回运成本变高。回运时间的长短取决于参展商与运输公司的议价和船舶、航班的多少；二是项目结案，要去海关、"三检"等主管部门销案。

3.展品运输的流向

一般展品的流向分为三类：

(1)原进原出。国内参展商出口到国外的展品，展览结束后原样返回。

(2)自然损耗。纪念品、宣传手册类展品，金额较小，现场派发、赠送，作为礼品消耗掉。

(3)留购。展品出去在别国参展后，出于节省运输成本等原因，在展览结束后就地出售。

针对这三种展品运输的最终流向，在报关方面的要求也不相同。对于原进原出的展品，根据进出口的单证就可以到海关结案，或是办一个专门针对展览的展品单证——ATA(国际通用的海关文件)，它相当于货物的护照，有出境章、入境章，比较便捷，随时随地可以通过网络跟踪到货物的情况。ATA单证并非全球通用，需要成员国之间相互承认。

消耗性展品相当于永久性出口，作为一般贸易出口要做两套单证。如国内展品出境时办一般贸易单证，到办展国时就按该国要求做成参加展览的方式，根据参展的展品来报检，这样消耗是允许的。

留购的展品，如参展商决定就地出售，也是作为一般贸易出口，在展览过程中，交给该国的代理，做一个留购的手续，交了关税就可以留在那里了。

出口的单证主要包括报关单、商检通关单、专单发票、展品清单、报关报检委托书、卫生证或植检证书、原产地证等。还有一些其他的相关证书，针对特殊的展品，如小电器类出口到南非就需要电子检测证书。又如若展品到美国去参展，是用木制包装的，那就需要熏蒸证明，防止木包装内有害虫，美国方面担忧害虫对当地原始丛林造成破坏。

三、展品运输的计划

一份周密详细的运输计划和人员安排是确保展览顺利进行的关键，展品运输计划涉及展品运输各环节的工作内容和各个工作岗位的职责要求，承运商的项目团队在项目经理的带领下按照预先制定的计划分工合作。

按照国际展览的性质，展品运输计划又分为国际来展和国际出展两种，顾名思义一个是将展品从国外运到国内参展，另一个则是将展品从国内运到国外参展。

1.来展展品的运输计划

来展针对的参展商包括国外和国内的，承运商要负责的展品来自世界各地。

(1)国外参展商的展品运输

通常海关和商检希望只面对一家承运商，主办方需指定承运商，即主场运输商，负责进行展品的运输报关与商检，由其直接面对海关、商检，并且直接面对客户。由于海关只认可具有资质的承运商报关，主办方选择承运商时一定要审核其代理资质。参考海关商品编码的分类来准确地将展品清单归类，进口报关报检时就会方便很多。要注意有些展品可能还需特殊的进口单证。此外，参展商还需将其空运海运的提单提供给承运商，有了展品清单和提单以后，确认货物具体的到港时间，再去换提单和做进口的报关单，或是到商检去拉通关单，然后把进口报进来。

展品和一般贸易的主要区别就是查验。一般贸易进口时实行进口口岸出查验；而展品的海关政策是先放行，到展馆再现场查验。这是基于对展览时间要求较高，提高通关效率的考虑。展品的进口报关也比较简单，准备好单证后到海关商检报关、放行、提货。展览布展前两到三天，将所有展品送到展馆现场的参展商展位，进馆的手续基本上就完成了。

展览期间需跟参展商确认展品的处理方式，是回运、留购还是消耗，一般展览组织机构会安排一个贸易代理，由其负责留购的事项，留购相当于永久性进口，也就是一般贸易进口，它要具备进出口权资质的贸易公司来作为留购代理，由它来做一些海关方面单证的处理，从临时性进口转换成一般贸易出口，把永久性进口的手续办好，然后交关税、增值税，海关发了放行单后展品才可作为留购下来的展品，再交给参展商在国内的代理或他的买方。

展览结束后还需到海关商检去结案。每一件境外展品在结案时对它的去处都要有个着落。针对台商，虽然海关规定台湾是不算境外（香港是算境外），操作时也要做好进口报关的一套手续，展品清单、提单、报关单和境外的是一样的，区别在于展前主办方获得有关政府部门申请对台批文，承运商并将对台批文在商检、海关进行备案，台湾参展商到达后承运商在海关、商检做进口报关手续时将提高效率。考虑到台湾展品的特殊性，海关对其查验的要求也比较高，特别是宣传资料方面。为了清关的便捷，承运商可以让台湾参展商先寄一套样本过来，特别是宣传资料类的包括影像，事先拿到海关去审核，如有问题，建议参展商不要发货或者让其做好整改再发，避免参展商的损失。

（2）国内参展商的展品运输

展品因不涉及进出口报关的相应手续，操作就更简单。参展商把样品从当地托运到展览所在地、承运商作为货物的送货方，提货后在展览要求进馆的时间把展品送到摊位上去就完成了。展览结束后，再根据参展商要求把展品回运或是消耗掉。

2.出展展品的运输计划

参展商的展品参加境外展览，则展品须在开展前三周送达展览现场，因需办理一些清关方面的手续。按常规，运输代理会提供一个时间表，就是展品必须在什么时间内到达其指定的海港或空港。例如，我方展品在9月中旬要到南非的港口。就需先估算中间这段运输所需的时间，分别计算海路或空运的时间，再确认国内离境航班或船只的出发时间。若南非指定约翰内斯堡港口，就需考虑一个月的时间，根据上海离境的船期适当提前一两天的余量,在前一个星期内准备好所有展品的单证进行报关、装箱、上船。因此,在前三个星期就需向客户收集展品的具体信息,明确展品的总货量,包括重量、金额和体积数等,再安排定仓。根据货物的体积数预定集装箱。空运也是如此。国内货物上船后船坞公司会出提单,空运也有空运单,将准备好的提单和相关单证后用快捷方式交给对方,或事先发传真、Email 给对方确认,如有问题,国内承运商还可以及时更改。此外,要把船期(预计展品到达时间)也告诉对方,以便其根据船期和单证的要求到海关去报关等。

四、展品运输注意事项

1. 出展考虑的问题比来展多,如较难控制突发状况;而来展现场做的工作比较繁多,相对的实施控制则容易许多。出国参展的展品,国内承运商需派专人负责,在现场跟当地的货运代理沟通,提高协调效率。一般展品出境都要买保险,一旦意外发生,用于弥补经济损失。

2. 要经常及时地了解海关的政策。比如 2004 年纺织品出口没有限制,而 2005 年就需办一些证件或有配额限制了;2004 年出口到南非不用熏蒸证明,而 2005 年就需要了。

3. 运输时间的安排,特别是海运,本身路上时间就长,受气候制约因素较大,遇到恶劣天气就会影响展品的参展。事先需找不同的船务公司比较,找服务好、周转环节最少的公司。最关键是要确保船期以及展品安全、准时、快捷地到达目的地。因为不可抗力导致展品不能如期到港,船务公司有免责条款。

4. 针对来展,参展商在当地的打包、运输由参展商负责,展品到港口或码头后由承运商负责。组织车队将展品运到海关注册、备案并到相应保税仓库存储,到展览临开馆前,将展品运到展览现场进行拆包装,展览结束后再打包运到保税仓库,等待船期回运。

5. 有很多展品开展前以原进原出的形态报关,但展览完了就当样品处理了,严格意义而言这属一般贸易出口,为了便捷就统一办理一般贸易方式,若有回运,再作为退运回来。根据相关规定,在合理范围内展品是允许赠送的,超出规定金额需到海关办理留购手续。

6. 人员素质要求高。涉及境外展品和参展商,承运商服务人员在具备良好的交流、沟通和协调能力的同时,外语要达到一定水平,特别是要熟练掌握物流专业词汇。

第三节　展览安保工作

一、展览安保工作概述

展览活动通常由政府组织或展览组织机构在特定时间内,由不特定多数人参加的公共活动,相关的活动内容还包括公关事件、文艺活动、展览、展销等。随着社会经济的发展,国际间交往的扩大,展览活动与日俱增,规模也越来越大,安保工作也就显得十分重要。

大型展览活动具有以下特点:一是规模大。参加的人员少则数千人,多则上万;活动内容多,地点多且分布广,有时多个活动同时在不同的地点展开。二是规格高。大型展览活动一般会有地方党政领导参加,有时还有更高级别的国内外政要参加。消防安全、财务安全、人身安全、偷盗或破坏性活动防范都是展览成功的重要因素,由于治安形势的严峻,更要防范敌对势力利用人群高度聚集的场所制造枪击或爆炸事件,以此制造轰动效应,造成恶劣的社会和政治影响。三是变数快。展览活动事先公开,透明度很高,但为了安全起见,展览组织机构事先不可能把具体时间、活动内容向目标参与单位和人明确,尤其是涉及一定行政级别领导参加的活动不确定性更高,往往会根据实际情况调整或改变预定计划,这些都不同程度地增加了展览安全保卫工作的难度。

展览活动是一个系统工程,安保工作是其中的一个子系统,同时也是展览活动能否有序开展的重要保障。在实际工作中,安保部门应紧紧围绕展览活动的核心内容,制定相关的安保方案,确保主办方和参与者的安全。展览活动开始前安保部门应提前介入,主动向有关部门提供安全方面的建议或意见,积极探索展览活动中安保工作的规律,制定符合活动特点的安保方案,为展览活动的顺利举行提供安全保障。

二、展览活动安保工作原则

1.统一指挥原则

展览活动本身的复杂性决定安保工作必须实行统一指挥。在展览活动中,安全保卫工作涉及治安、交通、消防等多个相关部门的工作,是一项由多部门协同作战的系统工程。为防止出现各部门各行其是,令出多头,使一线人员无所适从的局面,展览开幕前须建立一个强有力的指挥系统,以保证各部门步调一致。将分散独立的力量凝聚成合力,保证指令快速准确地由决策层传达到基层单位,使各部门既能根据实际情况独立工作,又能相互配合,就必须构建严密、统一的指挥系统。统一指挥可以避免部门之间衔接不畅和混乱,确保安保工作有序开展。

2.分级负责原则

展览活动安保工作参与单位多,投入力量强,尤其是政府主导型展会,各级领导都十分重视,对于安保工作往往是多个安保部门或领导亲自负责,结果出现突发事件或安保问题时造成相互推诿的局面。因此,展览活动的安保工作需实行分层负责管理,一般情况下分为决策层、指挥层和实战层。决策层负责对安保工作实施领导决策;指挥层负责活动现场的决策指挥;实战层负责落实各项安保措施。各级指挥人员在服从上级指挥的同时,也是本级指挥的责任人,上级的指令通过下级指挥人员贯彻、落实,下级指挥员应认真履行自己的职责。实行分级负责,要给各级指挥人员相应的职责与权限。属于权限内的自己有权决定,权限之外的应向上级指挥人员请示。分级负责可以使各级领导明确责任,避免出现越级指挥、多头指挥的现象。

3.科学决策原则

所谓决策是确定目标以及达到目标的途径和手段。展览活动涉及面广,其安全保卫工作面临的问题多,要提高组织指挥的效能,必须注重决策的科学性。在决策过程中,首先要掌握全面、准确的信息,信息是决策的基础,只有掌握大量准确、全面的信息,并对其进行归纳、整理、比较、选择以及进行理性思考才能作出科学的决策。如果单靠组织指挥者的个人主观臆断,难以作出科学决策。其次注重对比择优,即把若干个决策方案分别进行评估,然后进行比较,从中选择最佳方案。从比较到决断是决策的关键,一个成功的决策必须建立在对多种方案对比优选的基础上,如果只有一个方案,无从对比,难以显示出决策的优势。再次注重吸收专家意见。科学的决策离不开专家意见,他们可以从不同的角度对所做决策进行分析评判。

4.灵活应变原则

展览活动安保工作不确定因素多,要确保活动的万无一失,必须对各项工作进行充分准备,从思想准备到安保与警务的保障,从安保部署到安全措施,从决策到制定各种方案,应考虑周全,做到人、财、物合理使用,既有安全保卫工作的总体方案,也有专项安保工作的实施方案。在充分准备的基础上,指挥人员要善于应变,做到审时度势、科学地预见情况发展态势,灵活地进行组织指挥;在具体安保工作中需根据变化的情况,适时调整安保部署。

三、展览活动安保工作内容

1.制订安保方案

安保方案是安保工作的具体计划和设想,是部署安保工作、明确各自职责的依据,是统一部署、精心组织、严密措施的重要手段。通常情况在制定安保方案时应考虑以下环节:分析预测、制定方案、方案评估。

（1）分析预测。在安保方案制定前，需对展览活动以及所处的环境进行分析预测，其内容包括展览活动的性质、规模、活动场所的地理环境以及当前的社会治安状况等。通过分析应解决以下问题：一是发生危险的可能性或现实性，二是危险的类型以及可能的危险行为，三是可能造成的危害程度。

（2）制定方案。制定方案即在预测的基础上，对目标进行具体描述。其内容一般包括指导思想、组织领导和指挥，安保部署、应急力量、器材装备及应急突发事件处置等环节。方案可以采用文字的形式予以表述，也可以用图表的形式进行描述，安保工作方案应用图表可达到形象、直观的效果。

（3）方案评估。方案评估也称为方案的可行性分析，重点考虑以下问题：一是方案的法律可行性即制定的方案是否在法律允许的范围内，如果不具备实施的法律依据，其方案是不可取的；二是成本分析，实施该方案成本有多大；三是可行性分析，分析该方案是否具备实施条件及其可操作性。方案评估的目的是对方案本身进行全面、客观的评价，然后得出肯定或否定的结论。通过方案评估，对发现其存在的缺陷进行完善是制定方案的最后环节，也是不可缺少的环节。

2.科学部署安保力量

安保部署是在展览活动安保工作中围绕具体安保任务在人员编组、岗位分工、行动计划以及措施准备等方面的安排和布置。科学部署安保力量是落实各项安保措施的先决条件，在具体工作中应本着全面部署、重点加强、留有机动的原则，既不浪费人力，又能发挥效能。

（1）安保部署的基本思路——以空间换时间。"以空间换时间"作为展览活动安保部署的基本思路，近年来受到国内外相关机构的重视。展览活动参与人数多，不确定因素多，可能发生的问题也多。因此在安保工作中，为了实现快速反应效能，往往采取"近战"的方法，即把安保人员直接部署在活动现场，达到缩短现场响应时间的目的，以此实现"以空间换时间"的战略方针。

（2）安保部署的基本依据——安保人员密度设计。在展览活动安保工作中，部署多少安保人员，如何实现任意一个点的反应时间不超过规定时间，涉及安保人员密度问题。所谓安保人员密度是在单位长度或单位面积内安保点的配置数量，简言之，就是安保配置的疏密程度。从可操作性角度看，其核心是设计出各安保点之间的距离。展览活动现场安保配置疏密往往取决于以下因素：展览活动的性质（开幕式、商贸活动、公关活动等）；展览活动的规模、规格、现场周围道路交通状况以及治安环境等。如果展览的规模大、规格高、党政要人参加或活动对抗性强、活动现场的道路及治安状况差，其安保与警力的部署密度应大，反之，安保部署密度小。另外，在安保部署时必须掌握一定数量的机动安保人员，随时调配使用，这一点在展览活动安保工作中尤为重要。

（3）安保部署的基本方式——动与静、点与面、公开与秘密相结合。部署安保人员是展览活动安保工作的核心。一般情况下,展览活动现场安保人员的部署应做到动静结合、点面结合及公秘结合。动静结合即移动安保人员与固定安保人员相结合,通常情况下活动现场的外围及人员流动性较大的展览、展销会会场内应当部署适量的移动安保人员进行疏导或巡查;对于展览活动外围设置的治安卡点、大型活动现场等应当部署当地固定警力,警力的排列可以是"田"字型或"米"字型,其目的是便于观察现场情况,尤其是发生突发事件时,利于形成隔离带,快速处置。点面结合是既要考虑重点部位又要考虑全部的活动现场。对于重点部位,安保人员密度要大,以确保安全;对于活动中心现场或重点部位,应注意着装安保人员或警力与便衣警力相结合,着装安保人员和警力可以产生威慑力,但不宜过多,以体现内紧外松的原则。

3. 注重内外协调

展览活动是一项具有高度组织协调性的工作,涉及人员多、部门多、单位多。就安保工作而言,协调好各方关系是做好各项工作的基础。安保工作协调主要包括内部协调与外部协调。内部协调是指安保部门与各警种之间的协调上,如交通、警卫、治安、消防、通信等部门之间的协调。各业务部门往往从自身的角度出发开展工作,难免部门之间发生冲突。因此,在布置安保任务时,可以召开协调会,介绍安保工作的有关情况,认真听取各方的意见或建议,使部门之间能从大局出发,做好工作之间的衔接与配合。外部协调主要体现在安保部门与其他部门之间的协调上,如与主办单位、行政接待部门、新闻宣传部门等之间的协调。如主办单位出于本身工作的考虑,在准备工作中往往注重场面大、规格高、气氛浓,许多活动可能与安保工作的要求产生冲突,为此,安保部门不能简单地予以否定,而应注意工作的方式方法,通过主动的工作协调双方的关系。一是可以超前介入,积极参与,争取尽早介入活动的筹备工作,参与整个活动方案的制定。根据活动内容、规格、提出安保工作的要求,供主办单位参考;二是在保证安全的前提下,尽量为主办单位的工作创造有利的条件,提供方便,不过多限制。

4. 突出实战演练

安保方案制订以后,组织指挥部门应当根据已定的方案进行演练,通过演练加强参战部门之间的磨合。展览活动安保工作中,执勤范围广,涉及部门多,往往是多部门临时合成,如果不组织演练,难以有效地配合;通过演练使所有参与人员了解方案的程序和要求,使方案成为安保活动的行动纲领;通过演练还可以发现方案中存在的缺陷与不足,进一步改进与完善方案。演练结束后应对不同层次的指挥人员分别进行评估,以提高指挥和响应能力。

四、组织指挥应注意的环节

1.组织指挥的权威性

（1）权威性实现的条件——"岗位权力"的认同。展览活动中，一旦发生突发事件，现场安保工作的指挥者需要有一个良好的决策环境，即能拿到"尚方宝剑"，得到指挥授权，他们所享有的这种权力且称之为"岗位权力"。对各级指挥者"岗位权力"的授予往往与本人行政职务无关，此时现场指挥者的权力已不是他的"岗位权力"而是上级授予的"岗位权力"；同样上级任命的现场指挥官，因此其指挥的权威性不可质疑。指挥者是否具有权威性，关键是能否获得"岗位权力"，这种权力是否具有制度保障并能够得到认同是确立指挥者是否具有权威性的重要标志。

（2）权威性实现的途径——非程序化决策。展览活动安保工作的特点，决定了指挥机构必须具有权威性。实现指挥机构的权威性，非程序化的决策模式发挥重要作用。所谓非程序化决策即现场指挥人员对决策程序中的步骤进行简化，根据现场实际情况进行决策并做出指令。在展览活动安保工作中，尤其是发生突发事件时，非程序化决策减少了决策环节，缩短了决策时间，提高了决策效率，从而体现出现场指挥人员的权威。

总之，指挥人员缺乏权威性，展览活动安保工作就无法顺利实施。需要注意的是由于组织指挥者具有很强的权威性，在下达命令时，一定要注意正确性和准确性，不可不顾实际情况随意发布指示，造成工作上的混乱。

2.组织指挥的果断性

安保工作的果断性其实质是展览活动中的风险性要求指挥人员的决策必须及时果断，关键时刻能够转险为夷。指挥人员一定要科学分析各种可能面临的不安全因素，准确作出决策。在展览活动安保工作中，情况的多变性和指挥的时效性都不允许过多考虑，因此指挥人员要善于随机应变，果断指挥。指挥者在指挥中能否做到果断，取决于两方面因素：一是指挥者要掌握全面准确的信息。展览活动安保工作信息渠道是否畅通，传递是否迅速，内容是否全面、准确，直接影响到决策的成败。在展览安保工作的实践中，由于信息不灵不畅而导致指挥不当的情况时有发生。因此，正确果断地指挥必须以高质量的信息为支撑。二是指挥者必须具备较强的观察、分析、判断能力和良好的心理素质。展览活动中，指挥者面对纷繁复杂的情况，能否做出正确果断的指挥，需要指挥者具有敏锐的观察力和分析判断力以及良好的心理素质，关键时刻能够沉着、冷静。对于活动过程中出现的一般性突发事件，在不影响整个活动的情况下，现场指挥者应果断决策，快速处理，把事件控制在最小范围内，影响降低到最小程度。

3.减少指挥层级

展览活动安保工作往往是分层次进行指挥，通常情况下，分为总指挥和部门指挥。总指挥统筹规划,从宏观上进行全面控制或掌握情况;部门指挥又称具体指挥,根据总指挥的统一部署或指令,结合具体实际进行实施性指挥。在展览活动中,指挥一般是按层级进行,不得越级指挥,避免发生指挥混乱。但从实战来看,展览活动安保工作应尽量减少指挥层,其原因在于展览活动安保工作往往是多部门协同作战,设置的指挥层越多,越容易造成责任的泛化或缺位,在责任上产生相互依赖心理,结果可能出现指挥责任的真空地带。

第四节 展览现场管理

现场管理是展览组织管理中非常重要的内容。一个展览项目是否成功,从某种意义上说取决于该展览项目现场管理是否科学有效。

一、开幕式管理

开幕式是展览的重要仪式,也是重要的展览公关工作之一。举办开幕式的主要目的是制造气氛、扩大影响。开幕式常常结合新闻造势工作,以期产生更大的宣传和公关效果。

1.开幕式邀请

开幕式邀请范围:政府官员、工商名流、新闻界人士、外交使节、公司负责人等。被邀请的人物本身具有一定影响力,具有很大的宣传价值。展览组织机构借助其影响,加强展览品牌宣传,提高展览的知名度,扩大影响面,吸引更多的观众参观展览;同时这些嘉宾有一定的购买决定权和建议权,对展览的贸易效果有着直接的或者间接的重要影响。

2.开幕式时间安排

通常开幕式被安排在展览的首日举行,但是也可以安排在其他时间。比如,有些展览邀请国家或地区的最高领导人出席开幕式,就需根据领导人的时间安排开幕式。如果是面对普通观众开放的展览会,开幕式可以安排在周末或节假日举行;若是贸易展览会,则宜安排在工作日里举行。

3.开幕式筹备工作

开幕式的程序是由主持人宣布开幕式开始,主宾按顺序发言致辞、剪彩和参观展览。较隆重的开幕式还会安排演出或施放礼花。开幕式台上的活动并不很复杂,但筹备工作却比较烦琐。开幕式要尽早做筹备,重要人物时间都安排得很紧,如果不早约定,请到重要人物的变数很大。

(1)首先要确定人员、事项、时间、预算等管理方面的因素以及开幕式的时间、地点、规模、程序等基本事项。人员包括后台的筹备人员和前台的主持人、发言人、剪彩人等。内部人员尽早指定,外部人员尽早协商确定。内部人员落实后就要分配任务,外部人员落实后就要商量发言稿并告之活动细节。如果所选择的场地需要预约租用,就要尽早联系、协商、确定。时间地点确定后,其他筹备工作才能开展。

（2）筹备工作的一项重要任务是邀请出席人。首先拟定邀请范围和名单,编印请柬,安排寄发。根据需要和条件,要先了解邀请的出席率,统计寄发数量;控制好寄发邀请函的时间,对于重要的邀请对象,在寄发请柬后用电话或其他方式再次邀请确认。应提醒被邀请对象提前准备好发言稿,以便有时间互相交换阅读、修改、打印。发言稿宜短不宜长,避免套话、废话。

（3）布置开幕式会场。应提前安排书写横幅,在用词、尺寸、颜色等方面都要考虑周到并交待清楚。主席台的座次需要事先确定,并在座椅上做记号,以防坐错。视当地习惯和条件确定是否提供饮料。现场设备不仅有扩音设备,而且还包括照明设备、空调设备等,要安排人员负责控制。如果放背景音乐或其他录音,则要事先准备好磁带并向设备控制人交待好。

（4）开幕式人员接待,需考虑提供给重要人物休息室,尤其是主席台上的人物,等重要人物在休息室集齐后一起上台。将重要人物的姓名事先告知签到处,这些人物到达后应立即引进休息室;签到处收到的名片是非常有价值的资料,需指定专人负责收集、整理、分类、保存。接受邀请参加开幕式的人或多或少对展览有兴趣,他们不仅有公关、宣传价值,也有贸易价值。可以考虑安排后续跟进工作,巩固发展联系,促进实质性的贸易。

（5）开幕式人员附带活动。开幕式内容还包括参观展位。应事先安排好参观路线,计算好时间。应对参观过程引路、解说、陪同等人员提前安排。重要人物应有人陪同,不要冷落谁。如果开幕式后是招待会,要将重要人物引到招待会会场。开幕式活动应当提前通知新闻媒体,并安排好摄影报道人员。开幕式的效果在很大程度上依赖于新闻报道,从某方面看,举办开幕式就是给媒体提供报道素材。此外,根据当地规定通知有关部门安排好停车、引导、保卫、消防等事项。

二、注册入场与现场管理

展览注册工作是由迎接与会人员、现场运作、安排工作人员、现场现金管理等组成。这项工作需要效率、热情和及时。第一印象十分重要,前来出席展览的参展商、观众与嘉宾都有各自的日程,每个人都希望得到热情周到的服务,迎候与会者并协助进行注册是展览服务质量的重要体现。展览邀请函发出之日起,受邀住宿就会提出需要协助、确认、指点、引导等各种帮助。

1.注册表

展览注册有两种方式,一是网络注册或称为（预注册）,二是现场注册,注册表能反映与会人员的姓名、公司或者单位、职位、联系方式等。展览组织机构或目标客户要想搜集到充足的资料和信息,最简单的办法就是察看展览注册表。与会人员无论是被邀请的还是自行参加的,所有信息都会以注册表形式输入数据库,并由专门机构管理。展览组织机构需对注册表填写的信息加以整理,保存在计算机的数据库中,统计参加展览的人数,通过直邮、电子邮件、互联网、传真等方式对需预订房间、安排座次以及安排餐饮的服务做出安排。同时也可以对将要前来参展的人员,依此印制代表证或列出财务清单。

参展商的注册通常是单独登记的,并需记录其他内容,如分配的展位号、展位费、派往展位的公司代表人数、参展代表的姓名和职务、联系方式等。除了要对一般的与会人员、参展人员和演讲人员进行登记以外,还需详细记录贵宾、嘉宾、赞助方、新闻界人员等相关参展信息。根据收集到的信息进行分类,制作参展证件、住房清单、出席人员清单和展位分配等工作。

2.注册资料处理

将输入计算机数据库的注册资料进行统计与分类。涉及预收款项,需进行记录和标注,特别要注明使用支票、信用卡或现金等支付方式。经处理过的注册信息需印制一份报告,附在注册表复印件后,以便对收到的支付凭证加以识别和记录,确保记录完整有序。不同的展览组织机构预付款制度有所差异。需保持每条注册记录与报告完全一致,正确的信息和数据会为管理带来方便,而不系统或零乱的数据、不一致的信息记录会为管理带来很多的麻烦。

3.现场后勤管理

(1)注册组

现场注册的工作人员应事先经过培训并熟悉后勤和注册工作。每位工作人员都应配备与该展览场馆有关的方位图。整个展览期间,关键人员还应配置相关通信工具以便及时沟通和随时到位。提供现场工作人员的工作指南和行为规范应包括:展览活动日程表;活动的场次;工作人员责职分配;场馆位置图如电话间、洗手间等。现场工作人员的工作建议如下:

①选择合适人员参加接待或注册工作员,注册员需有外向、乐于助人的性格。

②注册员应热爱这份工作并愿意在任何场合下保持微笑待人,坚信顾客永远都是对的。

③现场工作人员需穿着职业装,穿着舒适的鞋子以适合工作的强度。

④注册地点要备有充足的展览介绍、地图和相关资料,方便每位前来注册的与会者。

⑤选派一名调停人员专职处理有争议性的问题。

⑥对现场人员进行培训,确定各自的职责范围。

⑦工作人员应人手一份急用电话号码,号码包含出租车公司和展览相关部门联系的电话。

⑧设置工作人员休息室,安排一名联络人员,负责会场外与会场内人员的联络工作。

⑨如果启用志愿工作者,需配备应急与备选人选。

(2)指示牌

展览现场应设置清晰明确的指示系统,以保证与会人员能毫不费力地找到展览注册地点。

(3)注册地点

注册地点必须有清楚的工作分流,以便与会人员一到达便知道到哪张桌子去注册。注册地点的标记应该至少高出地面2米,方便人群清晰地看到该标记。大型展览活动应安排两名工作人员在入口处引导与接待。简单问候以后,接待人员将与会者引入正确的地点。如果场地允许的话,可以安排不同的地点注册参展商和观众信息。

(4)配备注册处人员

配备注册处工作人员时,必须考虑注册高峰期,以及考虑高峰期前、期间和之后各需要多少工作人员等情况。注册高峰期工作人员基本是以1∶75~1∶100的比例配备。如果展览已举办过多届,最好参照以往展览历史记录和资料。如果是第一届展览,那么就需以谨慎态度行事。

4.现场注册的礼仪

现场注册的工作人员应接受礼仪培训,接待工作中应该做到:

①乐于解答问题;

②做好解决问题的准备;

③涉及付费事宜应该做好相应的记录;

④遇到不能处理的问题,需咨询调停人员;

⑤遵守着装要求;

⑥尽量少带私人物品;

⑦出现紧急情况时,要有救助意识;

⑧记住应急电话;

⑨随时充当向导;

⑩微笑服务。

现场注册的工作人员应提高服务品质,坚决杜绝有损组织形象的事:

①工作时间在注册处私聊;

②对来注册的与会者、参展者或主办地评头论足;

③在注册处桌上放置食品或饮料;

④嚼口香糖、说粗话或开玩笑;

⑤坐着同客人讲话,不起身面带微笑地迎接与会者。

5.标识(证件)、餐券和收据

(1)标识(证件)。展览活动注册时有两种常用的标识,一是粘着性材料的标识,二是塑胶套的标识。大型展览基本通用的是塑胶套型标识。大部分标识有标准尺寸,现在基本都采用计算机报名系统中的程序软件制作标识,因此,需要注意打印尺寸是否适合塑胶套尺寸。

(2)餐券。为了方便会计作业,出售餐券前应先编号。一种以上餐券需用不同的颜色区分。并印有日期、时间、地点等。

(3)收据。大部分现场报名者都会索取收据。收据的格式要简单,印好金额,只需在栏位或方格中选择支票、汇票或信用卡等付款方式即可,签字或印章也可事先盖妥。

6.现场计算机设备管理

展览活动都需使用大量计算机来处理资料和完成相关工作。展览组织机构需深入了解设备性能,确定具有性价比的计算机硬件与软件系统。

(1)计算机硬件

展览组织机构对计算机硬件选型基本有以下三种方式:

①将工作需求与专业人士沟通,由有资质的电脑公司做计算机系统规划;

②由赞助厂商赞助计算机硬件设备;

③由承包商签约委托处理计算机作业,由展览组织机构相关部门指导作业。

第一种方式需进行设备和程序的投资,软件费用通常会高于硬件,适合大型展览项目;第二种方式硬件由赞助商提供,主办者根据需求投资软件;第三种方式委托第三方节省可观的费用。

(2)会务分析

展览记录应由计算机数据库系统进行登记与保存。主办单位可利用数据库信息对注册者兴趣、职位和地区等,以及前几届展览信息进行多种用途的对比分析,有利于正确决策。

7.现场服务中心

在展览期间提供现场服务中心是十分必要的。中心通常由指定工作人员负责,提供展览的基本资料信息与相关的现场服务。中心设置的基本要求:将服务柜台安置于场馆的中央区域;留有足够的空间放置留言板等;配置服务电话,提供留言服务,准备充足的文具用品如笔、纸、电话本、以及当地酒店、餐厅、地图和购物指南等资料。

三、展位工作现场管理

展位工作被认为是展览中最重要的部分。参展商是展位管理工作的主要实施者,内容:展位接待、展位推销、贸易洽谈、情况记录以及市场调研等。展览开幕前的展位布置以及展览闭幕后的展品处理等工作也属此阶段工作。展位管理工作既重要,也有一定难度,因此,展位工作效率和效果有赖于展位工作人员的管理知识、水平和技巧等,对展位工作人员要高标准、严要求。

1. 展位工作

(1)展位接待。客户接待工作是展位关键性的工作之一。接待工作的主要内容是发现新客户并与之建立联系,保持和巩固与老客户的联系。接待对象可以分为重要客户、现有客户、潜在客户、普通观众等。建议在观众人少的时间段接待预约客户,减少会谈时的干扰,同时也避免失去接待其他客户的机会。

①不论是现有的或潜在的重要客户都可先列出名单,事先告知展位人员,如有重要客户前来参观,需给予特别的接待。

②维持好现有客户的关系,但也不要因此而耽误接触新客户,接待可安排在空闲时间段。

③展位最重要的工作之一是接待潜在客户,这也是展览的最大优势和价值所在。

④没有贸易价值的普通观众一般虽不需安排太多时间和精力接待,但千万不能冷落他们,对普通观众的询问仍然要热情而简要地解答,因为他们很有可能是具有成长性的目标客户。

(2)贸易洽谈。与接待工作紧密相联的是贸易洽谈工作,营销产品或服务,营销公司形象,这是展位关键性工作,有效的营推会使潜在客户对参展商产生信任,对展出的产品、服务发生兴趣,并形成购买意向或决定。参展商要积极地争取与现有客户签订新的贸易合同。但对新客户的大宗买卖以及投资项目要谨慎,需通过调查与评估之后才能做出贸易决策,不宜当场签约。展览的核心贸易功能是建立新的关系,营销工作的具体成果将表现为贸易合同的签约。

(3)记录。展位记录的范围很广,因记录对展览评估和展览后续工作都很重要。记录主要跟踪的是接待和洽谈工作。不少参展商无法判断展出效果或无法取得理想的展出效果,往往是因为忽视了完善的接待、洽谈记录工作,因而无法评估或有效地开展后续工作,记录方式有多种,常见的有收集名片、登记簿、记录表格、电子记录设备等。收集名片与观众登记簿是最简便的记录方式,但缺点是内容有限,只有参观者的姓名、公司名称、地址等。没有接待交流情况、展位人员的评语以及跟进工作建议等。

展位人员做记录时,要争取尽可能准确,内容除了参观者的姓名、地址之外,还可以有参观者的背景、兴趣和要求,展位人员的判断、评语以及后续工作的建议等。准确的记录有助于后续工作的针对性和效率。展位接待和洽谈记录要适时统计,内容包括观众接待数、观众来源、询问内容、合同洽谈数量和金额等。统计结果是每天展后展览的内容之一,展览闭幕后,还需做复杂的统计、分析工作:根据记录建立或更新客户档案,选编新的展商或观众邀请名单;分析宣传、广告、公关的效率并找出改进的方向;统计后续工作建议,分轻重缓急安排处理等。

(4)调研。贸易展览不仅是贸易交流的场所,也是理想的调查研究场所。展览上做调研既省时又省费用。调研范围主要是市场、趋势、产品、竞争、需求等。调研工作可以委托专业公司做,也可自己实施。专业调研公司的工作质量高,但是其产品的专业度方面有可能欠缺。此外,有经费预算方面的因素。

展览期间的研讨会是了解市场和行业发展趋势的好机会,在研讨会上可以寻找发现重要的潜在客户,还可通过新闻报道、贸易刊物、官方报告等了解综合性和宏观性方面的资讯。现场调研的途径和方式有多种,可以针对观众做调研。了解其对产品和服务的需求以及对市场和发展趋势的看法等。也可针对竞争对手做调研,收集资料、询问情况,了解竞争对手的展示手段、销售方式、宣传方式、新产品、新技术、产品质量、价格、包装、性能等方面的情况。但需注意在展览期间进行的市场调研工作必须在法律允许的范围内进行。

(5)操作示范。展览上操作演示的展品容易引起观众的兴趣和认同,能使客户全面了解产品的性能并做出购买决策。因而,展位工作中考虑操作示范会增强展示效果。操作示范需在事先反复检查产品,确保演示时万无一失。演示环节中的任何事故不仅会带来难堪,更有损参展企业形象,直接会导致生意流失。若有主办单位有规定,演示还需征得展览组织机构的同意方可安排。演示安排要适当,要控制好音响设备的音量及其他相关音像器材,以不影响周围展位为限。

(6)展位资料。展位资料管理使用得当可以有效地发挥宣传、推销作用。资料内容包括:公司介绍、产品目录、产品说明、服务说明、价格单、展位人员名片等。管理工作主要包括控制散发数量和对象等。目标观众资料散发分为两类:一是给每一个观众简单的、低成本资料,如单页和折页资料;二是给专业观众成套或较高成本的资料。据美国有关专家统计,50%的参观者将所收集到的资料留在餐馆的饭桌上、汽车座椅上或废纸篓里,即使拿到了办公室也是放在资料堆里。因此,要将贵重资料精准锁定于实际需求者。

(7)现场销售。有些参展商租用小面积的标准展位作为直接销售的场所,展位内堆满产品,并利用展位前的过道直接向观众销售。这种做法严重扰乱了展览现场的秩序,因此展位零售需要事先获得展览组织机构的同意,在展会期间进行合适的安排。一般来说,贸易展览通常禁止现场零售,贸易展览是提供贸易的场所,参展商应集中精力捕捉潜在客户和贸易机会。但面向大量普通参观者开放的消费品展览可能允许零售,但是也需要办理相应的手续并遵守相应的管理规定。

2.展位人员

要实现展览的目标、建立参展商的形象,仅有好的展位设计和展位布置还不够,还需要展位人员恰当的行为和举止。需对展位人员提出相应的要求和标准。

展位人员必须保持良好的工作和精神状态,站立服务。工作期间,展位工作人员应该做到展位上不聚会、聊天、餐饮、抽烟、阅读报刊等行为。展位人员的穿着能影响参展商的形象,因此,统一着装将会产生较好的展示效果。

展位人员可在授权范围内尽量深入交谈,介绍企业、推销产品,引导和激发客户的购买兴趣;争取签约或取得阶段性结果;详细记录接待、推销、洽谈的情况。展览时间,展位不能处在无人值守状况,无人看守意味着丢失贸易机会。展位人员要保持良好的精神状态,即便是参观者稀少或感到疲劳时也不能松懈,因为有经验的或重要的商人通常在人少时参观展览。要有礼貌、平等地对待每一个参观者,保持同一的态度,在资料散发和赠送纪念品时更要注意这些细节。

3. 展位环境

展位环境有双重功能:对观众而言,展位毕竟是参展商形象;对展位人员而言,展位是工作场所。展位环境主要是指展位清洁、展位安全以及展位保卫等。

(1)展位清洁。展位整齐、干净的状态对参展商形象的塑造具有积极的作用。因此,展位设计时就须加以考虑,要设计充足的储存空间以及展品、模型、图文等合适的位置。展出期间,观众喜欢触摸展品,要及时清洁观众留下的脏手印或其他痕迹。展位上不应有乱放的资料,尤其是可能阻碍人行动的物品。保持展位地面和墙面的干净,随时拣走地上的纸片、空杯或其他物品。参展商也可以雇佣专业清洁工或指定展位人员负责展位的清扫。

(2)展位安全。一般来说,展览的人流越多安全隐患越大。展览的安全隐患包括火灾以及其他可能的危害等。参展商必须认真阅读展览主办方提供的系列安全规定并按规定办事。如:须使用经防火处理的展架展板;须采用符合国家标准的照明设备和材料;须由展览主办方指定的工作人员连接电源。对双层式展架,展览组织机构的要求也很严格。

为展位安全起见,参展商要选择使用符合规定的展架道具,在施工搭建时,要速度与质量并进,确保展架道具安装坚固;展出期间,需安排专人负责检查展架、设备状况,随时维护修理展架、设备,观众多的时候,每天闭馆时,需指定专人检查展位、关闭电源;根据消防要求,展位要按规定配备灭火器;展位安全不仅为了防止事故发生,也是为了保持展位和设备的正常工作。

(3)展位保卫。展览期间失窃时有发生,保卫工作也应当被列为展位工作内容之一。展位保卫主要在两方面:一是防止展品被盗,二是防止展位记录及其他秘密资料或情报被非法窃取或合法地套取。封闭式展位是应对失窃的办法之一。可以使用主办方提供的保险箱或在闭馆后即时撤走。太过贵重的展品需投保或考虑雇佣专业警卫。展览是合法和非法收集情报的地方,竞争对手或工业间谍会采用合法的或不合法的手段收集信息,尤其是商业机密。对此,展位人员应保持必要的戒备,不要为吸引更多的潜在客户而泄露公司秘密。

四、展览安全管理

展览现场会出现突发事件,应对突发事件将考验展览组织机构的整体管理与组织效率,展览组织机构在危机和紧急事件中要扮演领导角色,要表现出足够的冷静与魄力。最好能列举可能发生的紧急事件,按事先设定的措施来处理,以防措手不及。

1. 紧急医疗

最有可能发生的是紧急伤病事件,参加展览的人比其他人更容易受伤或生病,心脏疾病、中风和其他危害生命的病是发生频率最高的病例。展览组织机构应通过当地有关部门或机构建立紧急医疗救护系统,在展览现场安排医护人员,并与当地医院联络,一旦有紧急病人即可安排救护并送医院急救。饮食卫生与环境卫生也是一项挑战,展览场馆的环境卫生一般问题不多,而餐饮卫生则要复杂些,要谨慎选择餐饮合作对象。因食物不洁而造成人员腹泻或食物中毒事件将对主办城市、主办单位的形象带来无法估量的损失。

2. 消防工作

展览组织机构有义务向参展商与观众提供预防火灾方面的资料,并有责任张贴逃生步骤及紧急逃生出口示意图。有很多展览主办单位印刷了防火手册,连同资料袋一起提供给与会者。场地检查时,要重点检查其安全设施的配备和完好情况,比如自动灭火系统,灭火设备是否完好有效,安全出口是否通畅等。有些设施虽然未必在展览中用到,但展览组织机构决不可抱有侥幸心理。展览组织过程应以防患于未然为主。

第五节　展览危机管理

危机是使一个组织的运营、生存、发展、生机受到不良影响和严重影响的非常状态。危机无处不在,许多展览组织机构对"非典"、"骗展"、"展商投诉"、"亏损"、"破产"、"商业窃密"和"新闻曝光"等现象不陌生。事实上,这就是展览活动过程所面临的危机现象。危机管理对于展览企业的健康发展起到举足轻重的作用。危机管理如同品牌管理、企业战略、营销策略一样,是展览企业生存的重要生态环境。

一、展览危机的特点和类型

1. 危机的定义

危机的定义有很多,被广泛认可的危机定义是:危机是指干扰事和物自然流程的任何事件,而且相对应的组织和个人如果对其缺乏及时的认识和正确的处理,必将会对组织和个人造成一定的危害。简言之,就是打破了平衡,中断了正常运转。

根据以上定义,危机的基本内涵可界定为:各种紧急的、意外发生的、对人员、组织和其他资源有重大损害或潜在重大损害的突发事件。

2.危机的特点

(1)突发性。突发性具有两重含义,一是指企业遭受外部环境突然出现的变化和内部因素长期积累到一定程度而爆发形成的危机。因平时人们对这些因素的细微变化熟视无睹,所以感到突然。二是指危机爆发的征兆和诱因是人们在感官和知觉上难以企及的。从人们能够感觉到爆发所延续的时间很短,但破坏性很大,使得管理者措手不及而蒙受重大损失。如展览中人员意外伤害这种最常见的突发事件,这种事件往往由于搭建施工中的隐患或当事人疏忽安全所导致,也是展览会最不容易防范的突发事件。

(2)危害性。危机的危害性是指危机事件会对人员、组织和其他资源造成各种各样直接和间接的损害。危机越是严重,其危害范围和破坏力就越大,所造成的损失也就越惨重。

这种危机体现在对社会和个人心理方面的破坏性冲击,如"9·11"事件对美国展览业的影响至今尚未完全消除,在随后的两年时间中,美国的许多商业性展览效果都大不如前,人们出于尚未平息的恐惧感而不去旅行,展览的参观人数也锐减。美国最大的展览会之一Comdex 2002年的观众人数从25万减到了15万,危机所带来的影响由此可见一斑。

(3)紧迫性。危机的发生尽管存在预兆,但由于危机的发生通常出乎社会秩序或人们的心理惯性运行轨道,因此,危机事实上具有一定的不可预见性。危机一旦发生,便要求决策者在有限的时间内采取处理行动,要求企业对危机做出快速反应和处置,任何犹豫和延迟都会给企业带来更大的损失,体现出危机的紧迫性。有些企业由于危机事件可能一夜间走向困境甚至破产。

(4)普遍性。企业在营运过程中,必然会面临危机,危机普遍存在于企业成长的始终。"只有不做事的人和企业,才可能永远不犯错误",美国著名咨询顾问史蒂文·芬克说:"企业经营者应该深刻认识到,危机就像死亡和纳税一样难以避免,必须为危机做好计划,充分准备,才能与命运周旋。"任何企业都不可能永远存在、永远正确,这是企业发展的规律。企业在经营和发展过程中遇到危机是一种正常和普遍的现象。

(5)双重性。是指企业面临的危机会给企业带来损失,但同时也有可能给企业带来某种机会和收益,即危机中孕育着机遇。汉语"危机"这个词语蕴含着"危机"和"机遇"两层意思。危机的双重性特征,意味着我们对待危机不应该仅仅是消极地回避,更要敢于面对危机,善于利用危机。

3.展览危机的特点

由于展览的特殊性,展览危机除具有上述危机的一般特征外,往往还具有如下特点。

(1)敏感性强、易受多种因素影响

展览是一项较为复杂的系统工程,往往由场馆方、主办方、承办方、协办方、搭建商、运输商、参展商、专业观众、一般观众、公安、消防、餐饮、广告等许多相互独立而又相互依赖的部门组成。因此,筹办和举办展览过程中遭遇危机的机率就更大,一旦某个环节出现问题,就会影响展览的顺利进行。换言说,展览项目的敏感性高,脆弱性强,更易出现危机事件。

例如,2003年的非典给北京展览业造成了巨大损失,北京最大的展览中心取消了23个展览会,占到全年总数的45%;北京展览馆取消18个,占全年的60%;北京农展馆取消20多个,占全年数量近一半。由于非典的影响,原定四五月份举行的展览活动,都没有达到展前所预计的参展人数,甚至部分参展商临时取消参展计划,给当年的展览业造成了极大的经济损失。由此可见,展览活动具有很强的敏感性,极易受到影响,其风险明显高于其他行业。

(2)扩展性强,社会影响面广

相比其他企业活动,展览项目的参与人数较多,群体人员的风险相比单个人员的风险度高,如展览王国——德国,每年举办大型国际贸易展览会130多个,观众逾千万。小型展览的观众也要达几百人,大型的则高达几万甚至几十万,这么多的参展人数对组展企业来说,是一个极大的挑战。因为,人群具有较强的流动性,极大地增加了管理难度和风险,稍有不慎,就会产生危机。

另一方面,由于展览项目的规模和社会影响力大,媒体关注度高,在展览举办过程中,有大量媒体采访或报导,展览现场信息以极快速度传播。因此,危机事件对公众会产生较大的负面影响。此外,展览对于相关产业具有较大的拉动作用,展览危机的产生也不可避免地会波及这些相关产业,进而演变成"蝴蝶效应",对社会形成较大的负面影响,使行业和企业蒙受巨大损失。

(3)时间性强,回旋余地小

展览活动周期较短,大多在2~7天之间。危机事件发生时,决策时间有限,稍有犹豫和延误,负面影响将迅速扩散,而且展览活动很快就将结束,留给参与者的恐慌就是危机的状态与印象,展览组织机构欲亡羊补牢为时已晚。这对展览企业的声誉和展览项目的品牌价值造成巨大影响和损失。因此,展览危机的处理,必须在充分准备的基础上,当机立断,分秒必争。

4.展览危机的类型

展览企业的市场竞争日益激烈,经营环境复杂多变,导致不确定因素层出不穷,随时可能遇到突如其来的危机,如自然灾害、恐怖事件、环境污染、政治冲突、经济萎缩、市场疲软、意外事故、管理失误等。展览危机主要表现为以下几种。

（1）品牌危机。所谓品牌危机是指由于展览组织机构决策失误、主题选择不当，或者营销策略有误、内部管理失常，以及展览企业外部环境的突变而对品牌形象的维护产生严重的不良影响的事件。品牌危机的表现和根源是多种多样的，如行业内部的不正当竞争，展览品牌项目被杂牌展览企业"克隆"，同一主题的展览在同一区域、短时间内重复举办，造成良莠不分，导致"李逵"和"李鬼"同归于尽；或者相近主题的国（境）外知名品牌展览进入内地参加竞争，导致原有品牌处于窘困的尴尬境地；或者由于管理及服务不到位，引起展商、观众或参会者的不满和投诉，加之媒体的报道渲染，使品牌形象受到严重损害等事件，都会造成展览品牌在公众心目中形象不佳，从而大幅度地降低展览项目品牌的价值。

宏观经济环境的变化也会影响展览项目的品牌。例如：诞生于计划经济时代、有着政府主导色彩的"糖酒会"曾经无比辉煌，但随着经济、市场和传媒的多元化发展和变化，糖酒会达成交易的商务功能正在日益下降。如2005年的成都春季糖酒会于3月21正式开幕，22日便显出"曲终人散"的寂寥，而按规定该届展览应于当月25日才结束。"开幕即闭幕"让许多企业数十万元的展览投入打了水漂。日益萧条的会场和越来越低的成交率，让绝大多数企业每年都对"究竟参不参加糖酒会"的选择更加迷茫。

（2）营销危机。展览营销危机主要表现为：招商招展手段落后，或者营销策略不当（如在广告、公关等方面的成本控制），展商或观众、参会者或与会者数量与质量未能达到原定的最低目标；展览中的某些大客户流失，展览失去亮点和吸引力，导致更多的客户和观众流失，利润不断下滑；由于销售指标落空，销售人员提成无望，销售队伍人心涣散，销售渠道陷于瘫痪，从而使得企业的市场竞争能力逐渐减弱，随后陷入了被动防守的局面。营销体系的衰退很快波及企业的调研、策划、管理、财务、人事部门等，乃至整个管理系统，从而可能引发人事和财务危机等连锁反应。

（3）人力资源危机。展览企业的人力资源危机主要表现为人才流动，优秀人才甚至项目团队的离职，以及企业高层人事动荡等。这样的人事变动常常意味着企业人力资源投资的丧失，核心技术与机密的外泄（如客户数据库、策划方案、信息管理系统软件），企业员工士气低落，企业凝聚力和竞争力削弱，进而导致展览产品市场的缩减，或者某些展览项目的结束。展览企业的核心竞争力就在于人才，若不重视人力资源危机，无疑会给企业发展带来极大的风险，甚至诱发展览企业其他危机的产生。

（4）财务危机。展览企业的财务行为包括制定预算、筹资、投资、资金使用、资金回收等，在这些财务活动环节中任何环节出了问题，都会带来财务危机。例如，展览组织机构在某展览项目的招商之前，提前几个月甚至1年预定展馆场地并为此支付一笔可观的定金,如招商情况不理想,甚至无法举办该展览,场馆方不退定金,就必然会给展览企业带来财务危机。总的来说,一旦展览项目筹备工作基本完成,而项目却无法实施的话,展览组织机构将立即面临困境,即使是展览项目改期,其所有前期投入也许要重新实施;另外,展览项目预算中的赞助资金目标未达到、参展商因故拒绝支付或拖欠展位费等情况,都将使展览企业资金入不敷出,若无法找到合适的融资渠道,将会导致资金断流,财务难以为继,最后酿成展览企业运行危机。

(5)经营危机。由于展览企业经营者决策错误,主题选择不当,或者由于展览项目筹备期较长,在筹备过程中市场发生变化,而项目组织者未及时采取应对措施,以至于展览的专业观众很少,造成展览项目夭折或勉强开办引发品牌危机、营销危机、人力资源危机、财务危机或其他与经营相关的多种危机事件,统称经营危机。经营危机经常威胁到展览企业或项目的生存。

(6)法律危机。随着我国展览业国际化步伐的加快,展览企业和展览项目遭遇的法律危机也日趋增多。2005年3月,美国拉斯维加斯举办的某展览上,我国某生产展示系统的企业展位突然被封,并以侵犯知识产权为由告上法庭。同年3月下旬,上海某展览服务公司(展览组织方)违背合同约定变更改展览内容,上海数十家参展商联手将该组展公司上诉浦东法院,要求退还参展费及由此产生的其他费用。两个例子表明,参展商和展览组织方分别陷入了法律危机,如应对不当,则可能引发经营危机、信用危机等严重后果。

(7)突发事件危机。突发事件危机是指难以预料的突发事件引起的危机,特别是由于展览企业的外部环境突然变化,如国家宏观经济政策调整、亚洲金融风暴、流行病(非典、禽流感)、严重的自然灾害(地震、飓风)、"9·11"事件、伊拉克战争等经济、政治、社会、自然、军事等方面难以预料的变故给展览项目带来的危机。一般来说,这些危机会严重影响原定展览项目的如期举办,使展览组织机构措手不及,并常因受制于主客观条件,难以正确应对这种变化。此外,公共安全事故(波兰卡多维斯展览馆倒塌事件、展览珠宝失窃等突发事件)也往往使展览组织方猝不及防,穷于应付,亦常会危及展览的举办。

二、危机管理的一般过程

危机管理被定为"PPRR"模式。是指危机管理四个阶段的工作:预防(prevention)、准备(preparation)、应对(response)和恢复(recovery)。在实际操作中,人们常从时间将危机预防和准备的工作合并为一个阶段,统称为事前管理,因此危机管理可分为以下三个阶段。

1. 危机预防(事前管理)

危机预防是指在危机发生前采取措施,防止危机的爆发。危机预防在危机管理中成效最大。事实上,几乎所有的危机都可以通过预防来化解。事先的预防工作做得充分,不仅能在第一时间内发现危机的存在,同时也可以借助各种事先制定的应急预案开展目的明确的危机应对工作,进而将各种损失减小到最低限度。

危机预防系统包括危机管理意识的培养、危机管理体制的建立、危机管理资源的保障、危机管理人员的培训、进行危机处理模拟训练、与大众媒体建立良好关系等内容。

2.危机处理(事中管理)

危机处理是指在危机爆发后,为减少危机的危害,按照危机处理计划或应对决策,对危机采取直接处理措施和策略。危机处理是危机管理的主要环节。一旦企业发生危机事件,危机处理就显得极为重要,因为它事关企业的生死存亡。

这些措施和策略包括:危机信息的获取和评估,危机处理机构的建立和运作,确定独家代言人、信息发布和沟通方式,危机处理计划的制定,危机处理计划的实施,危机事件的全面评估等。

3.危机恢复管理(事后管理)

危机恢复是指在危机处理完毕后,为恢复平常时期的状态而进行的一系列活动,特别是需要根据展览企业从危机处理过程中总结出来的经验和教训,改进企业经营管理,以防后患。其主要内容是解决企业存在的问题和推广企业积累的经验。具体包括调查、评估、整改等阶段。危机恢复管理的时间长短需根据危机的危害程度而定。

危机恢复管理工作做得好,除了有助于相关人员及时总结经验,以防在今后的危机应对工作中再犯类似的错误之外,还可能发现新的机遇,从而把原来的坏事变成好事,体现大多数类型的危机都具有"危"和"机"的双重性。

三、展览危机的预防

英国危机管理专家迈克尔·里杰斯特认为,预防是解决危机的最好办法。通过危机的预防措施,企业管理者可以寻找和发现产生危机的各种诱因,并采取相应的措施最大限度地将这些诱因在爆发前进行彻底和部分清除,从而避免危机的爆发或降低危机的危害程度。预防阶段解决危机的成本较小,而且作用也最大。因为,危机管理重在预防,展览危机管理也不例外。

展览企业预防危机的措施主要有:强化危机意识;建立危机预警系统,进行危机信息收集分析和风险评估;成立危机预防小组;制订危机应变计划,进行人员培训及模拟训练等。

1.强化危机意识

在激烈的市场竞争中,危机总是与企业如影相随,展览企业和项目的管理者清醒地认识到展览企业在其生存过程中会遭受到各种类型危机。因为产品都具有自己的生命周期,即新生、发育、成熟、饱和、衰退五个阶段。展览项目的展出效率与产品周期之间有密切联系,在产品新生和发育阶段,展览有事半功倍的效果;在成熟和饱和阶段,这些产品的展出效果可能事倍功半;到了衰退阶段,举办该类产品的展览可能劳而无功。例如,一度为科技界盛事的拉斯维加斯 Comdex 电脑展,近几年因为参展厂商和观众人次逐年递减,人气明显消退,自 2004 年停办。所谓危机意识,就是要保持清醒的头脑,预见到他衰落的时间,并在此之前,研究和把握该行业的发展和产品的转型趋势,未雨绸缪,及时调整展览主题,重新定位。

引发展览危机的因素绝不限于行业的影响,企业内部管理和外部经营环境因素,企业管理中存在大大小小的各类问题与缺陷等,都可能引发危机。强化危机意识,展览企业高层首先必须带头。其次,要树立全员危机意识。只有企业上下树立危机意识,才能在危机到来时各尽其力。特别要指出,普通员工危机意识的树立,将大大降低经营管理中潜在危机发生的几率。

2.建立展览危机预警系统

展览危机预警系统致力于从根本上防止危机的形成和爆发,是一种对展览危机进行超前管理的系统。预警系统是指对预警对象、预警范围、预警指标和预警的信息进行分析和研究,及时发现和识别潜在的或现实的危机因素,以便采取预防措施、减少危机发生的突然性和意外性。展览危机预警系统主要起到评估预警信息、发出危机警报、防患于未然的作用。

3.建立危机预控系统

建立危机预控系统的目的就是对可能发生的潜在危机预先研究讨论,制定出应对的行动计划。有效的危机处理预案应建立在危机预警的基础上,确定各类展览危机处理的优先级别,以及相应的处理方法与程序,成立危机处理小组,进行人员培训和危机处理模拟训练等。

四、危机的处理与恢复

危机事中管理阶段是危机已经冲破预防线而爆发。此时,展览企业应在最短的时间内扭转被动局面,迅速、准确地识别危机,快速建立和运转危机处理组织机构,制定危机处理策略,实施危机处理方案。

危机事后管理阶段,一方面应采取措施消除危机给展览项目和企业带来的消极影响,另一方面,需对危机管理的经验教训进行认真、系统的总结与评价,提出改进措施,从而把"危(险)"变成"机(会)",促进展览项目和企业健康发展。

1.展览危机处理的一般步骤

(1)建立和健全展览危机管理机构,做好危机处理工作。原"虚拟"的危机管理小组在得到充分授权的前提下,应立即转变为专门的危机管理机构,代表展览企业走到危机处理的第一线,行使危机管理职能,确定危机处理策略,制定处理方案,采取各种危机处理措施。对规模较小的展览企业来说,危机管理小组成员不大可能全为专职,但必须至少有4—5人把主要精力投入展览危机处理事务中。危机管理小组的规模也和危机的严重程度有关。

危机管理小组主要来自企业相关的各部门,这些人员对企业及该展览项目比较了解,处理危机时能快速进入角色,同时也需聘请若干对展览危机处理具有专门知识和经验的外部人员,例如熟悉展览法律法规的律师。如上海新国际博览中心就聘有常年展览法律顾问,为许多展览项目处理知识产权等法律纠纷,从而将一些展览危机消弭于萌芽状态,收到了很好的效果。

建立展览危机管理小组的目的是将企业进行危机处理的各项具体任务集中在专门的部门内,并通过一定的组织结构将其与各部门联合起来,以达到对展览危机快速高效的反应与处理。因此,展览危机管理小组应独立于其他部门,并由企业最高领导主管。此外,危机管理小组内部及与其他部门联系的组织结构,层次应尽可能少些,尽量简单灵活。

2.识别和调查危机

(1)识别危机。突发事件或事故发生以后,展览企业危机管理的负责人,或者展览危机管理小组有关人员应于第一时间抵达现场,首先要掌握已经显露出来的情况,包括事件发生的时间、地点、时间的经过、直接后果、当事人的反应等,据此判断该事件或事故是否属于危机事件,是否需要启动危机处理程序。

确认不同类型的展览危机,需要有不同的危机指标。比如,某珠宝展发生参展商声称成交量太少,联合起来向展览组织机构提出抗议,并要求赔偿的事件,则可认定为展览经营危机。而后,当媒体将此问题加以报道,甚至冠以"骗展"的名称,公众议论纷纷之时,则可认为该展览项目和企业同时遭遇到"信誉危机"或"品牌危机"。

(2)危机根源调查。此类调查目的是要找出危机产生的根源。例如,上述参展商的聚众抗议,可能是由于招商工作不理想造成,也可能是由于招展时承诺太多,使参展商期望值过高所致,甚至可能是因为现场服务欠缺,加上竞争对手暗中煽动的缘故等。

通过对危机的调查分析,可以确认预想的危机是否是真的危机,也可以明确危机的性质、发生领域和根源,以便管理者有的放矢,把精力和资源用在最需要的地方。

3.危机处理

面临危机事件时,不同的处理策略及相应的实施计划会给企业带来截然不同的后果。成功的处理可能减轻或消解危机事件给企业造成的损失,还可能使危机转变成企业成长的好时机。

如果危机预控阶段的准备工作充分,危机类型在预测范围之内,危机处理策略可以主要根据危机预案制定;如在预测范围之外,则需要根据该危机的具体情况与类型制定处理策略。展览危机处理策略大致有以下几种。

(1)危机中止策略。如危机产生的根源在于本企业的内部管理或者其他可以控制的情形,则应立即实施危机中止策略,把大事化小,防止危机进一步扩散。如某年"华交会(中国华东进出口商品交易会)"上,一块展示板突然坠落,恰巧砸在一位外籍观众的头上,很明显,这是一个安全事故。展览组织方立即安抚受伤观众,同时进行事故原因调查,很快查清:此系江苏省某参展商的责任,是他们聘请的搭建商在展位搭建中用料不当。在组织方的协调下,该参展商给予伤者赔偿,很快平息了此事,对国内外知名的"华交会"的品牌声誉基本没有负面影响。

(2)危机隔离策略。由于展览行业易受媒体与公众关注的特点,展览危机一旦爆发,经常会从一个方面向其他领域蔓延,造成更多的运行环节失常,从而引发更大的危机。因此,应该及时对爆发的展览危机进行隔离,防止事态蔓延。危机隔离主要有信息隔离、人员隔离和事故隔离。

①信息隔离是把危机事件中对企业或展览项目形象不利,或阻碍危机处理的不利信息,从企业内部与公众隔离开来。因为危机信息的泛滥所带来的危机往往比危机事件本身更可怕。

②人员隔离是把涉及危机事件的人员职责和权力进行隔离,对处理危机事件,坚守原工作岗位和维持日常工作的领导层和员工进行区分和隔离。人员隔离可以避免因职责不清而干扰危机处理,如企业员工随意发表不负责的言论造成不良社会影响,可以避免由于处理危机而影响展览项目或企业的正常运转。

③事故隔离即对引发危机的事故本事进行隔离。如在某展览中部分参展商与组织方在管理现场发生纠纷,危机处理小组应先请他们离场,到办公室争论,以维持整个展览的正常进行。

(3)危机消除策略。是需要展览危机管理小组根据既定的危机处理措施,对症下药迅速有效地消除危机带来的负面影响。利用正面材料,冲淡危机的负面影响,如通过新闻界传达企业对危机后果的关切、采取的措施等。

(4)危机利用策略。这是变"危机"为"转机"的重要一环,更能显示管理者的危机处理艺术,处理得当,就会收到坏事变好事的效果。越是在危机时刻,越能昭示出一个优秀企业的整体素质和综合素质实力。只要采取诚实、坦率、负责的态度,就有可能将危机化为生机。

五、展览危机的事后管理

经过一系列危机处理步骤后,危机事态完全控制,危机事件被解决,并不意味着危机管理任务的结束,只是危机管理进入了事后管理阶段。在此阶段,危机管理的目标和任务是:

1. 评估危机

危机管理小组或企业管理层应在危机结束后成立调查和评估小组，立即对于危机相关的因素进行评估，如发生危机的展览项目或企业组织是在哪些环节出现了问题，损失情况如何，以及危机预防措施是否有效，人员是否到位，危机管理小组的决策和策略是否正确；对企业工作进行全面评价，如项目立项时是否进行充分的调研和论证，展览主题和定位是否合理，营销策略和措施是否有效，信息管理网络运行是否顺畅，现场管理是否严格规范等。

2. 加速恢复进程

危机过后，展览企业需要一定的时间来消化危机带来的各种损失，比如公司收益减少、危机处理或赔偿支出、企业人才浮动、品牌形象恶化等。可采取的措施有：加强与客户的联系，防止大客户流失；继续与媒体沟通，向公众传达积极的信息；总结经验教训，找出企业管理或危机管理的薄弱环节，健全规章制度；安排相关在职教育培训，从文件中接受教训，分享经验，并反馈落实到危机事前管理阶段，以增强对危机的免疫能力等。

3. 发现危机中的机遇

在总结经验教训的基础上，要善于从危机中发现新的生长点，从而真正把"危"转化为"机"。

"非典"期间网上展览的兴起就是一例。我国在 2003 年以前也有网上展览，不过只限于小型化、专业化的展览。如手机、电话卡、影碟、书籍等，主要是企业的一种推销手段。且上网人数不多，交易额不大，网页设计水平也不高。作为展览业来讲，网上展览以其低投入、高效益的特点在今后的会展经济中占有越来越多的份额。"非典"的出现使它的优势很快被更多的人认识。"非典"肆虐期间，展览成为受影响最大的产业之一。一时间，"提前闭展、延期开展"、甚至"撤销展览"的消息纷纷发布。有些重要的展览即使如期开幕，场面也很难续写往日的辉煌。

在传统展览形式遭遇非典危机时，有些企业独具慧眼，从中看到了网上展览的商机。网上购物网站阿里巴巴为主办方在网上开辟了家用电器采购洽谈会，据统计，近 200 家供应商与买家进行线下交流，取得了良好的商机。一些大型展览纷纷开设电子版，有的甚至全部在网上进行。网页设计也跨上了一个新的台阶，不但设计精美，更新及时，而且普遍增加了许多使用性的功能，如网上签约、下单、链接贸易伙伴等。2003 年春季广交会也为中外客户商提供了一站式全程贸易服务电子商务交易平台，号称"中国第一展"的广交会首次采取网上洽谈方式，也取得了良好的效果。"非典"危机为这些展览项目和企业带来了"机遇"。

思考题

1. 你认为评价展览展位是否成功的标准应有哪些？

2. 请谈谈对绿色展览的认识，特别是搭建过程中环保材料的使用。

3. 现代物流构成要素有哪些？

4. 运输管理是基于什么样的"管理原则"？为什么？

5. 展览安保工作的基本原则有哪些？

6. 展览现场管理有哪些内容？尽量罗列具体的管理对象。

7. 请谈谈展览危机的定义与基本特征。

8. 请举例说明展览危机的管理过程。

案例分析 中国展览企业危机管理经典案例

武进日报 要闻/综合 2011年5月11日 星期三 A3

24小时报料热线:13775222505 电子邮箱:wjrb-xw@vip.sina.com
责编:钱小松 编辑:陆卓 版式:夏晓晓 校对:小芬

灵通:凭知识产权打开欧美市场

□ 殷亚红 记者 王兴法

本报讯 "占据国内专业展馆市场95%的份额，产品覆盖77个国家和地区"，创造这一神话的，是我区遥观镇一家民营企业——常州灵通展览用品有限公司，其秘诀就是：根深蒂固的知识产权意识。

"知识产权是企业发展的灵魂。"说起企业对知识产权的认识，公司总裁黄彪讲起了企业的一次参展经历，那是2005年3月，公司准备在美国拉斯维加斯参加产品展览，参展前一天晚上，当地知识产权部门递来了一纸诉状，告灵通公司的连接锁件侵权。此事虽有点措手不及，但黄彪心里有底，他们一方面缴纳了参展保证金，另一方面积极在当地寻找律师事务所，准备与原告打官司。经过长达7个多月的努力，灵通公司花去了300多万元诉讼费用，终于让对方理屈词穷，主动提出了和解请求。

诉讼获胜的灵通公司不但借此一举拓展了北美、欧洲等市场，而且，公司上下对知识产权有了更深的认识。他们把知识产权战略定为企业的发展战略，公司每进行一个项目的开发，都要进行专利检索，确认无专利问题后再开始设计生产。他们还组建了展览器材外聘专家委员会，整合国内外展览器材方面的权威专家资源为我所用。强烈的知识产权保护意识使灵通的发展步伐迈得坚实而稳健，公司迅速成为国内最大的展览器材开发、研制和生产企业，"灵通"品牌也成为中国展览用品行业第一品牌。

到目前为止，灵通公司已先后有103项专利获得授权，其中发明专利12项、国际专利11项。他们还通过购买国外专利丰富自己的产品，在世界"展览王国"德国开办了自己的全资子公司。一些展览器材行业的国际顶尖公司纷纷要求与灵通合作，共同研制新品，拓展市场。

常州灵通展览用品有限公司2005年在美国拉斯维加斯的展览会上突然被原合作方以侵犯知识产权为由告上美国法庭，灵通公司展台由此被封。这一突发事件让身在国内的公司董事长刘建平面临两难的选择：如果像以往大多数中国企业一样选择退缩，不光是美国市场必然丢失，以后的欧洲、日本乃至全世界的市场都岌岌可危；如果积极应诉，美国的官司费用高昂得令人咋舌，常常是打赢了官司却赔了钱，如坚持展出，又打赢官司，则高达70余万美元的保金就收不回来，很可能危及企业的生存。面对巨大的风险，刘建平经过慎重考虑，决定应诉。他说："近几年外国公司凭借他们的财大气粗到处用知识产权壁垒打压中国企业，阻止中国企业进入国际市场。我们要有不屈不挠的打拼精神，与外国企业打一场知识产权保卫战,更何况我们没有侵犯他们的知识产权,为了维护我们的正当权益,官司一定要打,就算公司倒闭了也要打!"当时,原合作方告灵通公司侵犯了他们1992年的产品专利,而刘建平找出了自己1987年在国内申请的专利,反告对方专利无效。他的这一重拳出乎所有人的意料,对方开始妥协了,步步为营的刘建平先后三次拒绝对方不近情理的调解请求。最终,这场官司以原告方主动撤诉、灵通公司不赔偿一分钱而告终。虽然打这场官司灵通公司付出了花费10万美元的巨大代价,但大大扩大了灵通公司品牌在世界的影响,使中国展览展示器材迅速打开了海外市场,从此攻城略地,硕果累累,仅灵通公司2005年创办时,其产品出口就创收达500多万美元。一场许多企业视为畏途的法律危机,不但被灵通公司化险为夷,而且使其转化为企业打开海外市场的契机。

第八章　展览信息化与客户关系管理

第一节　展览信息管理

一、展览信息管理的范畴和作用

(一)展览信息管理的范畴

近年来,随着计算机和网络技术的迅速发展和信息技术的广泛应用,信息化管理渗透各行各业。信息化管理对传统展览行业的改造也正在进行。

展览行业的服务链包括:场馆、主办商、服务商(搭建、酒店、餐饮、运输、观众登记等)、参展商、买家、普通观众等。展览服务贯穿于整个展览会的展前、展中、展后等不同阶段,会展行业的信息化管理牵涉面广,所要处理的事务与数据庞大。通过全面信息管理和深度挖掘,提高参展商和观众交流效率,建立以展览为基础的客户数据中心,将全面提高展览的品牌竞争力。

(二)展览信息管理的工作内容

展览信息管理的具体工作内容有很多,主要有:

1.信息收集

在展览现场,主办方通过观众登记等方式采集观众信息,并为参展商所利用,而参展商可在展台收集观众信息。展览公司把最新的展览动态通过文字、图片、视频等方式放在互联网上,让展商在第一时间内了解到展览最新进展,让那些没来参展的企业及时了解到展览的相关情况。

2.数据的综合分析和利用

在数据库支持下,主办方与各届展览的数据完全可以得到及时的归并和统一处理,实现信息共存,更好地确定对观众的行为信息与价值的评估。同时,也可以减少重复收集的投入。

3.提供服务

展览服务公司通过信息资源共享为客户提供配套服务,如商务旅行、VIP 旅游接待等。

二、展览项目运作过程的信息化管理

以展览项目运行的三个阶段为例,说明目前使用的信息化管理方式与趋势。

（一）展前阶段

1. 网页开发制作和信息发布

展览组织机构建立特定项目的展览网站,通过多种网络技术手段进行展览项目的信息发布,对展览项目进行在线宣传,拓宽信息传播渠道,发布展览组织机构和项目招展、招商信息。展览网站的巨大优势就是可以为广大参展企业和浏览者提供功能强大的信息查询系统,便于参展商和观众迅速搜索需要的信息,做出参展、参会或参观的决策,同时展览组织机构能充分利用网络营销的优势,开拓展览产品营销市场,进一步延伸展览项目和企业品牌的网络形象。

2. 胸卡设计和印刷

注册登记流程是为主办方和参展商提供跟踪观众信息的手段,并提供更多的信息以确保更高效更完整的管理流程。这个流程的信息化是以胸卡的制作为中心进行的。

目前,胸卡有多种类型。

（1）条码胸卡。条码胸卡是在彩色硬卡纸卡上打印观众的姓名和公司,并以一个唯一的条码来实现整个展览期间的扫描和跟踪。

一台门禁条码扫描器被应用于登记所有进入展览的出席者,这些记录录入系统后,系统将提供出席者的相关信息。参展商可以通过条码扫描器来获取详细资料。

（2）二维条码。二维条码是一种包含大量观众信息的条码,它包括了观众的公司、职务、地址、电话号码、传真和电子邮件地址等信息。

展览信息管理者通过激光扫描器即可以读取二维条码。这使得参展商可以很容易、清楚地阅读观众的胸卡,观众们也可以快速进入展览现场。

（3）磁条胸卡。磁条胸卡直接把所有观众的详细资料储存在胸卡背面的磁条里,就和普通的信用卡把相关用户资料储存在背面磁条相类似。

门禁工作人员在门边扫描胸卡,参展商与观众的出入信息被忠实记录下来。参展商可以使用特殊的商业线索跟踪器,并通过观众的胸卡磁条带及时获取观众的详细信息。

（4）智能芯片胸卡。通过和制作磁条带相同的流程可以制作智能芯片胸卡。这个芯片可以使用一套"信用点数"的系统,观众可以通过卡上预先储存的点数在现场享受相应的服务。也可使参展商或展览组织机构对现场的观众和代表的位置进行持续的跟踪管理。

3.参展商和观众预登记

预登记是组织和管理专业贸易展览中十分重要的环节,主办方可提前预知与会观众和其他一些与展览相关的信息。

利用信息管理系统实行预登记时,展览的目标受众(参展商、观众等)通常只需登录指定的展览网站,详细填写在线登记表格并提交,就可以收到组织方发送的电子确认函。一些更先进的系统中,展览的目标受众还会通过短信收到一个条码。当他们到达展览现场时,只需在门禁扫描一下短信条码就可以进入现场。信息化能够让观众对观展的时间和顺序做更好的安排规划,并根据自己的兴趣与需要安排参观流程,用最短的时间获得最优的效果。

4.展前管理的工作

现代化展览组织过程中的观众邀请、邮寄标签和打印,都能通过信息化方式提高工作效率。利用电脑软件强大的制图功能,可制作展位图并实现线上的展位销售,或根据精确的刻度进行展位图的重新测量,设定展区展位规则后可批量制作展位,也可直接选择系统提供的各类标准展位的面积制作展位图。制作好的展位图根据展位销售状态的不同显示不同的颜色,客户可直观地得到展位销售图,展位图可以将每一个展位与展商、招展员、展位费、展位合同、销售日期等客户所关心的所有要素相关联并显示出来。

(二)展中阶段

1.现场接待和组织管理

现场观众信息的采集、录入、处理;发放事先印刷好的参观卡、现场打印观众基本信息,生成个性化的参观卡,便于展商识别,现场打印带照片的参观卡、一一对应的 IC 卡、电子标签卡等;大会\研讨会出入口门禁管理;现场分析报告的制作;展览各会场和研讨会的展览当天的观众到达人数曲线、到达人数变化曲线、观众区域分布、观众职位统计等分析报告。

展览现场信息化管理具有特殊困难:

(1)任务重。数据发生量大,数据采集存在高峰期(第一、二天上午),短时间内要处理大量事物,极易成为现场管理的瓶颈。

(2)条件差。展览服务过程中操作人员众多,水平参差不齐,培训时间短,操作环境恶劣,不断有新要求、意外情况,客户配合程度不够,需要不断引导。

2.观众即时信息采集和展后信息采集的比较

(1)观众即时信息采集。观众首次入场时提交个人信息,通过技术手段处理信息并写入观众胸卡。在信息使用中,展览组织机构推荐展商租用设备读取观众卡中的信息,展商扫描观众胸卡后即能得到观众的详细信息,观众参观完毕后,展商只需将采集的信息拷贝即可。

(2)展后采集信息模式。观众入场时,观众信息录入处理在展后完成。高峰期简单采集信息的一种方式,发放参观卡。展台使用简单,但没有观众的详细信息。展后需从服务商那里得到观众详细信息的扫描或拷贝。但观众信息稍有滞后,需等到展后一段时间才能看到,优点是时间比较宽裕,准确度较高。

以上所述,观众即时信息采集不但能很好地服务参展商,而且能获得及时的报告,但实施难度较大,准确度较低。而展后信息采集方式,接待速度快,准确性高,但不能使参展商立刻得到详细信息。因此,在展览现场,组织机构应根据具体情况选择合适的信息采集方式。

3. 现场调查

现场调查的方式有:(1)观众入场时的调查。在观众登记时每人提供一份调查问卷。通过调查了解观众的参观目的、所属行业、参展兴趣、获知展览的渠道等相关信息。在展馆现场,一般采用抽样调查的方式对已经参观过展览的观众进行调查。通过调查了解观众对展览的意见和建议,是直接了解观众的观展感受的好方式。(2)参展商问卷调查。在展览的后半时段进行,调查人员直接到参展商的展台上询问相关人员来完成。通过调查能了解参展商的参展反馈和意见,并且能让参展商有一种被重视和受关注的感觉。

(三)展后阶段

展后数据的规范化处理。

1. 数据处理

对展览会现场收集的观众信息进行深入处理,一般采用专业统计分析工具SPSS、SAS,以便提出全面详实的数据分析报告。

2. 展览统计分析报告

为主办单位提供基于观众基本信息、需求信息等多种分析和关联性分析报告,包括:

(1)曲线类分析报告。提供展览各会场和研讨会的观众到达人数曲线、在馆人数曲线、人数变化曲线等,帮助主办单位分析现场效果,制定展览组织策略。

(2)比例类分析报告。根据规范化的数据,以饼图或柱图的形式提供基于观众职位、部门、观众来源区域等的分析报告。

(3)调查类报告。通过对观众填写的调查表进行统计和分析,对组委会关心的问题提供饼图、柱图或图表报告,以及对每个调查的相关性分析,如对某问题观点的相关性分析。

(4)专业角度的思考和建议。对展览收集的信息进行评估,作出合理的建议和咨询。

3. 展后信息管理

按照展览使用者不同查询条件或要求,展后提供完整的卖家和买家信息数据库,并设置相应的保密及限制。

4.展后回访

专业的观众回访方式包括邮寄、E-mail、传真等,内容包括展后满意度调查、下届参观意向等,通过展后回访,可以分别甄别观众各种联系方式的有效性,提高信息质量。观众展后访问本届展览站点,可以查看新发布的展览,查询曾经访问过的展商,查看展商的最新信息,下载参展商的参展资料,并可以通过留言簿或电子邮件联络参展商或主办单位。

第二节　网络展览的应用

一、电子商务对展览业产生的影响

随着网络技术的迅速发展,电子商务不断地蚕食展览业。(如传统电子商务网站:www.alibaba.com,www.globalsource.com 等)电子商务加速了进入展览领域的步伐,并对传统会展业产生巨大的、革命性的影响。电子商务对传统会展业产生巨大影响基于以下特性:

1.传统展览缘由于促进商品流通,以此为目标的经贸展览在展览中占据重要地位,这些展览本身就是商务活动。电子商务是商务活动的电子化,因此,电子商务全面影响展览活动是网络经济发展的必然。

2.展览的组织运营活动大多是以盈利为目的的商业活动。展览组织机构在运作过程中采用具有高效、快捷、方便等优势的电子商务是实现利润最大化的手段之一。

3.展览的本质是营销传播,电子商务最擅长的是对信息和数据的传递、交换和处理等。因此,展览业与电子商务具有同工异曲之妙,自然成为电子商务大显身手的舞台。

4.电子商务改变了传统贸易与信息交流中商务活动与固定客户的关系,催生了全新贸易链的形成。从服务成本上讲,电子商务降低了传统贸易所需投入的商务成本。

5.电子商务按商业活动中完或不完全电子商务的运作方式进行。电子商务对于传统展览的影响主要为不完全电子商务,即在展览运作过程中部分地借助电子商务的功能。

综上所述,传统展览业的自身特性使得电子商务较易介入其中,在当前网络技术发展成熟的环境下,电子商务对展览业及展览活动的影响是具体和全面的,主要表现在以下方面:

1.电子商务功能全面引入展览业。

近几年来,电子邮件、企业网页、电子支付手段和服务、网络身份的安全认证技术、信息和数据的网上传播和自动化处理、网上商品交易系统等电子技术都已随着电子商务设备特别是网络的扩展、延伸而参与到展览业中。

2.电子商务运用于展览活动的各个环节。

展览项目宣传、展出项目选择、参展商与组展商间的多种契约和业务往来、发运人与承运人间的联系和约定,在这些事务中,互联网络承担了大量数据和信息的处理功能;在展出过程中运用智能卡收集观众和客户资料,对来访客户和观众统计和分析,展览活动中凡涉及展出、展品、活动参与的信息与数据的收集、传递、处理等都运用了强大的电子商务技术。

3.电子商务简化展览活动的基本环节,提高了工作效率。

电子商务具方便、高效的特性。组织、参展各环节的信息收集、传递及工作流程的电子化和自动化等,特别是展览项目的网上发布,使得组展商与参展商的联系更为直接,从而避免中间环节及或由这些环节产生的误失及时间耗费。

4.电子商务降低展览活动的商务成本,提高了经济效益。

组展者、参展商、观众之间的联络不仅可以从传统的电话、传真、信件中解放出来,降低业务费用;同时,电子商务使展览项目推广更为便捷,组展者、参展商和观众可获得更为丰富的信息资料,避免选择展览时的盲目性。另外,电子商务还促进了信息反馈、收集、处理、统计等自动化程度提高,工作效率提高即意味着经济效益的提高。

5.电子商务推动了展览组织工作的流程改造,提高了管理水平。

当前每个组展与参展主体都在借助电子商务手段采集和积累信息,信息已形成了业务处理的工作流程,流程中的各个环节都已有了相应的服务标准,通过业务实践不断增补流程环节、修订业务内容,推动展览的组织管理走向优化。电子商务中信息资源的可存储、可再用特性是展览组织工作处理程序化和业务流程标准化的技术基础。

6.电子商务促成展览组织与服务的标准化,完善协调管理功能。

电子商务信息的广泛传播加剧了展览业界的内部竞争,由于信息资料的有效积累及电子技术本身的标准化最终将促成运作流程的标准化,因而电子商务将促使展览活动操作走向规范化。展览业的协调管理机构是在掌握大量信息和数据、在多个组展单位及其项目中选优汰劣的基础上开展工作的,展览业流程的标准化和展览运作规范化都将使展览协调管理机构有据可依,从而为其进行科学化管理奠定基础。

7.电子商务促进展览业的全球化、国际化发展。

以网络技术为代表的电子商务使得展览项目、组织机构的对外宣传国际化,在世界各地的各个角落,只要具备上网条件,都可方便地获得较为充分的展览信息。展览信息从定向发布走向非定向发布,展览的宣传摆脱了地理的束缚,展览业的国际性竞争成为现实。

二、突发危机催生"非接触经济"与"网络展览"

2003年一场突如其来的SARS却将中国人从收获的幸福中拉了出来。疫情发展始料不及,并很快演化成对全球化时代人类经济的一次重大挑战。高速行驶的中国展览业在最快速发展的阶段中遭遇到了前所未有的寒流。虽然大疫已过多年,但潜在的、不可预知的突发性危机(如"9·11"等其他事情)还将继续威胁与考验展览这个产业。

（一）突发性危机对展览业构成的威胁

突发性危机往往是一种影响经济增长的"外部冲击",或可理解为对整个经济系统的一个"外部冲击",它属于对"社会总需求冲击",即由于突发危机的扩散和蔓延所造成的心理恐惧,人们(主要是消费者)明显减少外出购物、餐饮和旅行以及社会交往活动,各种商务、贸易和投资活动的暂时中断,致使社会总需求突然下降。突发性危机不仅影响整个经济,而且还影响那些从事可贸易产品的生产部门,如出口导向产业,提供中间产品,提供最终消费品部门,大部分服务部门,如展览业等。以中国为例,2003年的SARS,继旅游等服务业受到的冲击之后,展览业按人流、物流、资金流相继减少的链条传递,成为受冲击的主要行业。使得在这个时期内我国展览业筹资及承办运作展览活动项目的风险加大,越是大型项目,风险越大。中国展览业面临经济风险与品牌、信誉风险的危机。

（二）突发性危机催生的经济活动现象

"非接触经济"现象就是在突发性危机给经济活动和社会生活带来损失的同时,所催生的一种新的经济生活形态,或可诠释为"网络经济"。在美国,"9·11"恐怖袭击和"炭疽热"事件之后,因社会的基本需求仍需保障供给,经济和社会生活仍需照常运转。企业为降低旅行风险,而提高了对网络视频会议、网络展览、网上购物的依赖。在我国,2003年SARS期间,各企业相继取消户外促销、新闻发布会以及商务性展览,相关的经济活动受到不同程度的影响。针对这一情况,很多商务网站,如阿里巴巴、在线广交会为代表的集成企业商务功能的门户网站,以"网络展览"的形式推出相关商务活动,发挥了强大的应对突发危机的功能。

（三）"网络展览"是"非接触经济"的主要表现形式

"非接触经济"就其实质而言属于"新经济"的一种,它借助高科技手段,主要是以信息技术手段,使经济活动以一种非面对面的方式进行,在中国展览业则是以"网络展览"走出"概念展览"模式为标志的。有观点认为,"网络展览"在一定条件的作用下将形成新的展览业态,并与传统展览进行优势互补,这一模式将具体而全面地影响中国展览业,危机突发时期更为活跃。

"网络展览"在突发危机时期与"传统展览"相比表现出更完善与强大的功能,

如:强大的后台企业数据库与产品数据库,实现远程视频、语音、数据的实时互动的通信、视频会议系统,新概念贸易方式,使越来越多的传统企业改变了对网络的认知。"网络展览"使得国际贸易、投资等与经济相关的活动方式发生重大变化。它不仅有效解决了突发危机对人们的心理所造成较为长久安全隐患的影响,同时在一定程度上减少了国际贸易"壁垒",有效防止了新贸易保护主义的危害。

三、SARS 突发危机时"网络展览"所带来的推动

2003 年 SARS 疫情或类似突发危机事件,其特征均表现为控制户外集群活动,网络的重要作用就凸现出来,企业与市民都普遍尝试与网络的亲密接触,如阅读新闻、查询信息、在线沟通、网上购物、娱乐休闲等。根据有关报道:2003 年"五一"假期,电子商务活动明显增温,网络新闻的浏览量快速上升,虚拟社交活动受到追捧,聊天室、BBS、在线游戏、在线影视等成为沟通交流和休闲娱乐的重要方式,网络购物也大幅攀升。SARS 给我国展览业留下以下珍贵的历史镜头:

1. 投资界普遍看好突发危机期网络公司的发展前景

在美国的纳斯达克市场,2003 年 5 月 5 日,中国三大门户网站的股价同时大幅上扬,其中搜狐、网易、新浪股价分别涨幅为 11.66％、11.87％和 8.76％,这不仅表明了网络在突发危机时期的强劲升温,也证明了投资界看好网络在突发危机期的良好经营状况和前景及对网络公司的发展所表现出的信心。

2. 突发危机期网络正面挑战传统贸易模式

作为网络最重要赢利手段的电子商务成为 2003 年春季广交会的亮点,网上达成洽谈意向的出口商品金额超过 3 亿美元。"非典"疫情出现后,4 月份当当网的销售额增长了 30％,卓越网的销售量增长了 25％。短信发送量也飞速增长,4 月底到 5 月初,中国联通在北京地区每天成功发送的短信息就超过 120 万条,而此前,这一数字仅仅是 70 万条。除零售网站外,为企业提供商业信息的电子商务网站也备受青睐。为防止 SARS 的传播,许多企业限制人员出差,通过网络查寻发布供求合作信息,并同时在网上完成采购下定单等交易过程,以代替面对面的传统交易。

3. "网络展览"走出"概念展览"模式

资料显示,阿里巴巴网站 SARS 期间每天网上发布的商业需求信息比平常飙升 3 倍多。由此可见,网络采用高科技合成手段,突破传统贸易模式,及时提供给供需双方贸易平台,获得网上商机。"网络展览"的讨论与应用,当时成为中国展览业的焦点与热点,更多的展览组织机构开始筹划与利用网络来组织展览或通过虚似的"网络展览"来解决传统展览面对突发危机所表现出不堪一击的脆弱与不足,全国各地纷纷将不能如期举办的传统展览转为"网络展览"的方式,在线广交会、在线义博会、在线工博会等。"网络展览"与卓越、当当、贝塔斯曼、易趣、搜狐商城、西单电子商城等电子商务网站交相辉映,交易额一路飙升。促成"网络展览"走出"概

念展览"模式,成为业界关注的亮点。

四、"网络展览"的定义研究

IT 的高速发展与网络技术的迅速成熟不可避免地影响了传统产业的发展格局。更多业态的产生与成长是因 IT 与网络技术的发展而改变的。正如比尔·盖茨所说:"网络时代正将其无穷的魅力展现在我们面前,它不仅影响我们的工作方式、交流方式,它还将影响我们的生活方式。"基于 IT 与网络技术的"网络展览"是广泛应用与集成传统展览中的服务功能而发展的。它不仅实现传统展览本身信息流、商务流及相关服务三个元素间的无缝连接,同时将 IT 与网络技术对以上三元素的处理更突显其便捷、高效、准确的特征。

网络展览其本质应是集网络技术与传统展览众多服务功能于一体的一种展览模式,其特征是利用 IT 与网络技术集成,采用并提升传统展览的服务集成,以网络方式进行的一种展览。它有别于传统电子商务的 B-B 或 B-C 的模式,商务的实现过程中是以 E-B 的方式(Event to Business)。

业界有不少观点认为"网络展览"就是电子商务。其原因是我国大多自称为"网络展览"的展览目前仍是基于 B-B 或 B-C 模式为核心内容,大部分工作模块是由网络营运商通过 IT 技术集成来实现的。譬如商品数据库采集与处理系统,网上商务交易平台等。虽然电子商务在实现这些过程中有其服务的成分,但这种最大层面的服务集成仅是以 IT 及网络技术来表述的,没有全面融合传统展览中的历史与品牌附加值与更多常规的专业服务,如客户价值的研究与开发、参展商与贸易商的资质甄别、专业性的跟踪服务、相关的物流与金融的支持服务等。因此,没有传统展览服务功能为基础的网上电子商务不应与"网络展览"的功能与范畴混为一谈。

五、展览业危机的形态与"网络展览"

2003 年由于中国政府采取了一系列有效的措施,迅速地控制了 SARS 疫情的蔓延,从而未全面感染中国经济增长方式与发展态势。但突发性危机所带来的风险成为业界所关注的焦点:

1. 突发性危机的形态

突发危机具有两种形态:即"良性"危机与"恶性"危机。所谓"良性"危机形态特征是指"非政治化",基本上不涉及颠覆国家政权、变更核心价值观、危及政治稳定、破坏社会秩序,不仅不会出现政府与公民之间矛盾、对立、冲突和对抗,属于"非结构性危机";而"恶性"危机是指危机形态特征"政治化"和"意识形态化",政治冲突,政治分裂,直接危及国家政权的合法性,外来势力直接插手和公开介入,属于结构性危机,如 2001 年,美国出现的"9·11"事件,引发世界恐慌。谁也不能断言,我国展览业是否还会面临包括"非结构性危机"与"结构性危机"在内的这些不可预知的各种突发危机。

Kink(1986)曾提出危机的"四阶段说":第一阶段是征兆期,有线索显示有潜在的危机可能发生;第二阶段是发作期,具有伤害性的事件发生并引发危机;第三阶段是延续期,危机的影响持续,同时也是努力清除危机的过程;第四阶段是痊愈期,有一些迹象清晰地显示出危机不再具有威胁性和破坏性。

2.突发危机所带来的风险

据2003年官方统计,受SARS影响,中国的旅游业收入损失高达20%(1200亿元人民币以上)。中国展览业受SARS影响,全面进入"休眠"状态,损失程度更是惨重,展馆无一开馆。展览无心举办,短短100天内,上海、北京、广州等地全年展览数量30%宣告延期或停办,损失高达40亿元人民币,占全年展览业生产总值的50%。究其原因,针对这一突发疫情对我国经济的负面效应与中国展览的致命影响,没有任何机构能较前瞻性地进行全面评估。中国展览业显然对于当时充满着各种变数的SARS疫情缺乏应急机制。

在商业活动中,危机就像普通的感冒病毒一样,种类繁多,防不胜防。每一次危机既包含了导致失败的根源,又蕴藏着成功的种子。发现、培育,进而收获潜在的成功机会,就是危机管理的精髓;而错误地估计形势,则将令事态进一步恶化,则是不良危机管理的典型特征。因此,展览业有效应变危机产生与发展需建立全面的危机应急机制,"网络展览"则是展览组织机构利用IT与网络技术对其展览品牌与展览组织的健康发展所选择的战略性解决方案。

3."网络展览"在应对突发危机中所发挥的重要作用

孟子说:"国无敌国外患,国恒亡。"危机是一种常态,不断出现,连续发生,这是不以人们的意志为转移的。从世界历史上看,没有一个国家不遇到危机的;从一个国家的历史上看,没有一个时期不出现危机的。为什么有的国家战胜了危机,而有的国家却被危机所挫败?为什么同一个国家有的时期战胜了危机,而有的时期被危机所击倒?这是因为不同的国家对危机的反应与处理不同,利用危机能力与决策层理念不同所造成不同的结果。

"9·11"和SARS是两种不同的危机形态,但其本质具有惊人的一致:即突发危机给社会带来的安全隐患,对人们心理所造成的长久影响。特别是展览活动的组织与实施过程中具有高密度人流特征,危机过后在人们心里会残留较长时间的恐慌后遗症。主要因素表现在两个方面:

首先,是对展览业前景的迷茫。因突发危机持续时间的长短直接决定着对行业经济发展的损害程度。由于突发危机的特征就在于对多长时间才能彻底控制危机的预期充满不确定性,导致对经济后果的预估本身也充满不确定性,从而影响对行业前景进行前瞻性评估。

其次,影响展览业正常发展的因素之一是公众信心受损。突发危机的危害性往往会超过事件的本身,突发危机的影响是不断复制恐慌的传染。影响着公众对行业经济发展趋势的总体预期。

"网络展览"的实践证明,网络凭借其高技术设备和强大的功能,成为展览业加强对突发危机管理与促进行业发展的中坚力量,可促成展览业对各类突发性危机的长效危机管理机制。"网络展览"在突发危机时所产生的优势基于以下几个特征:

1. 随着网络的覆盖面越来越广,网络的便利性及多功能作用被广泛地认识,现代网络不仅可实现即时视频、语音、图像、文字的互动,同时由于最新的网络合成技术的迅速成熟,使网络比以往更具亲和力,为"网络展览"的形态奠定了坚实的基础。

2. 网络改变了时间与空间的物理概念,以先进的电子化速度实现了信息的即时性、全面性与权威性。且现代网络在技术发展支撑下具有强大的扩展性与兼容性,网络开发商以服务集成的理念已最大程度地被企业、个人及电子商务的组成元素所广泛接受。

3. 互联网改善了人与人之间的关系状态。网络最大程度地兼容了世界的文化与地方习俗,使人类各层面所产生的需求经网络的方式集散,更易接受,更易互动,将人之间的距离拉近。

我国展览业 SARS 期间,很多展览组织机构不失时机地推出了基于 IT 与网络技术为重要手段并集成传统展览内容的各项服务的"网络展览",利用 IT 与网络技术,促进展览的功能更趋完善与强大,如:视频会议系统(远程视频、语音互动、实时数据,并支持多地点同时召开会议)、多媒体视讯系统(综合远程、多点、实时、互动等特性的功能)。这些"网络展览"完全可与物理形态的"博览会"相媲美,突破了传统的贸易方式,全面影响了越来越多的传统企业,改变着供需双方对网络的认知,发挥了强大的贸易功能,奠定了"网络展览"的基石与形态。

六、"网络展览"或将成为平行于传统展览的新业态

展览组织机构实际上以展览的方式为展商与贸易商提供交流平台,客观上是以集合空间和时间的方式为行为主体间创造交流的环境。在突发危机发生的情况下,这种方式受到了挑战,"网络展览"以其高效、灵敏的特点,表现出特殊的应用价值,实现了人们之间在不接触的情况下照常进行经济交往与贸易活动,有效阻断了传统展览密集人群集合传染源的途径。在 SARS 期间这些以"非接触经济"形态的"网络展览"高效运转,发挥着具有历史性的重要作用。

"网络展览"迎合了国际市场多元化的需求,我国展览业实践证明:突发危机出现时往往会放大这种效应,为"网络展览"的发展带来新的机遇,"网络展览"之所以

可以成为后 SARS 时期与传统展览平行的业态基于以下因素：

——网络运营商从展览业的发展过程中对"网络展览"有了更进一步的认知，从软硬件的技术集成逐步转变到服务集成，基于成熟的网络技术及前瞻性的经营理念构筑了"网络展览"的必备条件，随着我国展览业立法、政策等因素的进一步完备，其发展更迅猛。

——"网络展览"是以实现参展产品网络演示和空中交流的方式进行。全球客户在不增加对时间与空间的特殊要求下，对产品的功能、特性、服务等方面进行即时（Real time）的互动达成对贸易主要构成元素的一致，以多项增值服务获得国际贸易订单，比如根据跨国采购集团在华采购目录与参展商进行贸易撮合配对服务。

——"网络展览"可使展、贸双方通过在线展台和网上参观与下单的方式完成贸易。2003 年受 SARS 之灾的广州，第 93 届广交会使出口成交额锐减，但同时举办的"在线广交会"则在一定程度上减轻了损失的程度，但同期"一期"在线广交会完成出口成交额 13 亿美元。

——"网络展览"在应对突发危机时具有积极意义。SARS 时期，新加坡视频会议的需求与 SARS 病毒蔓延前相比，增加了 20%，新加坡视讯会议中心的使用率提升了 50%；美国一家网络公司为微软、Dell、佳能、AT&T 提供的网络视讯服务量增长近 30%，贸易增长"史无前例"。

——"网络展览"实现网络展览与电子订单的方式来满足参展商与采购商的供需交流，有效将服务层次化。据报道，SARS 期间，新浪网的"网络商城"日均页面浏览量上涨 20%；卓越网 2003 年 4 月份的成交金额高过 1500 万元，日均订单在5000 例左右，有 50 万元左右的成交量。

——"网络展览"是基于电子商务网站平台的长期性展览方式，它可使参展企业不断个性化它的产品目标群，利用视频系统、网络电话、电子邮件及即时Message 系统来实现双方的就贸易与产品元素的互动沟通。

虽然国际展览业与我国展览业对"网络展览"的发展以及"网络展览"的定义具有很多的争议与不同的观点，但"网络展览"以原有的电子商务运营商的"概念展览"模式经过数年来的艰难历程，已在我国展览业逐步地清晰起来，并以其特殊的资源整合方式得以强大与发展，形成与传统展览齐头并进的新业态。

北京协动时代科技有限公司（MeetExpo Inc.）为代表的网络运营商曾研发"展览网上互动信息交流系统"，该系统开发的"网络演示中心"（iDemoCenter）和"网络展览中心"（iExpoCenter）曾成功运用于国内外多个展览，如：第十一届上海国际汽车工业展览、中国—东盟博览会、第四届中国（长春）汽博会等。网络展览，提升了传统展览的服务理念和服务手段，实现参展企业在线展示、品牌推广、与客户互动交流、展览信息收集、网上市场宣传及互动营销等目的。以其独特的互动性和趣味性，增强了观众的视觉冲击效果，真正给参展商与目标观众一种全新体验，从而达

到企业参加展览的商业目的,使企业参加展览的收益最大化。(如图 8-1、8-2 所示)

图 8-1　网络展览　虚拟展台

图 8-2　网上互动展台

协动时代开发的展览营销系统解决方案是基于"网络演示中心"(iDemoCenter)和"网络展览中心"(iExpoCenter)两大模块,代表了"网络展览"的核心元素。系统的虚拟演示中心、虚拟销售平台、虚拟的展台、网络会议等,构架出参展商全球的在线服务营销体系,突破了传统展览的营销与服务理念,将 IT 与网络技术与传统展览资源合理整合,并进行科学利用,使得参展商的销售和服务体系的商务成本大幅下降,从而使展览服务、营销效率以及质量成倍提高。

协动时代的"网络展览中心"(iExpoCenter)是针对传统展览而采取的网上信息化综合解决方案,该方案包含了"展览门户网站"(iPortal)、"网络展位图"

(iFloormap)与"互动展台"(iBooth)三个部分,展览组织机构利用平台可以快速建设、管理与维护"网络展览"。真正让展览组织机构、参展商、参观者通过线上线下联动,网络与实地互补,对"网络展览"有更深层次的体验,实现全方位的"网络展览"的信息与互动。从而全面达到展览组织机构、参展商、参观者间的互动、资源共享、和谐统一与共同受益的目的,巩固"网络展览"将来的地位。(如图8-3所示)

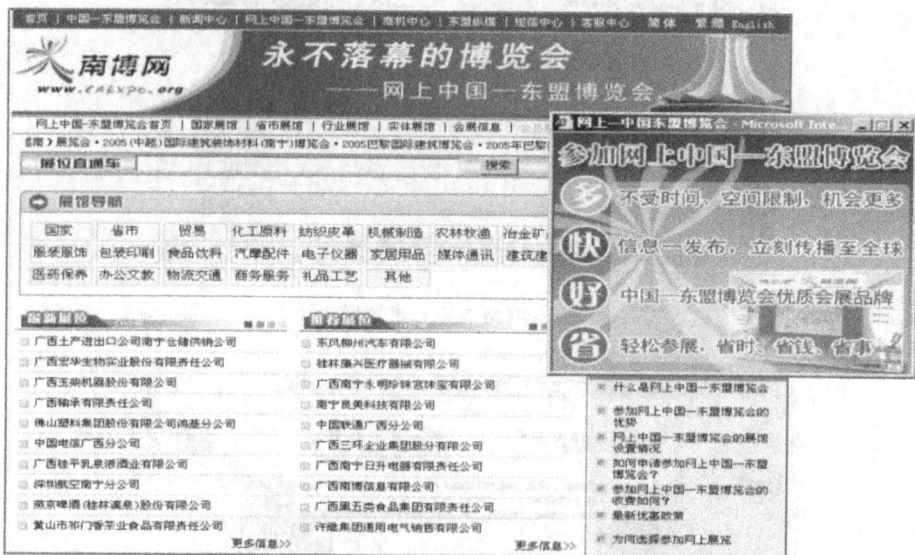

图8-3 "展览门户网站"(iPortal)

"网上互动展台"是"网络展览"以网络运营商演绎的IT与信息技术集成的一种与传统展览互动的一种展览形式。

"网络展览"是基于对传统展览组织方式功能不足的改进,特别是在当前网络与IT技术快速发展的背景下,网络展览作为一个新业态,对推动我国展览业增强整体服务水平与竞争优势、应对突发危机的机制建立,具有很好作用。当然,"网络展览"的培育、发展和壮大需经过我国展览从业人员持续不懈的努力及IT与网络技术的进一步发展,才能得以最终实现。

第三节　在展览业导入客户关系管理

展览作为一种服务型产品需吸引和保持更多的客户,因此展览组织机构就需强化客户资源的管理,从而实现对目标客户的个性化服务,提高客户满意度,最终达到获得客户忠诚度的目标。

近几年,我国展览市场呈高速成长势态,但展览业的组织管理水平与高速成长

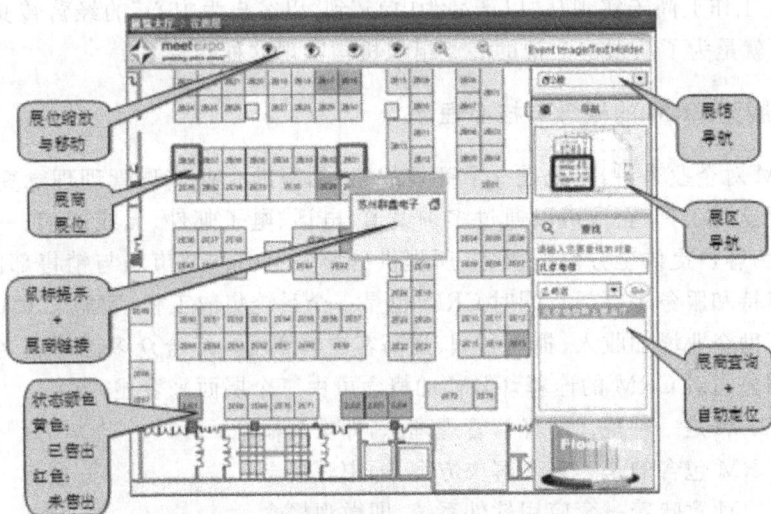

图 8-4　"网络展位图"(iFloormap)

图 8-5　"互动展台"(iBooth)

的业态还不相适应。不少展览组织机构由于缺乏对客户关系管理(Customer Relationship Management,以下简称 CRM)的认知,忽视了信息时代客户对互动性与个性化的需求,因此无法改善与目标客户(参展商与观众)的沟通技巧,展览活动的组织工作仍停留在传统的方式,仅以盲目加大广告投入或开拓传统营销渠道去组织潜在的客户,在有效提升现有客户的忠诚度,培育和巩固展览目标客户资源方面缺乏科学的方法,客户资源逐步流失。究其原因,是由于展览组织机构在目标客户的管理工作上尚未实现从"以产品为中心"到"以客户为中心"的经营转变。而展览 CRM 就是为了从根本上帮助展览组织机构实现这种转变。

一、展览 CRM 的概念与核心理念

CRM 对企业来讲,首先是一个商业战略,是帮助企业实现管理理念变化的工具。利用这种工具,企业可以通过多种渠道(电话、电子邮件、无线通信、一对一的直销等)为客户提供全方位的服务,所提供的服务不但涉及市场与销售部门,还涉及技术支持和服务等部门。同时 CRM 也是一个系统集成工程,实施 CRM 的最终目的是帮助企业增加收入、提高利润、提高客户满意度。综合众多国外著名研究机构和跨国公司对 CRM 的诠释,CRM 的概念可由三个层面来表述:

(1)CRM 是一种现代的经营管理理念,即宏观概念;

(2)CRM 包含的是一整套解决方案,即中观概念;

(3)CRM 意味着一套应用软件系统,即微观概念。

1. 展览 CRM 的概念

展览 CRM 是一套"以客户为中心"的经营管理系统,展览组织机构可通过与客户的互动来分析客户即时的数据变化以增进对目标客户和潜在客户的了解,为不同客户提供个性化的服务。

在"以客户为中心"的时代,展览组织机构经营管理应变的关键就是如何有效地实现对目标客户的源头管理,展览 CRM 系统是为真正意义上实现解决目标客户的源头管理而服务的。

展览 CRM 的三大系统功能,如图 8-6 所示。

图 8-6　展览 CRM 的三大系统功能

2. 展览 CRM 的核心理念

首先,展览 CRM 是将客户作为当前展览组织机构最重要的资源,通过一系列的跟踪、互动来了解客户的需求,并针对性地提供有效的服务,从而增强客户的满意度。

其次,展览 CRM 系统是展览组织机构供应链管理的延伸,提供展览组织机构目标客户管理的整体解决方案。

同时,展览 CRM 系统也为展览组织机构与客户之间发生的关系进行全面的评估与管理。

英国著名克兰菲尔德管理大学的麦尔科姆教授对 CRM 有一形象的比喻:如果将 CRM 比作一张凳子,那么它有三条腿:战略、营销和 IT 技术(见图 8-7),缺少其中任何一条腿的支撑,都可能引起系统的失效。因此,展览 CRM 不能孤立地建立在某一方面,它应是现代展览经营管理的重要组成部分。

图 8-7 CRM 凳子原理

二、展览 CRM 的基本原理

展览 CRM 的基本原理,就是利用数据分析技术把有关客户的基本数据变为可用的信息,并将信息转换为真正有用的客户资源,进而把潜在客户转变成忠诚客户,直至发展为终生客户,完成客户的整个生命周期。

改善客户关系的关键在于提高客户满意度,展览 CRM 的工作流程是将展览组织机构内外部客户资料数据集成到同一个系统里,让所有与客户接触的营销、服务人员都能够按照授权,实时地更新和共享这些资源。利用展览 CRM,让每一类客户的需求,都触发一连串规范的内部作业链,使相关业务人员紧密协作,快速而妥善地处理客户需求,从而提升展览组织机构的业绩与客户满意度,继而达到提高展览组织机构核心竞争力的目的。

三、展览 CRM 的功能

1. 提高销售和服务功能

展览 CRM 是通过信息技术来实施的一项"以客户为中心"的经营管理方法。通过市场细分分析不同客户的需求并提供个性化解决方案,如制定针对性的营销计划,提供符合目标客户所需的个性化服务项目,从而扩大展览项目的销售能力,提高展览整体服务质量与水平。

2. 降低客户开发成本

国际营销权威机构通过研究发现新客户的开发成本比老客户的维护成本平均高出 5 倍,企业获利的基础往往是由 20% 老客户构成的。利用展览 CRM 就可以通过针对性的个性化服务,有效地挽留老客户,赢得流失的客户,从而降低客户开发成本。

3. 增加客户价值,提高客户满意度

参展商和观众是通过参加展览来实现预期目标的,这些目标包括提升企业形象、发布新产品、进行贸易交流、获取行业信息等。展览 CRM 通过分析不同客户的预期目标,采取积极的针对性服务,最大程度地满足目标客户的各种需求,努力帮助参展商和观众实现参展和参观目标,提高目标客户对展览服务的整体满意度,因此,客户与展览的长期合作关系因此变得更加牢固,其展览的忠诚度也得到提升。

四、展览业导入 CRM 的原则

展览业导入 CRM 有以下几个原则:

1. 积极贯彻展览 CRM 的管理思想,强调客户满意度

提高对客户的关怀,明确客户需求,从而确定与客户的合作关系,这是展览组织机构实施 CRM 的关键所在。"以客户为中心"的口号在展览业中盛行多年,但落实不够到位,大多数展览组织机构在展前给参展商很好的承诺,但展中服务不周、展后沟通不够,导致大量客户流失。展览 CRM 思想的贯彻要靠展览组织机构高层领导的积极倡导与鼓励,并借助一定的制度贯彻到所有的工作流程中。

2. 根据自身特点,确定展览组织机构的策略

展览业具有其自身特点,而每一个展览组织机构经营状况又各不相同。因此,展览组织机构应针对自身特点建立 CRM 系统,而不是照搬别人的。展览组织机构应在充分调研的基础上,掌握如何划分客户群,如何吸引最有赢利价值的客户,怎样改造展览活动组织流程? 选择哪些模块? 购买什么软件系统等问题再确定符合自身特点的展览 CRM 策略。

3.适度调整展览组织机构结构,使展览活动组织流程适应 CRM 的实施

进行展览活动组织流程的重组,主要是通过以展览业当前业务流程进行调查与分析,发动展览组织机构内部员工和目标客户的积极参与,汇集各方意见和建议进行调整,从而使展览活动流程适应展览 CRM 的实施。

4.购买适当的硬件和软件设施,建立展览企业的 CRM 系统

展览业导入展览 CRM,需进行软硬件设施投入与支持,需对展览组织机构员工进行系统培训,这是实现展览 CRM 的必要途径与手段。在软硬件设施的投入上,应根据展览组织机构自身的条件和能力,"切合体制,恰当超前,合理规划,分步实施,量力而行"。现代 IT 技术和网络应用技术对展览 CRM 的实施,具有决定意义。

5.建立相应的管理制度和激励机制

展览组织机构在配合 CRM 导入时,应首先建立健全管理制度和激励机制。要客观设置工作流程中的不同岗位;清晰描述各个岗位的职责;保证执行效率,同时建立考评岗位工作情况的定量指标体系。全面保障展览组织机构 CRM 的顺利实施。

6.不断提炼,使展览 CRM 理念成为企业文化的一部分

制度要求总是体现在表层,重要的是将展览 CRM 的核心理念深入到员工内心,融入在企业文化中。展览组织机构要组织对员工的经营培训、文化补课、技术指导、案例分析等活动,将展览 CRM 有机地结合在各个工作流程中,使其成为企业文化的一部分。

五、科学实施导入展览 CRM

CRM 项目成败的争论已经很久了,归结原因主要在 CRM 实施上。CRM 项目的实施是一种艺术,它涉及沟通、交流、控制、影响等多方面因素,但它又遵循一定的规律。不同的展览组织机构,即使使用相同的软件,实施的状态也会不一样,其中的关键就在于人的因素。虽然在实施方法上是一些经验和规律的沉淀,但真正实施展览 CRM 还需要活学活用,能够抓住关键。

表 8-1 是科学实施展览 CRM 的全过程,通过它我们可以对展览 CRM 的实施方法有清晰的认识。

表 8-1　科学实施展览 CRM 的全过程

咨询与准备	方案与部署设计	系统集成与CRM 安装	部署CRM	培训	调整与辅导	验收并启用
1.深入对展览 CRM 理念和应用系统的认识与了解。 2.展览组织机构准备物质条件、进行项目动员，配置人员组建项目小组。	1.与服务提供商确定网络与系统平台设计。 2.确定展览组织机构资源划分/整合、分层/分权、人员/角色。 3.确定展览组织机构各项业务流程。	1.涉及其他系统集成业务，则选择与委托服务提供商进行开发。 2.在符合运行条件的平台中，服务提供商开始安装展览CRM 系统。	根据与服务提供商约定的部署规划和要求，由服务提供商对展览组织机构 CRM进行设置和初始化。	1.集中员工进行 CRM 知识、理念和相关企业文化培训。 2.集中部门进行系统部署、个性化桌面设置、业务流程和操作培训。 3.提供培训教材，针对实验数据模拟操作。	1.根据展览组织机构对展览 CRM部署的一些变动进行调整。 2.对个别部门与人员进行专业应用辅导。	汇同服务提供商、相关应用部门以及主管领导共同验收，启用 CRM系统。

第四节　展览 CRM 的方法和策略

　　展览 CRM 是与目标客户建立与保持长期良好合作与互动关系的经营战略，在展览活动的各环节的应用范围正逐渐地加深和扩大。在展览营销过程中，如何有效地利用 CRM 的理念与方法培育展览品牌、强化展览服务是展览组织机构赢得展览市场的中心工作，而不断完善展览 CRM 在营销中的应用则是展览组织机构提高核心竞争力的基本保障。

一、实施展览 CRM 的背景

　　面对激烈竞争、变化多端的市场，怎样发现、吸引、留住客户已成为展览业高度关注的问题。展览组织机构广泛认同：良好的客户关系是展览业求得生存与发展的核心竞争力。因此，近几年展览业导入 CRM 的理念迅速得到业界的响应。我国不少展览组织机构已逐渐开始在展览营销中接受 CRM 理念并积极付诸实践，但展览 CRM 的实际应用总体上并不乐观，一方面表现在我国大部分展览组织机构对展览 CRM 的需求尚未真正启动，另一方面，在展览 CRM 系统推广过程中，我国展览 CRM 产品还存在着界面花哨、深度不够、流程僵化、概念过多、操作复杂，经不起实际需求考验的问题。尽管如此，实施 CRM 管理的需求呼声已越来越高，因为展览 CRM 的实施与应用对于构建品牌展览与展览组织机构的核心竞争力具有关键性的作用。

二、展览 CRM 基本模块的构成

展览 CRM 的本质是为展览营销服务的,它的研发是以促进展览营销,提升服务品质而进行。展览组织机构营销策略的核心在于整体协调,一致行动,在以客户为中心的基础上,找出自身竞争优势,作出最佳战略选择,并努力留住优质客户,提升客户价值。基于这种以客户为中心的展览 CRM 理念,展览 CRM 的模块构建应从降低成本、提高效率转向开拓业务、提高客户忠诚度的方向,主要包括以下八个方面:

1. 理念模块

CRM 系统需对展览业的发展前景有清晰的认识,每个决策和执行功能都能朝着特定目标发展,并最终得以实现。CRM 系统的理念应基于"以客户为中心"的思想和客户价值观的体现。应充分考虑如何使展览组织机构从竞争中显现出来,并把激发员工斗志、增加客户忠诚度、赢得市场份额作为构建理念模块的基础工程。

2. 战略模块

CRM 战略瞄准的收益目标及方向与展览组织机构营销战略应是一致的,应成为展览组织机构赢利的机会。"客户的忠诚度"是展览组织机构与客户关系的"良性因素"之一,意味着客户愿意花更多时间和金钱接受展览组织机构"品牌展览"的服务,CRM 战略就是从实现"品牌展览"收益的角度出发,发现、赢得、发展并且保持有价值的客户。

3. 经验模块

好的经验可以提升客户对展览组织机构的满意度、信任度和较长久的忠诚度,差的经验则正好相反,会严重影响与客户的关系,且最终失去客户。因此,客户与展览组织机构交往的经验深刻地影响其对该机构的印象,这就要求 CRM 系统对"客户经验"在客户关系中的价值和重要性有功能上的预置。

4. 协调模块

展览 CRM 系统的协调模块应能做到"以变应变",这些变化来自很多方面,如组织结构、管理制度、营销方法甚至企业文化等。其实从技术上导入 CRM 系统并不能使展览组织机构进入"以客户为中心"的时代,唯有自身从理念到行为上实现根本的转变才能真正实施 CRM。

5. 工作模块

展览 CRM 工作模块首先要求展览组织机构从客户利益出发,重新设计原有的工作流程,通过工作流程重组满足客户期望,实现客户价值。优化的工作模块将使展览组织机构具有务实、简化的工作过程,带给客户好的印象,提高其预期回报,

同时还能获得良性的客户经验。

6.信息模块

展览 CRM 需要一系列的客户信息,及时获得正确信息是 CRM 战略成功的基础。信息模块帮助展览组织机构获得客户的第一手资料,加深对客户的认识,使展览组织机构在任何渠道都有可能与客户取得有效沟通。信息模块应优化数据库和操作系统的使用,有计划地收集与管理客户信息,使展览组织机构更容易完成 CRM 的管理目标。

7.技术模块

影响展览 CRM 技术模块应用包括以下三个方面:CRM 应用、结构问题以及集成。在许多的 CRM 项目实践中,集成问题一开始并不占首要位置,但因为成本和时间因素,不久就会凸现出来,我国展览软件开发商也已经意识到真正的 CRM 需要无缝信息处理,需由集成企业提供技术支持。因此,展览组织机构导入 CRM 工程,技术模块应互动于硬件技术、通讯技术及环境技术条件的变化,技术模块应有更宽的兼容、扩展、升级、集成和网络化的空间。

8.评估模块

展览组织机构必须将其 CRM 项目量化并即时监控,通过对性能的测定来评估它们成功与否。每个展览组织机构都可以根据不同的展览使用一套独创的评估体系,以保证成功地将客户信息转化为展览组织机构的无形资产。

三、运用展览 CRM 实现动态管理

运用展览 CRM,可以实现对展览不同阶段的动态管理。

1.客户接触参与阶段

(1)营销分析——包含市场调查、营销计划、领导分析以及活动计划,提供市场变化情况和客户购买特征,使营销过程更具计划性,达到最优化。

(2)活动管理——保证完整营销活动的进行,包括计划、内容发展、客户界定、市场分工和联络。

(3)电话营销——通过各种渠道推动潜在客户产生。

(4)电子营销——保证互联网上个性化、实时大量的营销活动的实施和执行。

2.业务交易阶段

(1)销售分析——包含销售和利润计划、预期和销售指标分析、销售周期分析、销售组织分析,实现销售过程的最优化。

(2)客户和联系人管理——能够监督、跟踪客户和业务合作伙伴的所有相关信息。

(3)机会管理——提供销售跟踪与预测,识别主要的决定人,估计潜在购买和潜在结束日期。

（4）电话销售——将主要的客户和前景信息传递到现场销售人员,促进销售活动的维护,提供活动报告,形成报价,获得订单。

（5）移动销售——通过移动设备加强现场销售力度。

（6）电子销售——为互联网上产品销售和服务提供全面的服务。

3.履行实现阶段

（1）实现分析——包括供给能力分析和财务营收分析,使实现过程得到更好的理解和最优化。

（2）后勤管理——随订单管理、服务和售后过程全方位跟踪。

（3）信贷管理——运用支付历史信息和信贷风险分析的信息提供信贷检查;

（4）支付——提供客户合同、折扣、支付状况和账目的信息。

4.客户服务阶段

（1）服务分析——包括服务状况和过程分析,以及服务成本、收益率分析,使服务与响应过程达到最优化。

（2）合同管理——掌握合同的历史纪录和细节。

（3）企业智能——通过复杂的调查运算和智能代理解决交互式问题。

（4）移动服务——通过移动设备支持现场服务。

（5）电子服务——为客户提供获取专用信息的途径,如服务目录、内容、价格和解决方案。

四、提升展览 CRM 的应用

我国展览业在导入展览 CRM 时的最大问题是不知道如何正确运用客户数据并进行科学整合从而使其上升为有价值的信息为管理和营销服务。根据相关调查,不少展览组织机构连客户档案都难以建立和健全,因此,展览组织机构要想成功应用 CRM 系统,目前最重要的是建立健全以参展商和专业观众为主体的数据库,并在此基础上逐步建立真正意义上的 CRM 系统。要使展览 CRM 在营销实践中发挥积极作用,成功地提升展览品牌和展览组织机构的核心竞争力,不断地完善展览 CRM 系统的应用水平,取决于以下几个因素:

1.展览组织机构决策层意识超前,善于接受新鲜的事物和理念,在实施展览 CRM 中,敢于进行新的创新尝试。

2.选择 CRM 产品时决断正确,供需双方准备充分,配合默契,在软件应用环节上进行深度交流与沟通。

3.资源配置到位,充分重视在岗员工的培训,营销部门需参与软件的选型与试用,技术部门要参与二次开发。

4.针对展览组织机构的内部业务需求,应对软件在展览管理与营销管理中的应用,进行富有成效的二次开发。

目前,我国大部分展览组织机构(特别是中小型机构)并不希望所购买的展览 CRM 应用软件过多地改变其展览营销的流程习惯和管理思维方式,而真正需要的是利用展览 CRM 提高现有管理模式下每一环节的效率和控制力度。因此,现阶段适合中国展览组织机构应用的展览 CRM 应强调帮助展览组织机构建立内部全方位的管理信息平台,使各职能部门及协作单位间高度共享管理信息,做到对展览组织机构内外各种资源的关联管理和实时利用。展览 CRM 应帮助展览企业实现在信息化平台的基础上导入旨在协同支持而非监控施压的流程,在应用上提供更多的管理方法和员工参与机会,以客户关系管理为应用诉求,以工作流程自动化为具体应用方式。CRM 解决方案不应是单纯的应用软件产品,而是配合管理咨询增值服务的综合资源管理信息系统,应该帮助展览组织机构直接面向客户对象,发现、筛选和挖掘销售机会,实现营销业绩的最大化。

第五节 展览 CRM 和客户价值管理

展览业的客户关系管理是对客户价值的管理,展览组织机构通过有效客户管理与服务,增加客户价值。展览组织机构能否为目标客户提供展览产品与服务的附加值,这将成为展览品牌能否成功的关键。因此加强展览客户价值的管理就显得非常重要。展览 CRM 和客户价值管理的关系如图 8-8 展览 CRM 和客户价值管理所示。

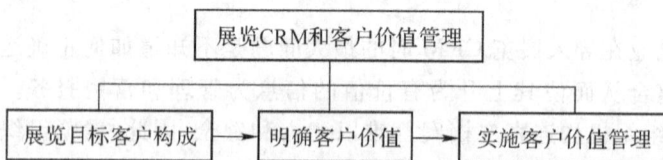

图 8-8 展览 CRM 和客户价值管理

一、"展览目标客户"的含义

如果对展览目标客户的范围没有清楚的认识,在实施导入展览 CRM 工程时将会产生严重的负面影响,将疏漏一部分客户的需求,形成不全面和不完整的展览服务体系,从而引发客户对展览服务不满的情绪,影响展览组织机构与客户间的良好沟通,对展览品牌的创立与展览项目的长远发展形成隐患。

展览目标客户应包括哪些范围?许多人习惯地认为展览目标客户就是"参展商"。实际上,展览的目标客户包括多个层面:参展商、观众、政府机构、媒体和展览服务商等。其中参展商与观众是构成展览目标客户最核心的要素。展览目标客户的构成如图 8-9 所示。

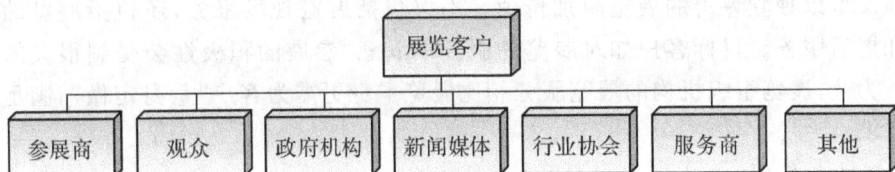

图 8-9　展览目标客户构成

二、客户总价值组成要素

按照 CRM 的基本思想,不同的客户对企业的价值贡献是不同的,从某种意义来说,企业利润最大化来源于有效的客户价值管理。展览 CRM 的客户价值管理可以帮助展览组织机构建立统一的客户价值评估标准和评估体系,按价值等级合理地对客户进行分类,并制定相应的使客户满意的策略,提供个性化服务。

根据展览服务实践,客户价值是指目标客户从参加展览及享受展览组织机构所提供的服务而获得的全部收益,展览 CRM 称之为客户总价值,组成客户总价值的要素包括以下 5 个方面(见图 8-10)。

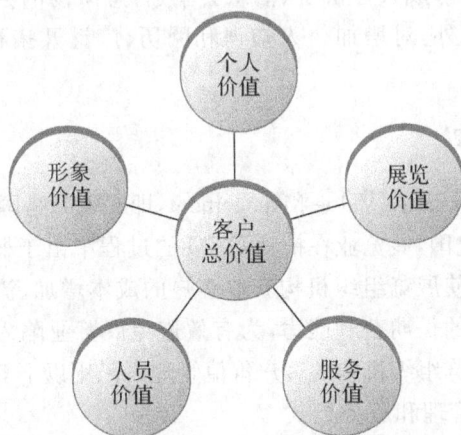

图 8-10　客户总价值

1. 展览价值

展览价值是指展览自身所具备的功能、特点、品质、品牌等,是目标客户参加展览的原动力,也是客户价值的第一构成要素。展览本身价值的实现需展览组织机构努力按客户的需求健全展览的各项功能,提高展览的效果,从而对客户产生强大吸引力。

2. 服务价值

目标客户参加展览的过程是接受展览服务的过程,展览服务是与展览密切相关但又可以独立评价的展览附加价值。不仅包括展览现场服务,还包括展览的展前和展后服务。目标客户如对展览的服务不满意,参展的积极性会受到很大的影响。为此,展览组织机构的展览服务相比展览本身更需为客户"量身定做",满足客户需求。

3.人员价值

展览服务人员的语言、行为、服饰、服务态度、专业知识、服务技能等极大地影响到目标客户在特定展览时期的情绪和心情。目标客户不愉快的参展经历往往与展览工作和服务人员的态度有直接关系。因此,展览服务人员的工作核心是"让客户满意",让客户时时刻刻感受到关怀与尊重。

4.形象价值

以展览品牌为基础的展览形象价值是客户价值重要的组成部分。对目标客户而言,品牌形象可以帮助其整理、加工、储存和解决展览的识别信息,简化参展决策。良好的展览品牌形象可以降低客户的参展风险,增强其参展的信心。

5.个人价值

展览是专业人士大量聚集的平台,不同行业、企业的知名人士都会相聚在由展览营造的社交环境中,形成人才济济、信息荟萃、智慧激荡的氛围。因此,目标客户参展,除完成预期目标外,对增加个人知识和阅历、广泛开拓社会关系网络等方面也会受益匪浅。

三、客户价值管理

客户价值管理(Customer Value Management,即 CVM)是国际展览组织机构高度认同的管理理念。在我国,展览业在推动 CVM 的过程中由于概念不清、目标不明而经常进入各种误区,致使展览组织机构获取客户的成本增加、流失率升高、忠诚度降低,进而影响展览项目的长期获利能力,为有效避免展览业陷入恶性循环,借鉴国际展览组织经验,我国展览组织机构的客户价值管理可采用以下 5 种方法:

1.结束"普惠制"管理和服务模式

以"服务求发展"是我国展览业为适合展览市场发展要求而采取的经营思路,展览组织机构在客户服务方面"八仙过海,各显神通"。同时,应尽快结束对客户的"普惠制"管理和服务模式,有效改变向目标客户提供"大众化"或"均码"的展览项目或服务,放弃"用一种展览项目或服务去攻打整个展览市场"的战术选择,避免在最无成长性的客户上花费高额的客户服务成本,而对高价值的客户又服务不周,造成客户流失,导致展览营销目标在推进的过程中丧失方向。

展览组织机构要赢得更多展览市场份额,就应选择和锁定特定的细分市场,然后基于细分市场的客户喜好和需求有针对性地研发展览项目或服务组合,彻底摆脱"普惠制"管理和服务模式。同时,还应针对展览项目和服务组合,持续性地进行展览市场评估与监控,直到取得稳定、高额的回报。

2.按照客户的生命周期实施管理

"把握客户需求"是展览业永恒的主题,通过了解客户不同生命周期的不同需求,针对性地实施管理,将大大提高展览组织机构精确实施展览营销战略的能力。

展览组织机构应针对客户生命周期的5个阶段(培育期、确认期、信任期、弱化期以及消失期)策划与实施不同的营销策略。例如,在确认期,展览组织机构需要聚焦于如何将现有客户培养成高价值客户;当客户进入信任期后,展览组织机构则要加大整合营销的力度,着手培养目标客户对展览品牌的忠诚度等。

"一朝客户,终生服务"是国际众多展览组织机构一直奉行的服务承诺。展览组织机构通过定期组织处于不同生命周期阶段的客户,共同开发新型或衍生的展览项目与服务,以确保展览品牌对处于不同生命周期客户真实需求的把握。在另一方面,展览组织机构还需与展览产业链上的服务提供商结成战略联盟,尽量满足目标客户的不同需求。实践证明,只要展览组织机构在秉承"以客户为中心"的理念进行客户生命周期管理,就会不断提高客户忠诚度,扩大市场占有率。

3.建设差异化的营销渠道

信息化时代,目标客户在参展决策过程中,不同营销渠道所产生的作用力与影响力也有所不同。展览组织机构要从成本效率、消费者偏好以及客户关系建立的实际能力等角度出发,建设差异化的营销渠道,有效地解决营销渠道资源配置不当、成本结构受损、客户感受削弱的实际问题。

在这方面,德国展览组织机构堪为先行者,德国的品牌展览都会根据客户行为与实际需求建立差异化的营销渠道,然后针对不同的营销渠道提供不同等级的资源配置支持。例如,德国慕尼黑国际展览公司(MMI)将 ISPO(慕尼黑国际体育用品贸易博览会)通过实施"营销渠道转换战略",将其展览品牌成功地移植到中国这一相对德国营销成本较低的地区,实现了 ISPO Munich 在中国展览市场的拓展,为该公司节省了数百万欧元的成本支出,同时带来了丰厚的营销增长。

4.内部作业流程与目标客户的价值取向相匹配

国际展览组织机构的另一条成功的做法就是将展览组织机构的内部作业流程与客户的价值取向(即购买力与消费习惯)高度契合,从而使展览品牌获得更高的客户满意度。在展览活动的组织过程中,展览组织机构不断创新展览营销的方法,做到在客户服务上的针对性投资,有效控制展览营销成本,提高客户满意度。

慕尼黑国际展览公司在创新会员制,推出了 Ispocard 的过程中深有感触。会员卡提出"save time"(省时)、"save money"(省钱)、"enjoy benefits"(更实用)的口号,成功地将展览组织机构的内部作业流程与目标客户的价值取向相匹配。

5.将网站视为营销和销售中心

展览组织机构仅把网站作为展览宣传与客户调查需求的工具其实是对营销机

会的浪费。如果展览组织机构能重视网站建设并适时为网站的服务功能与决策支持提供科学的导向,展览组织机构完全可以在与目标客户的互动中达成"双赢"——在提升客户满意度的同时为展览组织机构进行客户分析提供了帮助。

营销部门根据网站采集的客户信息,在 CRM 管理中对目标客户增加"客户标识",如"A"代表重要客户,"B"表示高值客户,"C"代表战略客户等,从而在营销过程中实现客户资源的整合。目标大客户的构成如图 8-11 所示。这样就能在营销推进或处理服务投诉时,通过"客户标识"的提示,进行有效的客户甄别,从而提升营销的成功率。这些技术在国际展览组织机构经营的品牌展览的专业网站上应用非常普遍。

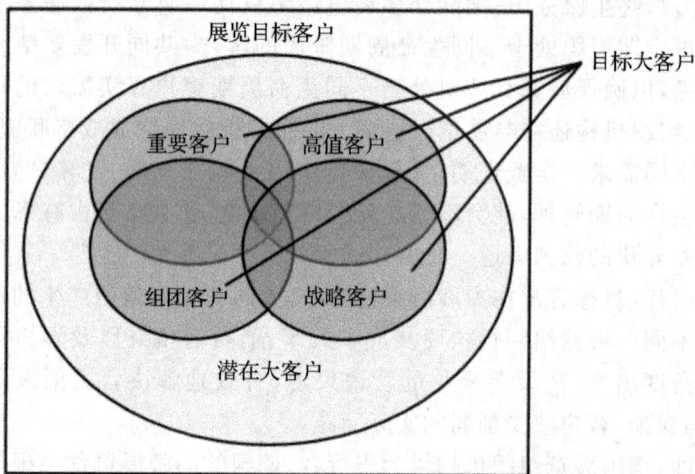

图 8-11　目标大客户

思考题

1. 为什么要建立展览的专门网站?

2. 如何规划展览网站的相关模块?

3. 如何与其他专业网站进行合作推广?

4. CRM 是什么管理系统? 展览 CRM 是为什么服务的?

5. 展览 CRM 的基本策略是什么?

6. 展览业导入 CRM 的原则是什么?

7. 如何实现客户价值的管理,请举相关品牌展览的实例。

8. 影响客户满意度的主要因素有哪些? 请尽可能多地进行阐述。

案例分析　　　　　**3W Show 会议会展管理系统**

2001 年中国华东进出口商品交易会(简称"华交会")的组织机构开始全面实

施展览 CRM 的导入,并从西安远华软件有限公司定购了 3W Show 的管理软件。该软件基于我国会展业的实际情况并融入了国际会展理念、先进管理思想、成功展览经验与先进计算机技术研发而成的旨在提高会展效率、质量和满意度的一体化解决方案,能促进展览组织机构科学合理地对展览和会议进行有效管理。以下是对这款软件管理模块的介绍:

一、客户数据库管理

为展览组织机构建立起所有客户的数据库,使得参展商、媒体、观众以及政府部门等全部客户信息得到有序安全的存储和管理。利用数据库的强大功能,客户可以查询、统计、监控所有与展览有关的机构和个人,记录所有会议资料及安排,记录所有参加会议人员的细节。如果客户以前使用的是其他格式的数据库,该款软件可以将它们轻松地导入,并进行有效处理,同时还可以将软件的数据库以其他格式转储,方便客户与合作伙伴的交流。

二、展览策划管理

1.将用户收集整理的展览资料,作为策划素材按照特定的格式保存在数据库或文件系统中。

2.帮助用户完整地定义一个展览,具体包括:

(1)确定展览的名称、主题、参展的对象、展品的范围等,决定展览的组织形式,如项目组名称、项目组成员、项目组成员的授权等。

(2)从企业和个人数据库中,根据用户设定的条件,帮助用户检索展览的主办者、承办者、协办者、委托机构及重要参展商和参展贵宾。

(3)管理常用文档。可以根据指定的路径,将展览的批文、招展书、招商函、参展手册等文档调动或保存。

三、通讯联络管理

利用该软件的内置模板,可以协助展览组织机构编辑信封、信函、地址标签、招商书等文档,可以自动地发送电子邮件和传真。值得一提的是它可按照用户指定的方式和时间成批发送,能圆满完成预先设定的任务而不必人员介入,同时还会记录发送成功与否、失败原因、日期、经办人等内容组成的联络日志,以备需时查看。

四、模板管理

该款软件能为展览组织机构处理大量的事务性工作,在选择了某一特定模板后,即可利用数据库中的客户资料成批处理。如选择一批展商通过传真向其发送招展书,这时即可由 3W Show 自动把这些展商的名称、电话等由操作者指定的信息与模板中的内容合二为一地发送出去。另外,该系统还可以:

(1)成批打印信封、信函、招展书、标签、胸牌。

(2)自动生成电子会刊。

(3)提供百余种标签、信封、信函、招展书、参展手册等电子文件模板。

五、事件管理

利用 3W Show,对重要事件的管理变得容易、轻松。它可以协助用户管理展览过程中的开幕式、闭幕式、演出、研讨会、新闻发布会、宴会、重要仪式等活动,帮助用户记录下事件信息及其时间安排,跟踪重要的事件,控制事件的进度,检查事件中发生的收支,确保每个事件的计划按预算完成。3W Show 提醒功能可以使展览组织机构及时处理最重要、最急迫的事件,减少工作疏漏机会。

六、预算管理

3W Show 可以制作预算,根据展览预算盈亏情况和现金流状况,及时调整预算,为展览组织机构确定财务策略与运作提供可靠的决策支持。

七、决算管理

3W Show 能从事决算管理,可以记录展览过程中的每一笔收入与开支,记录所有事件的财务明细,帮展览组织机构分析每个展览的盈亏及现金流状况,通过决算控制整个展览业务的运作,确保展览目标的实现。

八、展商管理

参展商或展团在 3WShow 中是以独立身份登记并进行管理的,可以对参展商参加的某项重大事件进行管理和监控,对参展团租赁展位进行管理,可以建立相应的联络信息,与展商进行通讯联络(自动向确定的参展商发送电子邮件和传真),并对参展商的回应情况进行处理,可以将参展商划分为确定的、有意向的、拒绝的、信息失效的几类,分别进行管理。

九、展位管理

通过直观的展位图的方式,显示展位的出售和出租情况,操作者只需单击相应的展位,就可以浏览该展位的详细情况和购买、租用该展位客户的情况。

十、用户安全管理

该款软件可能进行权限控制,没有使用权限的人员无法进入系统,进入系统的用户也根据业务和角色享有不同的权限,全面适应实际中的管理模式。

十一、数据安全管理

数据安全除受到用户安全的保护外,数据本身的安全也由专门的模块完成,可以将整个数据库中的数据完整地按照安全原则进行定期物理备份,以保证能在必要时进行恢复。

十二、决策支持

软件为展览组织机构的决策者提供多功能的"决策支持"模块。它能为决策者提供所需的各种业务统计、分析、类比的报告。对展览、参展商、观众、行业、地区、国家、工作人员等均可做出相关的评价,及时、准确地提供有力的决策支持。

第九章 展览组织与管理绩效评估

第一节 参展商数据分析报告

通过对参展商的数据分析,有助于展览组织机构了解参展商的参展目的、参展效果及参展商对展览的满意程度等信息,在今后的展览组织过程中,可以为参展商提供更周到的服务,创造更多的贸易机会和经验,参展商的分析流程如图 9-1 所示。

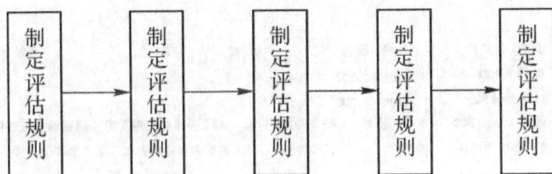

图 9-1 参展商数据分析流程

一、参展商数据收集

1. 利用"参展商登记表"收集信息

展览评估的主要信息来源是"参展商登记表",登记表通常涉及参展商参展次数、参展目的、规模、企业性质和行业属性以及来源地区等。利用"参展商登记表"进行信息收集是参展商数据分析的重要手段,"参展商登记表"的样式如图 9-2 所示。

2. 利用参展商调查表收集信息

参展商问卷调查表是另外一种收集参展商信息的重要工具,调查表所涉及的具体内容包括参展商所属区域、参展目的、参展效果、接待客户数、展览满意程度、展览期望、有效推广媒体等方面。调查表由展览组织机构在展览前设定,采取随机抽样的方式分发给参展商,通过反馈回的信息进行数据分析。调查表一般是在展览开展的第二天发放,以保障采集的精准程度。回收的时间通常定在展览结束的前一天,如在回收问卷时发现内容填写不符合规范,需及时与参展商沟通以期获得正确的内容,对于重复或不完整的问卷应作为废卷处置,但废卷处置需控制在 10% 内。

参展商注册表

详细信息   CM0901

联系人			职务		
公司名称	中文				
	English				
公司地址	中文			邮编	
	English			Post Code	
公司所在国家		公司总部所在国家			
电话		传真			
手机		邮箱			
公司网址		如有更多参会嘉宾，可以复制本表或填写"参会注册表"，请务必保证注册信息的正确性。			

行业类别 (请勾出)

☐ 政府和协会   ☐ 金融服务机构   ☐ 咨询公司   ☐ 矿权交易   ☐ 矿业贸易公司   ☐ 地质勘探机构

☐ 技术服务   ☐ 矿业开采公司   ☐ 机械和设备公司   ☐ 教育和科研机构   ☐ 媒体和出版商   ☐ 其他

您的业务种类 (请勾出)

☐ 贵金属矿   ☐ 基础金属矿   ☐ 煤矿   ☐ 铁矿   ☐ 铀   ☐ 稀土元素   ☐ 其他

请选择您的展位

展位	价格（国内）	价格（国外）	数量	总价	展位号（参考展位图）
6 m²	RMB 9,900	RMB 30,000			
9 m²	RMB 14,850	RMB 45,000			
设备展区	国内 RMB 800/平米	国外 RMB 3,000/平米	（30平米起，赠室内4m² 洽谈室及展位指示）		

一个标准展位包括 · 1个桌子和2把折椅   · 地毯、灯和电源   · 1名免费参会嘉宾和2名免费展位工作人员

免费参会嘉宾姓名		职务		邮箱	
免费展台工作人员姓名		职务		邮箱	
免费展台工作人员姓名		职务		邮箱	
额外参会嘉宾姓名		职务		邮箱	
额外展台工作人员姓名	RMB1,000/人	职务		邮箱	

注 每个标准展位仅允许1名额外展台工作人员，如有更多人员，请注册为参会嘉宾。

注册类别		提前注册（9月15日以前）	全额价格	数量	总价
国内参会公司（不含合资、独资、外商代表处及国外公司）	参会嘉宾	RMB 3,900	RMB 5,200		
	联欢晚宴		RMB 300		
	晚宴包桌（10人）		RMB 4,000		
合资，独资，外商代表处及国外公司	参会嘉宾	非会员公司 RMB 8,000	RMB 9,500		
		会员公司 RMB 7,000	RMB 9,500		
	联欢晚宴		RMB 750		
	晚宴包桌（10人）		RMB 8,000		

注 如贵公司在提交申请时改变计划，请于10月10日以前以书面形式通知大会组委会并支付详细注册费用40%违约金，10月11日后组委会将不再接受更改及退款申请。

更多的赞助、广告机会，请联系：
2009（第六届）中国矿业博览会组委会   电话：+86 10 82281725/26   传真：+86 10 82281613   Email：info@china-mining.org

图 9-2　2009 中国矿业博览会参展商在线登记表

2011 中国广东国际旅游产业博览会
参展商问卷调查表

1.贵单位参加本展会的次数？
□第1次 □第2次 □多次

2.贵单位本次参展的出展人数是多少？
□2人 □3人 □4人 □5人 □ 人

3.贵单位性质？
□国有 □民营 □台港澳 □外资
□代表处、办事处 □其他

4.贵单位获取本届展会信息的渠道是哪一种？
□上届参展 □组委会直接邀请 □网络 □媒体广告
□朋友推荐 □其他

5.您参加本届展会的方式是哪一种？
□由政府组织参与 □由商会或者协会组织参与 □由中介公司组织参与
□自己公司组织参与 □个体参与 □其他(请注明)

6.贵单位参展的主要目的是什么？（可多选）
□促进商品销售 □展示企业形象 □寻求合作 □收集市场信息
□零售 □技术引进或转让 □招商引资 □其他(请注明)

7.您认为本届展区划分是否合理？ □是 □否

8.您对本届展会的宣传推广是否满意？□满意 □基本满意 □不满意,因为：

9.您对到会采购商的数量、专业程度评价如何？
□满意 □基本满意 □不满意。
您需要什么样的客户：

10.您认为本届展会提供的贸易与合作机会怎么样？
□非常多 □多 □一般 □较少 □几乎没有

11.您认为本届展会服务体系如何？

参会报到	□满意	□基本满意	□不满意
展馆指示	□满意	□基本满意	□不满意
餐饮服务	□满意	□基本满意	□不满意
交通服务	□满意	□基本满意	□不满意
展会安全	□满意	□基本满意	□不满意

12.贵单位展台的布置方式是：
□请专业展览公司布置 □请广告策划公司布置

☐ 请建筑装饰公司布置　　☐ 自己布置

13.您认为本届展会需要重点改进的是什么(可多选):

☐ 安全服务　　☐ 参展企业质量　　☐ 现场服务　　☐ 交通

☐ 餐饮　　☐ 住宿　　☐ 卫生服务　　☐ 展台配套服务

☐ 宣传推广　　☐ 娱乐　　☐ 旅游　　☐ 专业买家组织

14.您认为本届旅博会参观成效如何?

☐ 满意　　☐ 基本满意　　☐ 不满意,因为:_____

15.贵单位是否会参加下届旅博会?☐ 是　　☐ 否,因为:_____

16.您对本展会的意见和建议:_____

_____

展　位　号:

参展商代表:

调查单位:展会组委会办公室

调查人:

调查时间:　　年　月　日

感谢您的配合!

二、参展商数据分析

进行参展商数据分析,需注意以下几个方面的内容:

1.评估对象

参展商数据分析是基于更深入了解参展商的行业分类、参展效果、对专业观众和展览组织机构的满意度以及对展览项目的忠诚度等内容作为分析项目所进行的评估。

2.样本选取

在进行登记或填写调查问卷的参展商中选取样本,一般分为本地参展商、国内参展商、三资企业参展商(中外合资企业、中外合作企业和外方独资企业)、国际参展商四组,不同的展览项目采用不同的分组方式。

3.样本结构

参展商的行业分类、所属区域、企业构成等基本信息是展览组织机构在参展商组织过程中就已获得,信息的有效性一般较高,而参展商对参展效果、对展览服务与观众组织的满意度及下届是否会继续参展这类信息是通过调查问卷的形式来获得的。

4.资料处理方法及工具

目前我国展览组织机构对参展商调查问卷所采集信息的处理方法基本还使用人工方式进行,通过对问卷逐项内容进行统计,获得基础数据,再由项目评估小组整合来自不同采集小组(特大型展览资料采集是以小组为单位)或人员的数据,获得相关的数据结论并形成最终报告。

5.调查完成情况

标准参展商分析报告还应阐述调查完成率及部分未完成或调查无效的原因,以保证数据客观、公正。

三、参展商数据分析的作用

展后及时对展览参展商进行系统的数据分析,将有利于展览组织机构根据参展商与参展行业具体情况评估展览工作,并根据参展商的意见反馈对展览工作进行改进。就具体指导而言有以下作用:

(1)为展览组织机构进行新的展览项目的可行性分析提供数据依据。

(2)对展览项目的整体运作及其相关成果做出客观真实的评价,展示展览项目的优势,为招展工作提供基础数据的支撑。

(3)对展览项目历年的相关数据纵向比较,分析存在的问题并提出发展趋势及发展对策。

(4)结合国内类似的展览活动进行横向对比,分析并借鉴其优势。

(5)为将来展览项目的品牌建设提供支持。

同时,数据分析报告还能为潜在目标参展商的参展决策提供必要的信息,通过数据分析,向潜在目标参展商阐明参展所能获得的良好效益,以帮助其做出参展决定。通常展览组织机构向潜在目标参展商提供以下信息:

(1)展览回顾——客观提供往届展览的数据与分析。

(2)展览市场调查——往届展览调查问卷表与统计结果。

(3)参展手册和工作一览表。

(4)行业信息,尤其是行业发展趋势——帮助参展商寻找符合市场需求的展品,进一步扩大业务规模。

(5)有助于促进参展决策的综合性信息。

案例一 2011年第六届中国小家电交易会参展商分析报告

2011年8月21日,第六届中国小家电交易会暨小家电配件采购会(简称"小家电展")中山黄圃国际会展中心圆满闭幕,在展会规模扩大的情况下,人流量和交易额也不断提升,再一次实现了新突破。

本届展会分为成品区(A、B、C、D、F 馆),其中 F 馆是新搭建的成品展区,同时将 D 馆分成影音展区和配件展区,总体展出面积近 30000 平方米,展位超过 1000个,参展商逾 600 家,展出产品包含厨卫家电、生活小电、白色家电、家电配套、影音产品五大类,除了传统型号产品外,参展新产品超过 20000 款。

此次展会中,来自全国逾 600 家生产企业参展,展会总共吸引了来自各省市自治区采购商高达 41182 人次,采购商总数同比增长 33.92%。在大买家方面,京东商城专门派出采购团到场开展专场采购洽谈会,掀起了采购互动的高潮。

根据展后全面调查统计,第六届中国小家电展总成交金额已经超出 6.83 亿元人民币,同比增长 65.38%,比春季展增长 19.93%,连续 6 届展会总交易额累积超过 27 亿元,后续交易额还在不断追加当中。

展会结束后,主办方以调查问卷、电话回访、业务员面访等方式,对参展商进行了展后调查,参展商总体满意度高达 96.85%,而采购商对展会整体满意度高达98.35%,从以下各项分析中可以清晰了解到具体分析,这也将作为中国小家电展接下来更好发展的重要总结和参考!

一、展后针对参展商调研数据分析

1. 参展企业交易情况调研分析

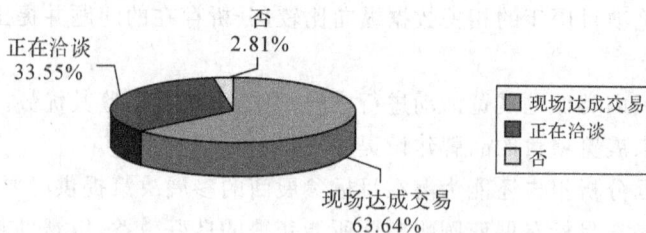

图一

第六届小家电展创造了超过 6.83 亿元的交易额(图一),成交量再创记录,达成交易的参展商占总参展商数量 63.64%,同比增长 23.96%%,本次展会也对97.19% 的参展商起到了实质性的交易推进。

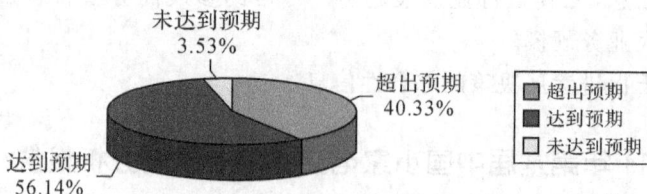

图二

根据数据显示(图二),本次参展商感受度普遍较好,40.33% 的企业反映参展效果超出期望值,56.14%的企业展出效果达到了期望值,展出效果总体满意度高达96.47%。

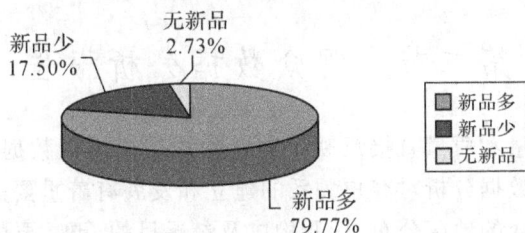

新品少 17.50%
无新品 2.73%
新品多 79.77%

新品多
新品少
无新品

图三

本次依旧对参展新产品进行调研(图三),有79.77%参展商展出超过20款以上的新产品,甚至有企业推出了超过100款的新产品,而由于秋季展距离春季展结束的时间不算很长,因此更多的企业选择推出部分比较具有特色的新产品,以寻求更精准的市场定位。

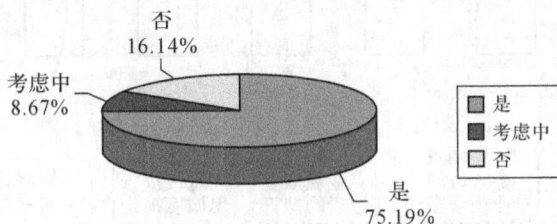

否 16.14%
考虑中 8.67%
是 75.19%

是
考虑中
否

图四

本届展会的配件区依旧占据独立的一个馆区,在成品展区火爆异常的同时,配件展区也持续保持着高人流的热度,从调查显示来看(图四),83.86%的受调查成品企业拥有采购上游配件的高意向,其中高达75.19%的成品企业确定要采购相应配件,比如成品面板、电线、开关、集成配件等配件成为了抢手货,而且配件成交量也较往届有了进一步提升,上下游企业反响积极良好。

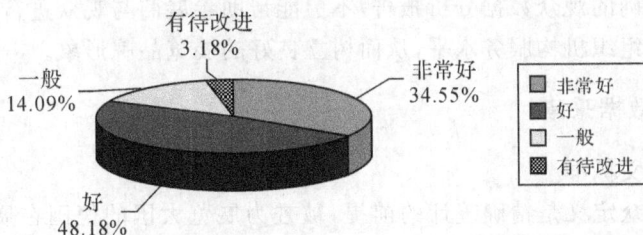

有待改进 3.18%
一般 14.09%
非常好 34.55%
好 48.18%

非常好
好
一般
有待改进

图五

经过全面的详细调查(图五),参展商总体满意度高达96.82%,其中有

48.18%的参展商对本届展会表示出"非常好"的高度评价,较上届展会提升13.59%。

第二节 观众数据分析报告

参观观众的数量和质量直接反映了展览的成效。观众数据分析,特别是专业观众和境外观众的数据分析对客户关系的建立和发展有着重要的意义。观众数据分析不仅反映了观众的地区分布、行业构成及参展目的,更重要的是它客观地反映了观众对展览的期望值,为完善展览组织工作提供了决策依据,也是目标参展商选择展览的重要依据。观众数据分析流程如图9-3所示。

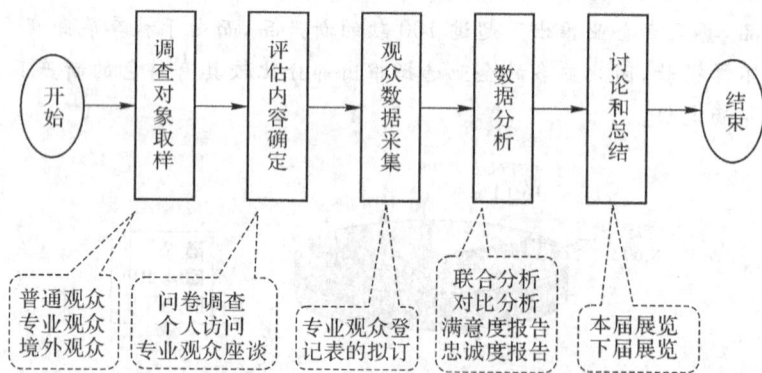

图 9-3 观众数据分析流程

由于展览业的展览评估与认证还不科学,展览组织机构在观众数据统计标准上五花八门。导致要了解展览真正的规模和影响显得十分困难。部分展览组织机构抵触观众数据的透明化,使得很多目标参展商无法获得真正的信息,展览服务的品质受到质疑。因此,展览观众统计数据的标准化和透明化将会对整个中国展览业规范发展有着重要作用。

而科学准确的观众数据分析报告,不但能帮助参展商与观众进行参展决策,还能提升展展览组织机构服务水平,从而树立良好的展览品牌形象。

一、观众数据采集

1.观众定义标准

严格的观众定义是精确统计的前提,被誉为展览大国的德国在展览的观众的定义及展览统计方面有一套相当成熟的做法。德国展览统计数据自愿控制组织(FKM)规定:凡购票入场或在观众登记处登记了姓名和联系地址的人都被称为观众。记者、参展商、馆内服务人员和没有登记的嘉宾不在观众之列。这个规定在欧洲被普遍接受。但在美国,参展商的工作人员和其他的团体被称为"展览参与者",部分也计算在观众数量中。可以看出,德国 FKM 将有兴趣和参展商建立商业关系的人才能算做观众,是最为严格的观众的定义。

展览观众一般有普通观众与专业观众之分。两者的根本区别在于专业观众对展览发展而言具有重要价值,能对展览品牌推广起到关键作用。而普通观众则是展览发展所要影响的目标客户或潜在客户,由于参展商必须与观众进行密切接触后才有进行商务交流的可能,如果,参展商面对的是数量很多的普通观众,就需花费更多的时间与精力从中分辨出真正的客户,这将严重影响参展商参展的信心,因此,对展览而言,最重要的是观众的质量,而不是数量。

2.调查取样

采集观众数据样本,特别是专业观众和境外观众的数据是非常重要的,其内容包括观众分布区域、部门、职位、兴趣、参观目的及对展览的评价等,其方法有以下几种:

(1)现场实时取样

分为现场实时统计和现场观众区域取样。从每天展览现场得到的现场数据取样并及时进行统计。根据展览组织机构的安排可在展览现场或媒体上及时公布,以提高展览的透明度和可信度。如图 9-4 就是义博会来宾登记表。

(2)网络注册登记取样

利用展览组织机构网站开通的网上电子登记系统,以电子请帖的形式提供给观众进行登记的表格。目前,在我国很多展览都具有网上观众预登记服务,可以充分利用观众预登记系统,将要取样的文字内容编入其中,及时地在展前与展中对观众数据进行分析。图 9-5 就是 2012 第二届中国智能博览会暨中国智能产业高峰论坛的观众在线登记表。

(3)展览身份识别信息管理软件

随着科技和信息化的进步,现代大型展览都开始导入展览身份识别信息管理软件来采集和管理数据,极大地提高了专业观众观展的效率,为展览组织机构的分析与研究创造了条件并为参展商的参展决策提供了方便。如图 9-6 就是新码通会展身份信息管理系统的介绍。

二、观众数据分析评估

在展览工作中,对观众数据分析评估是展览结束后的重要工作之一,通过科学合理的分析评估,为展览的组织工作积累经验,为完善下届展览提供决策依据,同时也为参展商和观众提供参展的客观信息。数据分析评估工作一般分 3 个步骤:统计分析、比较分析、分析评估。这项工作的作用是将所收集的数据和情况统计整理成系统的评估信息,根据评估标准进行比较与分析。

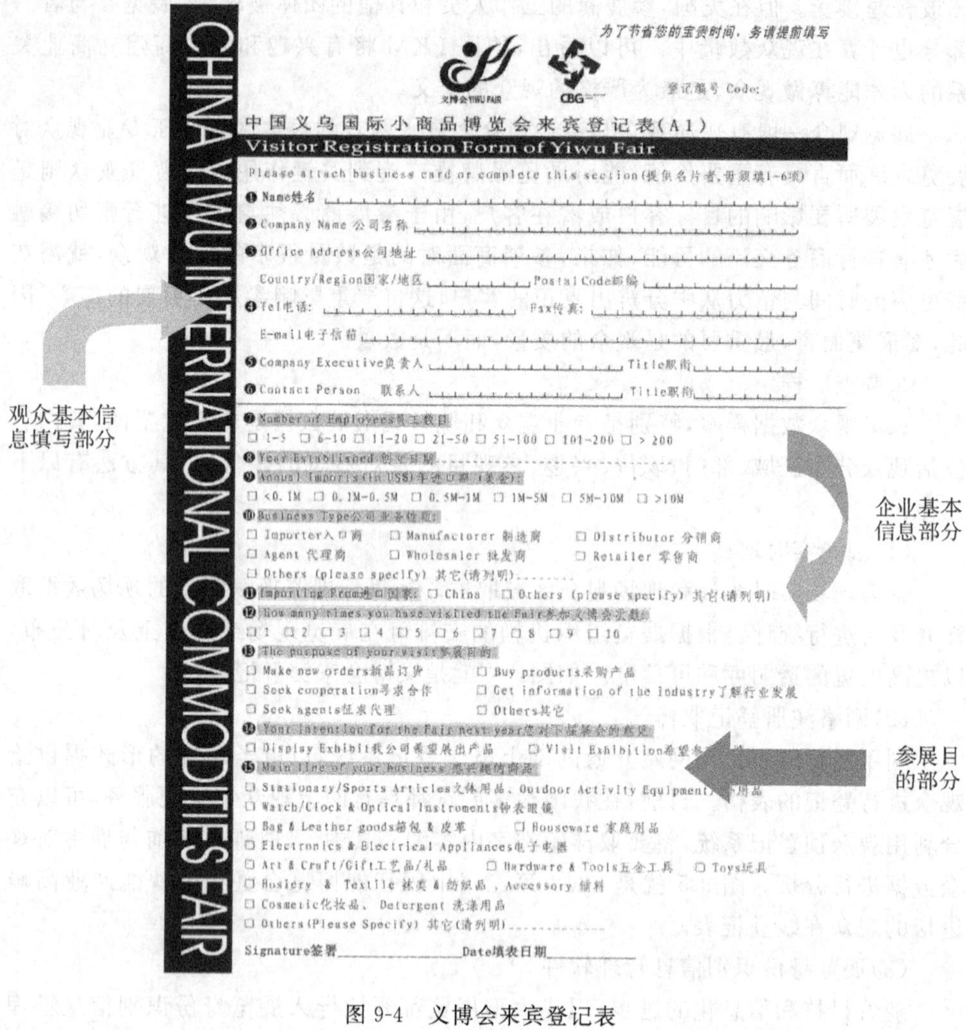
CHINA YIWU INTERNATIONAL COMMODITIES FAIR

为了节省您的宝贵时间，务请提前填写

登记编号 Code:

中国义乌国际小商品博览会来宾登记表(A1)

Visitor Registration Form of Yiwu Fair

Please attach business card or complete this section(提供名片者，毋须填1-6项)

❶ Name姓名
❷ Company Name 公司名称
❸ Office Address公司地址
Country/Region国家/地区 Postal Code邮编
❹ Tel电话: Fax传真:
E-mail电子信箱
❺ Company Executive负责人 Title职衔
❻ Contact Person 联系人 Title职衔
❼ Number of Employees员工数目
□ 1-5 □ 6-10 □ 11-20 □ 21-50 □ 51-100 □ 101-200 □ > 200
❽ Year Established 创立日期
❾ Annual Imports(in US$)年进口额(美金):
□ <0.1M □ 0.1M-0.5M □ 0.5M-1M □ 1M-5M □ 5M-10M □ >10M
❿ Business Type公司业务性质:
□ Importer入口商 □ Manufacturer 制造商 □ Distributor 分销商
□ Agent 代理商 □ Wholesaler 批发商 □ Retailer 零售商
□ Others (please specify) 其它(请列明)
⓫ Importing From进口国家: □ China □ Others (please specify) 其它(请列明)
⓬ How many times you have visited the Fair参加义博会次数:
□ 1 □ 2 □ 3 □ 4 □ 5 □ 6 □ 7 □ 8 □ 9 □ 10
⓭ The purpose of your visit参展目的
□ Make new orders新品订货 □ Buy products采购产品
□ Seek cooperation寻求合作 □ Get information of the industry了解行业发展
□ Seek agents征求代理 □ Others其它
⓮ Your intention for the Fair next year您对下届展会的意见
□ Display Exhibit我公司希望展出产品 □ Visit Exhibition希望参观
⓯ Main line of your business 您经营的商品
□ Stationary/Sports Articles文体用品、Outdoor Activity Equipment户外用品
□ Watch/Clock & Optical Instruments钟表眼镜
□ Bag & Leather goods箱包 & 皮革 □ Houseware 家庭用品
□ Electronics & Electrical Appliances电子电器
□ Art & Craft/Gift工艺品/礼品 □ Hardware & Tools五金工具 □ Toys玩具
□ Hosiery & Textile 袜类 & 纺织品，Accessory 饰料
□ Cosmetic化妆品、Detergent 洗涤用品
□ Others(Please Specify) 其它(请列明)
Signature签署 Date填表日期

图 9-4 义博会来宾登记表

1. 统计分析

是利用科学的方法，对收集、整理出来的统计数据进行精密加工和分析研究，对所调查的客观现象的特点、本质、规律深入了解，得出相应的结论，达到研究的目的。经过取样调查，展览组织机构得到了原始的数据，再通过统计整理得到符合研究所需的有效信息，这些信息经进一步研究可以如实反映展览所具有的实时特征。

2. 比较分析

统计工作主要是将所收集的展览数据和情况加以整理与计算，经整理计算出的数据和情况才成为有效信息，才能作为评估依据并具有评估价值。比较工作主要是参照评估标准进行比较分析，理性判断展览是否达到预期目标，展览组织工作

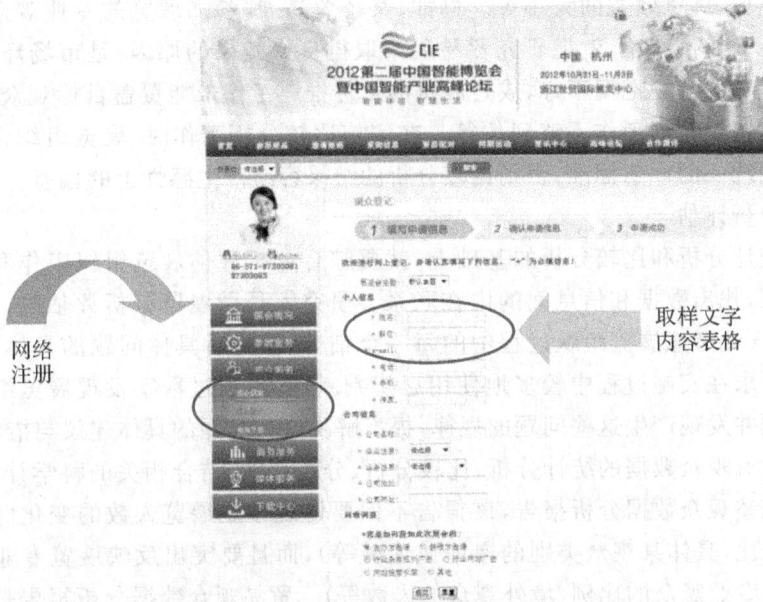

图 9-5　2012 第二届中国智能博览会暨中国智能产业高峰论坛的观众在线登记表

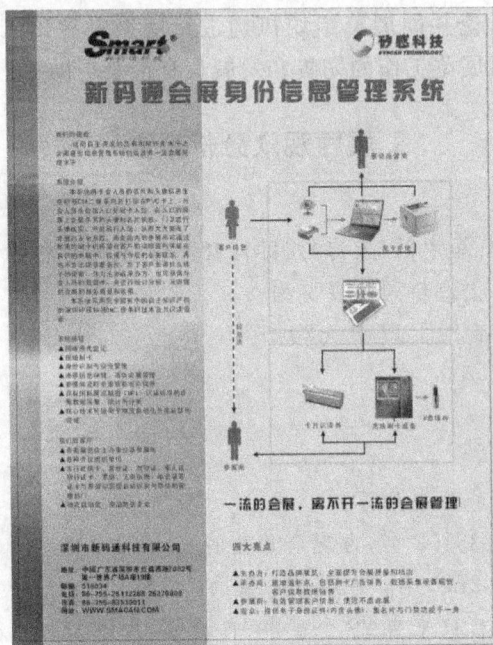

图 9-6　新码通会展身份信息管理系统

效率的高低,展览效益的大小等。例如,某个贸易展,参加展览的专业观众占整个观众的总数比例偏小,就需研究贸易展未取得良好效果的原因,是市场环境因素,还是该展览的选题把握不好,或是展览的宣传推广工作未能覆盖目标观众群体,还是展览的组织策划工作不够到位等。在实施比较分析工作时,展览组织机构必须严格使用统一的评估标准,否则比较分析的结果容易产生感性上的偏差。

3.分析评估

在统计分析和比较分析的基础上,就要综合分析评估展览组织工作和展览的实际效果,找出数据和信息间的内在联系。研究人员做展览分析评估时,要客观、全面、深入地考虑展览组织过程中的每一个细节,做到对具体问题的具体分析,同时特别要求在实施过程中较多地使用思辨判断能力,透过数字发现展览组织过程中的问题并发现产生这些问题的规律,提出解决这些问题的具体建议与措施。

经过对观众数据的统计分析、比较分析、分析评估,结合相关的科学计算,需形成一份完整观众数据分析报告,该报告不但要体现参观展览人数的变化(如:总数增加百分比,具体某观众类别的递增或递减等),而且要突出反映展览专业观众的质量(如:专业观众的比例、境外观众的人数等)。贸易观众数据分析报告是展览工作评估报告的重要组成部分。

观众数据分析报告的完成并非展览观众评估工作的结束。评估小组针对分析报告结果进行内部讨论并同展览组织机构进行座谈是评估工作中不可缺少的环节。讨论结果对未来展览工作的完善和发展具有重要帮助。

展后观众分析报告

展会总体概况

展会名称:第十三届中国(上海)国际别墅配套设施博览会

展会地点:中国,上海新国际展览中心

展会时间:2011年8月17日—20日

参观人数:35922人

国内观众:33152人

海外观众:2770人

现场观众的国内外分类如下:

● 国内观众人数:33152名,占观众总数的92.3%

● 国外观众人数:2770名,占观众总数的7.7%

国内观众地区分析:(来自29个省市、自治区,共计33152人)

编号	地区	人数	区域	百分比
1	安徽	414	华东	1.25％
2	北京市	514	华北	1.55％
3	福建	431	华东	1.30％
4	甘肃	30	西北	0.09％
5	广东	746	华南	2.25％
6	广西	60	华南	0.18％
7	贵州	53	西南	0.16％
8	海南	30	华南	0.09％
9	河北	196	华北	0.59％
10	河南	385	华中	1.16％
11	黑龙江	86	东北	0.26％
12	湖北	275	华中	0.83％
13	湖南	156	华中	0.47％
14	吉林	70	东北	0.21％
15	江苏	4084	华东	12.32％
16	江西	123	华东	0.37％
17	辽宁	370	东北	1.11％
18	内蒙古	73	华北	0.22％
19	宁夏	20	西北	0.06％
20	青海	0	西北	0.00％
21	山东	885	华东	2.67％
22	山西	113	华北	0.34％
23	陕西	106	西北	0.32％
24	上海市	20034	华东	60.43％
25	四川	93	西南	0.28％
26	天津市	182	华北	0.55％
27	西藏	0	西南	0.00％
28	新疆	70	西北	0.21％
29	云南	50	西南	0.15％
30	浙江	3355	华东	10.12％
31	重庆市	93	西南	0.28％
32	其他	60		0.18％
小计		33152	100％	

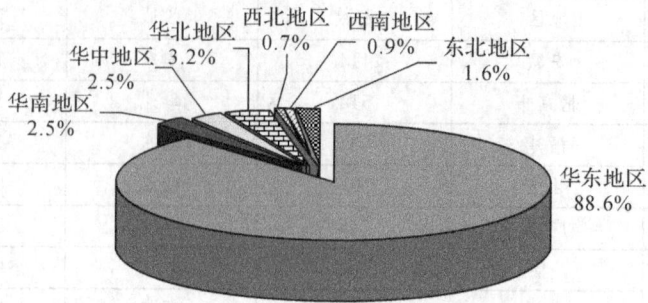

华东地区 88.6%
华南地区 2.5%
华中地区 2.5%
华北地区 3.2%
西北地区 0.7%
西南地区 0.9%
东北地区 1.6%

图例：华东地区　华南地区　华中地区　华北地区　西北地区　西南地区　东北地区

国内观众前十位排位（除上海地区以外）：

编号	地区	人数	所属区域	百分比
1	江苏	4084	华东	12.32％
2	浙江	3355	华东	10.12％
3	山东	885	华东	2.67％
4	广东	746	华南	2.25％
5	北京市	514	华北	1.55％
6	福建	431	华东	1.30％
7	安徽	414	华东	1.25％
8	河南	385	华中	1.16％
9	辽宁	370	东北	1.11％
10	湖北	275	华中	0.83％

海外观众地区分析：

编号	国家或地区	人数	区域	百分比
1	阿联酋	19	亚洲	0.68％
2	阿塞拜疆	9	亚洲	0.34％
3	澳大利亚	52	大洋洲	1.86％
4	中国澳门	9	亚洲	0.34％
5	巴基斯坦	9	亚洲	0.34％
6	巴西	38	南美洲	1.36％
7	比利时	14	欧洲	0.51％

编号	国家地区	人数	区域	百分比
8	朝鲜	19	亚洲	0.68%
9	德国	19	欧洲	0.68%
10	俄罗斯	268	欧洲	9.66%
11	菲律宾	38	亚洲	1.36%
12	芬兰	5	欧洲	0.17%
13	哥伦比亚	24	南美洲	0.85%
14	哈萨克斯坦	9	亚洲	0.34%
15	韩国	286	亚洲	10.34%
16	加拿大	56	北美洲	2.03%
17	柬埔寨	14	亚洲	0.51%
18	卡塔尔	5	亚洲	0.17%
19	科威特	9	亚洲	0.34%
20	老挝	9	亚洲	0.34%
21	黎巴嫩	5	亚洲	0.17%
22	罗马尼亚	19	欧洲	0.68%
23	马尔代夫	5	亚洲	0.17%
24	马来西亚	19	亚洲	0.68%
25	美国	94	北美洲	3.39%
26	蒙古	127	亚洲	4.58%
27	秘鲁	14	南美洲	0.51%
28	摩洛哥	14	非洲	0.51%
29	日本	643	亚洲	23.22%
30	中国台湾	258	亚洲	9.32%
31	泰国	14	亚洲	0.51%
32	突尼斯	5	非洲	0.17%
33	土耳其	38	亚洲	1.36%
34	乌克兰	19	欧洲	0.68%
35	乌拉圭	9	南美洲	0.34%
36	西班牙	24	欧洲	0.85%
37	中国香港	61	亚洲	2.20%

续表

编号	国家地区	人数	区域	百分比
38	新加坡	84	亚洲	3.05%
39	新西兰	5	大洋洲	0.17%
40	伊朗	75	亚洲	2.71%
41	意大利	42	欧洲	1.53%
42	印度	170	亚洲	6.10%
43	印度尼西亚	42	亚洲	1.53%
44	英国	33	欧洲	1.19%
45	越南	19	亚洲	0.68%
46	智利	19	南美洲	0.68%
47	其他	5		0.17%
小计		2770	100%	

调查表问卷统计分析

观众的工作性质

工作性质	人数	百分比
管理	9268	25.8%
采购	6322	17.6%
市场/销售	10381	28.9%
生产/制造	2227	6.2%
技术工程师	5137	14.3%
广告/推广/媒体	970	2.7%
其他	1581	4.4%

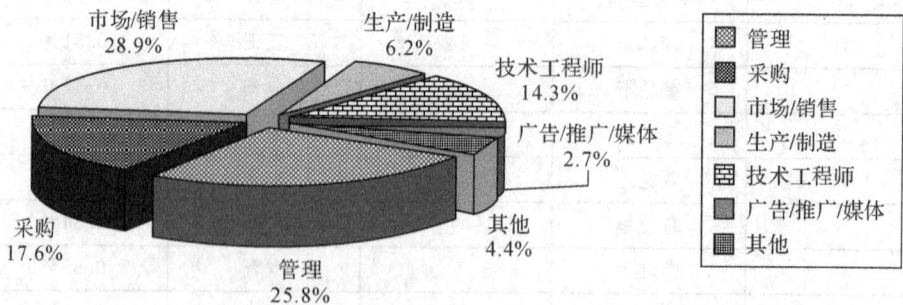

观众公司的主要类别

公司的主要类别	人数	百分比
科研机构和大专院校	2263	6.3%
研发制造业	8478	23.6%
进出口商	4059	11.3%
产品代理商	7651	21.3%
建材网络/信息技术	5460	15.2%
证券/风险投资/保险	467	1.3%
政府部门	862	2.4%
新闻媒体机构	1006	2.8%
专业协会	1257	3.5%
其他	4418	12.3%

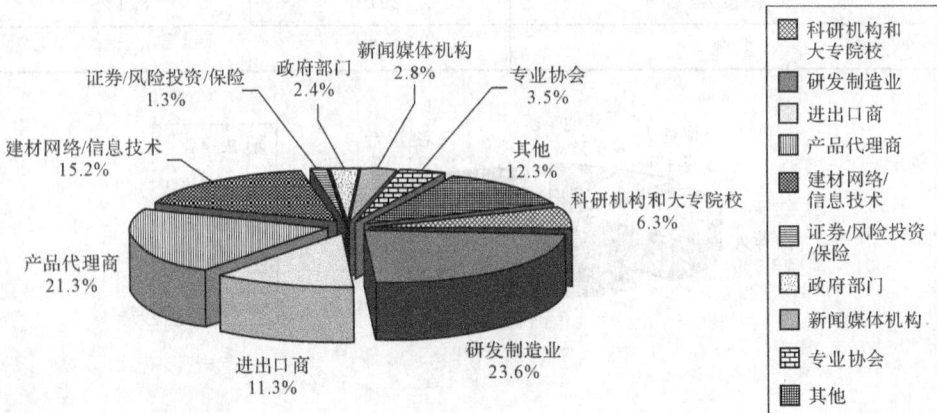

观众参加展会的目的

参加展会的目的	人数	百分比
采购	8082	22.5%
联络供应商/销售商	5963	16.6%
了解建材产业市场讯息	11351	31.6%
寻求合作	6394	17.8%
寻求解决方案	2586	7.2%
参加会议	754	2.1%
其他	826	2.3%

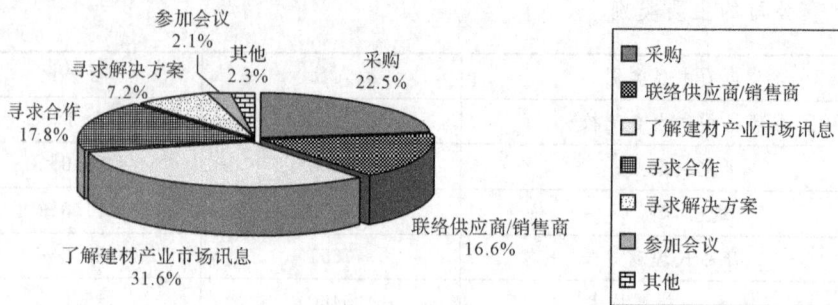

观众在采购中的角色

在采购中的角色	人数	百分比
决策者	11459	31.9%
收集信息	10704	29.8%
推荐人	8514	23.7%
评估人	2910	8.1%
其他	2335	6.5%

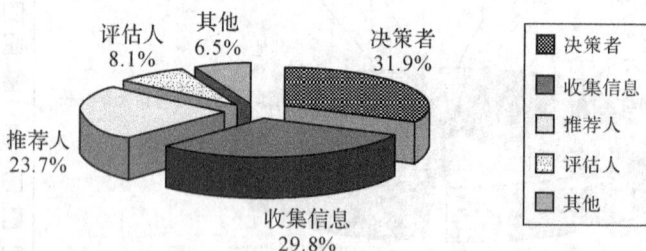

上海现代国际展览有限公司

2011 年 9 月 15 日

第三节 客户满意度调查分析报告

通过建立一系列的评价指标,对客户满意度进行合理、真实、客观的评价,形成客户满意度调查分析报告,并充分结合行业特征与特点进行研究,将更好地改善展览的服务意识与组织水平,最终提高客户对展览的忠诚度。如图 9-7 是客户满意度分析流程。

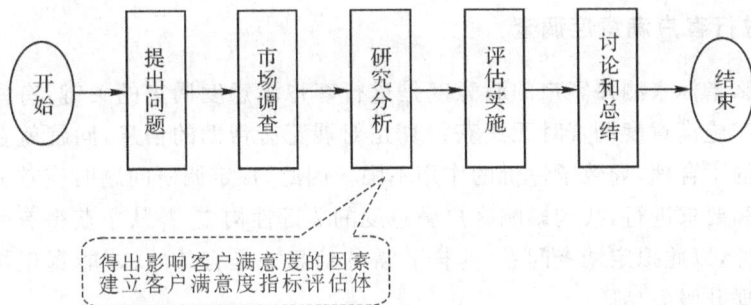

图 9-7　客户满意度调查分析流程

一、客户满意度的概念及影响因素

1. 客户满意度与客户忠诚度

客户满意度(Customer Satisfaction)是 CRM 中的一个核心概念,它由以下三个基本因素构成:

(1)客户满意度是一个相对的概念,是客户期望值与最终获得值之间的匹配程度。

(2)客户的期望值与其付出的成本相关,付出的成本越高,期望值越高。

(3)客户参与程度越高,付出的努力越多,客户满意度越高。

2. 影响客户满意度的因素

测定客户满意度的目的是为了改善参展商和观众对展览和展览服务的体验。展览组织机构的资源有限,不可能在短期内有效解决影响客户满意度的所有问题,通常会针对相关问题划分轻重缓急,先重点解决那些影响重大的问题。国外展览研究机构曾做过一项研究,将影响参展商与观众的因素分为以下四个方面,如表 9-1 所示。

表 9-1　影响客户满意度的因素分析

下列分项每增长 10%	总体客户满意度的相应增长比例
客户服务/失误响应	4.6%
形象/美誉度	4.2%
产品质量与可靠性	3.1%
性能价格比	0.6%

从表 9-1 可以看出,展览组织机构要提升参展商和观众的满意度,首先要解决的是展览服务问题,参展费用对客户满意度的影响并不大。

二、进行客户满意度调查

用什么指标来测评客户的满意度是进行客户满意度调查的关键,有些展览组织机构在实施满意度调查时无法获得真正对展览有帮助的信息,问题就在于调研指标设计的不合理,导致了评价的作用不强。因此,拟定调研问题时应首先针对客户的期望和要求进行,找到影响客户满意度的关键性构成,并从中获得有效的满意度评价指标,以此拟定调查问卷,这样获得的信息才是有效的,才能真正帮助展览组织机构提升服务品质。

常见的调研问题有:

(1)参展的核心价值是什么?如何评价?

(2)对展览品牌价值的具体要求是什么?如何评价?

(3)展览的相关服务应包括哪些内容?达到什么水准?如何评价?

(4)决定参展的主要影响因素有哪些?

(5)哪些因素是影响客户满意度的驱动因素?哪些是影响客户满意度的激励因素?

客户满意度调查的方法非常多,概括起来,有以下6种:

(1)二手资料收集。收集报纸、杂志、书籍、网络上的相关文章,并进行分类、甄别、整理、分析与研究。其优点是资料的获取成本低,缺点是针对性差,资料的详细程度不够。通过二手资料收集能够有效帮助展览研究人员了解行业的概况,能够非常有效地启发与帮助问卷设计。

(2)客户座谈会。客户座谈会是邀请目标客户对某一展览主题或展览服务理念进行深入的讨论。激发与会者的灵感,畅所欲言,展览组织机构从中发现重要的信息。

(3)深入访谈。对政府领导、企业领袖和专家学者可进行深入访谈。通过一对一的访问,可以从不同角度获得这部分高端群体对展览组织工作中的某一类具体问题的看法,从而在展览工作的过程中加以改善。

(4)随机访问。是在展览现场随机拦截目标客户进行访问的一种方法。

(5)德尔菲法。为避免集体讨论存在的环境影响或盲目服从多数的缺陷所采取的定性预测方法,以消除成员间相互影响。它运用匿名方式反复多次征询意见和进行多层面的交流,以充分发挥目标客户的智慧、知识和经验,最后汇总得出一个能比较反映群体意志的预测结果。

(6)利用CRM系统进行客户满意度调查。尽管利用CRM系统进行调查需对人员进行专门的培训,但利用此方法进行满意度调查较其他方式具有很强的优越性,不仅可以有效地保证样本选择的代表性,而且对质量控制及问题发现都有具体的保障。如果结合与目标客户经常性的接触活动,更会让客户感受到展览组织机构的重视与关怀。如以展会满意度调查表所示。

顾客满意度调查表（Visitor Survey）

1.您是第一次参加本届展会吗？

Is this the first time of you to participation this fair?

□ 否 No,（please specify）　　　　　times　　□ 是 Yes

2.影响您参加本届展会的主要原因是什么？

What is your main reason to visit in this fair?

□ 主办单位 Organizer

□ 扩大您的采购与本地市场 To expand your sourcing and your local market

□ 您的竞争对手参加了本届展会 Your competitors participate in the fair

□ 地区/位置 Place/location

□ 理想目标参展商 Proposed target Exhibitors

□ 其他（请注明）Others（please specify）

3.吸引您参展的主要媒体是什么？（可多项选择）

What are the sources of media that attract you to exhibit in this fair?

□ 报纸 Newspaper

□ 海报/传单 Poster/flyer

□ 直接招展邮件 Direct mail

□ 展商口碑 From words of mouth

□ 互联网/电子邮件 Internet/e-mail

□ 其他（请注明）Others（please specify）

4.您认为本届展会对提升贵企业采购的作用：

To what extent this fair will help you to increase your sourcing value：

□ 很好 Excellent

□ 较好 Good

□ 一般 Fair

□ 较差 Poor

□ 很差 Very Poor

5.请您评价本届展会：

Please give comments about the fair

优点　Strength：

_____

_____

_____

_____

缺点　Weakness：

6.您是否会参加下届展览会？

Would you participate in our next fair?

□ 是 Yes

□ 否，因为 No, because

7.请您对本届展会以下内容进行评估

Please evaluate the fair on the following：

	很好 Excellent	较好 Good	一般 Fair	较差 Poor	很差 Very poor
地点 Venue					
展馆 Exhibition Hall					
公关宣传活动 Public Relation					
主办者 Organizer					
专业参展商 Professional Exhibitors					
展会会刊 Fair Catalogue					
停车服务 Car Parking Service					
参展商数量 Number of Exhibitors					

续表

	很好 Excellent	较好 Good	一般 Fair	较差 Poor	很差 Very poor
市内交通 Municipal Traffic					
住宿安排 Reservation Service					
食品 & 饮料 Food & Beverage					
卫生 & 配套 Health & Accessorizes					

8. 与会参展商符合您的要求吗？

Do these exhibitors meet your need?

□ 是 Yes

□ 否 No

9. 如果这些客户不符合您的要求，您需要什么样的客户？

If they do no meet your need, what kind of exhibitors do you need?

(please specify)

□ _____

□ _____

□ _____

□ _____

□ _____

□ _____

10. 对本届展会总体评价：

Comments in general for the fair：

_____

_____

_____

_____

_____

_____

11.您的资料 Your information：

请填写您的相关资料，以便我们能改善相关的服务，为您提供更好的延伸服务。

Please fill information as following for improving our service and meeting your needs in different aspects.

姓名 Name：_____ 性别 Sex：_____ 年龄 Age：_____

职务 Position：_____ 教育 Education：_____

国家 Nationality：_____ 省份 State：_____ 城市 City：_____

通讯地址 Add：_____

_____ 邮编 Zip code：_____

公司名称 Company：_____

_____

电话 Tel：_____ 传真 Fax：_____

手提 Mobile：_____ E-mail：_____

三、客户满意度研究分析

1.建立科学评估流程和客户满意评价指标体系

首先采用定性的研究方法，通过内外部调研，从客户与展览的接触点，了解客户的满意和不满意的方方面面，以及客户满意的关键驱动因素；其次用定量的小样本方法，测试客户满意评价指标的科学性和完整性；最后再用大样本的定量调查，得出客户满意度结果。

2.区分客户价值

客户细分的方法很多，购买的价值、时间、区域……有时还可以将流失的客户与新增的客户进行比较分析与研究，可以获取意想不到的效果。因此，建立完善的客户数据库对客户价值的挖掘具有非常重要的意义。

3.发现关键问题

利用分析工具，通过客户满意度发现急需解决的关键问题。要避免通过满意度调查而仅仅获得一些简单的频数、百分比，不能对改进服务有所帮助而流于形式。

4.建立一套完整的体系，持续监测

客户满意系统的建立是展览实现稳定利润的基础和实现持续改进的重要手段。用客户满意度指数可以和许多软性的展览经营指标挂钩，是绩效考核机制的重大突破。有效的客户满意度体系应是一个闭环且持续上升的系统，在循环中采取变革行动，并对行动进行持续监测。

以下是第十三届高交会展会满意度及效果评估调查项目竞争性谈判邀请通

知书：

第十三届高交会展会满意度及效果评估调查项目
竞争性谈判邀请通知书[1]

一、单位名称：深圳会展中心管理有限责任公司（以下简称甲方）

二、单位地址：深圳市福田区福华三路　深圳会展中心

三、项目名称：第十三届高交会展会满意度及效果评估调查

四、项目概况：

第十三届中国国际高新技术成果交易会将于 2011 年 11 月 16 日至 21 日在深圳会展中心举办。本届展会的主题是"促进国际创新合作，加快发展方式转变"。设有"高新技术成果交易、高新技术专业产品展、中国高新技术论坛、super－SUPER 专题活动、高新技术人才与智力交流会、不落幕的交易会"六大板块活动，展区总面积将超 10 万平方米。

为掌握参会观众、专业买家、参展商的结构和行为特点，调查他们对本届展会的满意度及存在的需求与期望，准确衡量展会服务水平和展会效果，提供第三方对展会的客观评价和具有公信力的展会数据，甲方拟通过竞争性谈判的方式，确定第十三届高交会展会调查公司，完成对本届高交会的调查并提交《第十三届高交会满意度及效果评估调查报告》内部完整版和《第十三届高交会满意度及效果评估调查报告》对外宣传简要版（中英文）。项目具体内容及需求详见本通知书第六项。

五、实施地点：深圳会展中心

六、项目内容及需求：

---

[1]　资料来自中国国际高新技术成果交易会网站下载中心 http://www.chtf.com/qtgnjxx/xzpd

序号		需求说明	偏离选项
1	项目要求	1.1 通过对第十三届高交会进行调查、分析,中选单位在 2011 年 12 月 31 日前以电子文档形式提交《第十三届高交会满意度及效果评估调查报告》(内部完整版)及对外宣传简要版(中英文)。报告须含有但不仅限于以下内容:(1)反映展会基本情况的数据。(2)反映客户满意度及展会效果的指标。(3)反映展商、专业观众结构及行为特点的数据。(4)客户满意度指标体系及影响客户满意度的主要因素。(5)高交会今后进一步改进完善的建议。(6)甲方要求调查的其他相关内容。 1.2 甲方在报告最终版本确认前,可以三次对上述报告提出修改意见。 1.3 经双方确认报告最终版本后,中选单位提交:(1)含有报告(包括对外宣传简要版〈中英文〉和内部完整版)、问卷、原始数据库、深访资料的光盘一份。(2)印制内部完整版 30 册,对外宣传简要版 2000 册(印制完成时间另议)。 1.4 高交会展期,中选单位每天就调研项目提出简报和现场意见。 1.5 展商有效样本数不少于 1000 人,观众有效样本数不少于 1000 人,现场调查工作人员数量每天不少于 20 人,其中督导不少于 3 人。 1.6 调查内容要与历届高交会调查保持一定连续性(请参考附件)。 1.7 甲方在中华人民共和国境内使用该报告或该报告的任何一部分时,免受第三方提出的侵犯其知识产权的起诉。 1.8 后期服务:甲方可要求中选单位提供某些后期的数据分析、技术支持、报告陈述以及与本项目内容有关的策略咨询,中选单位应免费予以提供。但此条不构成支付本项目余款的前提条件。 1.9 甲方附加的部门服务满意度调查(具体内容及费用另议)。	不可偏离
2	时间要求	项目实施时间为 2011 年 11 月 16 日—2011 年 12 月 31 日。中选单位应于本协议签定之次日向甲方提供详细的项目日程安排表,并积极推进项目进展。按照项目日程安排表的约定,中选单位需按时提交需经甲方确认的文件。甲方有权检查和监督工作流程的进展。	不可偏离

序号		需求说明	偏离选项
3	资质要求	3.1 参加单位须为中华人民共和国境内注册并合法运作(企业营业执照经营期限处于有效期内,2009 年度或 2010 年度通过工商年检,提供营业执照复印件及税务登记证书复印件加盖公章)的独立法人机构,其主要经营业务包括展会调查咨询服务等相关内容。参加单位注册资本不少于人民币 30 万元(含 30 万元)。 3.2 参加单位的授权代表应为参加单位法人或经法人授权的该单位员工(提供法人证明书、法人授权书及员工证明文件,如单位法人为本项目授权代表,则仅提供法人证明书)。 3.3 参加单位应独立完成整个项目,不得转包。 3.4 参加单位须在展会调查方面有资深的团队和丰富的经验,提交团队主要人员名单和相关资历介绍(甲方保留核实的权利,即核查劳动合同或社保证明等),并在竞评时介绍参与本项目团队人员情况。 3.5 参加单位需提供在国内三家以上大客户名单及服务项目名称、联系电话、地址以及《调查报告》范本,并在谈判时提供样板演示(提供合同关键页复印件并加盖公章)。	不可偏离
4	服务承诺	4.1 参加单位须提供服务承诺书,包括项目进度、质量、水平及信息保密等内容。中选单位若因自己或第三者的原因,致使调查未能按时完成,除非有甲方可谅解情形,或基于不可抗拒的原因,否则每延迟一日,按《中华人民共和国合同法》规定的比例金额予以赔偿,即每延迟一天中选单位应向甲方支付委托金额千分之五的违约金。 4.2 违反工作方法责任:中选单位若未使用规定的方法执行调查,先确定违约部分,此部分重新调查,并按每部分壹万元人民币计算承担违约部分双倍赔偿;如违反保密协议,则承担以本项目委托费用的双倍进行违约赔偿。但此处所谓违反规定的方法,不包括在数据收集和处理过程中的一些常规的工作误差。 4.3 中选单位须按甲方要求完成附加的部门服务满意度调查(具体内容及费用另议)。	不可偏离
5	报价要求	5.1 参加单位必须按照本文件第六条 项目内容及需求之1.3要求提交的成果提供报价; 5.2 本项目报价以人民币为结算币种,包括税费等所有相关费用; 5.3 本次谈判的费用由参加单位自理。	不可偏离
6	控制金额	本项目的控制金额为人民币 15 万元(不含附加的部门服务满意度调查),竞评单位的报价不可高于控制金额,否则参加单位的响应文件视同无效。	不可偏离

续表

序号		需求说明	偏离选项
7	结算方法	双方签订合同后,14个工作日内甲方支付合同额的50%;中选单位向甲方提交调查报告(包括对外宣传简要版〈中英文〉和内部完整版),经甲方确认签回项目合格回执后,一个月内甲方向中选单位支付剩余金额,详细事宜以合同条款为准。	不可偏离
8	其他	参加谈判单位提交的文件均不退回。	不可偏离

算术错误将按以下方法更正(次序排先者优先):

1.若分项报价与总价不一致,以总价为准;

2.若用文字表示的数值与用数字表示的数值不一致,以文字表示的数值为准。

如果参加谈判单位不接受以上对其错误的更正,其参评将被拒绝。

被邀请的供应商在参加本项目谈判时,无需交纳谈判保证金,如本次被邀请供应商,在领取"邀请通知书"后,无意参与本项目谈判,请在谈判开始前2天,以书面形式通知深圳会展中心。

若该项目谈判因参加单位不足两家而导致重新进行,未予书面通知的单位将被取消重新参加该项目谈判的资格。

供应商在领取"邀请通知书"后至谈判开始前2天如对"邀请通知书"有疑问,请以书面形式(加盖单位公章)向甲方提出,甲方视情况给予电话或书面解答;供应商在上述时间未提出疑问的,甲方视为该供应商完全理解并接受了"邀请通知书"所有内容,并不再对"邀请通知书"提出任何质疑。

七、谈判:

1.谈判小组推选组长主持谈判;

2.响应文件的完整性检验和参加谈判单位基本情况的符合性审查;

3.商务及技术需求响应性评定;

4.参加谈判单位按抽签顺序作项目的讲解和演示,限时20分钟;

5.参加谈判单位现场回答谈判小组成员的提问,限时10分钟;

6.参加谈判单位提供最后一次报价;

7.谈判小组成员采用有记名投票方式按综合评议指标评分;

8.综合评分的计算和排序;

9.本项目第一候选供应商、备选供应商的确定及"谈判报告"的出具;

10.发放《竞争性谈判中选通知书》。

八、评审办法：

首先对各参加单位进行符合性审查。对通过符合性审查的单位,采用 100 分制竞争性综合评分法进行评分。

（一）符合性检查

评议项目	评议标准
响应文件	参加谈判单位提交的响应文件是否按要求编制目录、密封及标注,是否 1 个正本,1 个副本;参加谈判单位必须提供由法人代表或其书面授权人签署并加盖参加谈判单位公章的响应文件。
法人授权书	参加谈判单位是否提供企业法人授权证书及被授权人身份证复印件;响应文件不是由法人代表签署时,必须提供法人代表授权代表人签署的响应文件和参与谈判的书面授权书或委托书。
资格证明文件	参加谈判单位是否提供企业营业执照副本、税务登记证书复印件;企业营业执照经营期限是否处于有效期内,2009 年度或 2010 年度是否通过工商年检;是否按照规定提交了相关的资格证明文件。
注册资金	注册资金是否为人民币 30 万元(含 30 万元)以上。(提供营业执照复印件加盖公章)。
控制金额	报价是否超出本项目的控制金额 15 万元。

（二）综合评议指标表

评议内容	权重	评议标准
综合实力	10	根据各参加谈判单位的各项资质条件、信誉、企业实力等综合比较。如注册资金、注册时间、在职员工数量、行业资质等,满意度调查项目案例越多、业绩越突出,得分越高。
团队实力	15	根据各参加谈判单位提交参与本项目团队人员的相关资料综合比较。团队成员的资质越深,展会满意度调研的工作经验越丰富,团队分工越明确,得分越高。
过往案例	25	根据各参加谈判单位提供的过往业绩综合比较。政府、行业、展会满意度调查的案例和经验越多,特别是过去两年大型品牌展会满意度调查的案例越突出,得分越高。
对本项目的理解和创新	30	根据各参加谈判单位的项目建议书进行综合比较。对展会调研有深刻的理解和认知,在保持历届高交会调查内容连续性的基础上,对高交会调查有创新的思路和独特的想法,指标体系与国际接轨,样本抽取、访问员管理、现场监控及质量控制科学有效,得分越高。
价格评议	20	根据各参加谈判单位的报价进行计算。(当价格分＜0 时,取 0)基准分为 80 分,报价每高于或低于平均价 1％,则得分减少或增加 1 分。最高得分 100 分,最低得分 60 分。由此算出每个参评单位的价格项基础分,再乘以权重,即为价格项最后评分。

谈判截止期前的任何时候,无论出于何种原因,甲方可主动地或在解答参加谈判单位提出的澄清问题时对"邀请通知书"进行修改,并有权对谈判日期进行调整。

"邀请通知书"的修改将以书面形式通知所有领取"邀请通知书"的单位,并对其具有约束力。被邀请的供应商在收到上述通知后,应立即向甲方回函确认。如无回函确认,产生的后果由被邀请的供应商自负。联系方式详见本通知书第十二项。

九、被邀请供应商参加谈判时应递交的报价清单和响应文件

要求提供商务、技术条款响应/偏离表,报价清单和响应文件分开,分别装袋密封,并在密封袋上清晰标注;响应文件投递时,要求编制目录,装订成册,一式两份,一个正本,一个副本,亦应清晰标注。

1. 授权书:参加谈判的被委托人应具有法人代表签名或盖章的授权书及被授权人身份证复印件(原件备查);

2. 企业营业执照副本复印件、税务登记证复印件、相关资质证书复印件及企业简介(复印件加盖公章);

3. 三年相关业绩资料(含客户名单、联系电话、合同复印件、调查报告范本,相关商业机密可以隐去),加盖单位公章。

4. 报价,以人民币报价。

5. 本项目技术服务方案。

6. 参与本项目团队负责人及主要人员的简历及相关情况介绍。

十、响应文件交付截止日期及地点:2011 年 10 月 26 日下午 14:30,逾期送到文件恕不接受。深圳市福田区福华三路深圳会展中心 301 会议室。

十一、谈判日期及地点:2011 年 10 月 26 日下午 14:30 开始,深圳会展中心 301 会议室。届时请各参加单位准时参与。

十二、联系人: 蔡旋云　　　电话:0755 － 82848826　　　传真:0755 －82848694

十三、本项目供应商谈判结果的知会方式,以深圳会展中心的"供应商中选通知书"为准;未得到确认的,敬请谅解。

深圳会展中心管理有限责任公司
二○一一年十月十九日

附件　高交会调查内容参考

一、调查数据

1. 样本数量

2. 每日入场观众监测

3.每馆入场观众监测

4.专业观众比例

5.专业观众人气指数

二、客户满意度及展会效果

1.参展商满意度调查

2.观众满意度调查

3.高交会服务满意度调查

三、展商、投资商、专业观众结构及行为特点

1.参展商调查研究

2.观众调查研究

3.投资商调查研究

4.海外展团调查研究

(以上含背景研究、忠诚度研究、行为研究、未来参与高交会意向调查)

四、其他专项研究

1.论坛等活动效果调查研究

2.特装展位调查研究

3.宣传及广告效果调查研究

五、展会满意度与客户期望值缺口分析

六、建议

七、甲方要求调查的其他相关内容

第四节　展览营销工作评估报告

展览营销工作评估是展览组织工作总结的一部分,强调展览营销工作成果的评估对展览营销的专业创新与提升具有现实意义。

展览是一项组织工作与资金投入较大的系统工程,举办一次成功的展览往往需要展览组织机构投入相当多的人力、物力与财力。因此,展览结束后及时对展览营销组织工作进行系统的评估和总结,将有利于展览组织机构及时总结经验和教训,进一步完善展览营销工作。

展览营销工作评估可以由展览组织机构自行组织安排,也可委托专业评估公司实施。评估的内容主要包括营销质量评估、营销效率评估以及营销成本评估三大方面,评估采用定性与定量相结合的方法,并最终形成评估报告。

一、展览营销评估的步骤

1.收集相关的评估信息

展览营销工作评估所需要的信息,贯穿在展览营销管理工作的整体流程中,展览营销部门、财务部门、外联部门(负责展览宣传策划实施)等相关部门,都需将营销流程执行过程中的事项进行记录,以便实施评估时能提供全面的信息。

具体的评估信息可来自于相关记录(文件、合同、项目协议等)、召开会议、组织座谈、问卷调查等,也可来自营销人员的自我总结,展览营销工作情况说明等,也可以从参展商的调研表中获取对展览营销工作评估有用的信息。

2.成立营销评估工作小组

营销工作评估小组的组成需根据不同展览组织机构的实际情况而具体配置。小组成员来自与营销工作相关的岗位及熟悉评估工作和程序的专业人员,营销工作评估小组协同不同部门切实开展真实的数据采集与审核工作,并进行评估,从而发现营销工作中的具体问题,通过对问题的分析提出针对性的工作改进方法和措施,形成展览品牌建设与推广的合力。营销评估工作小组的组成如图9-8所示。

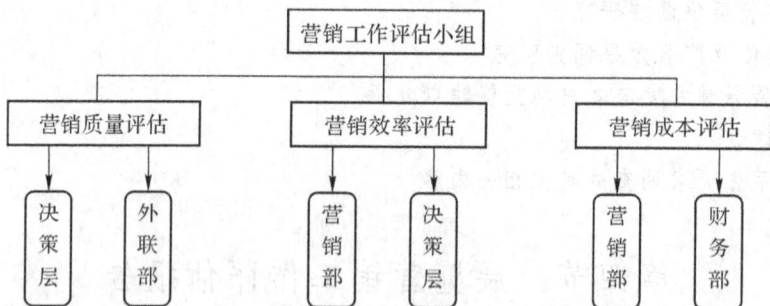

图 9-8 营销工作评估小组组成

3.评估工作的执行

评估工作的执行一定要做到合理、及时与严格,这样才能对展览营销工作有指导意义。营销评估的目的是将营销工作做得更科学、更合理,而不是将评估绝对化。狭义上讲,不要只看到有多少参展商参展,与多少目标客户意向,接待了多少老客户和新客户,接待多少新闻媒体,实际成交数额等,而更要看到展览营销工作的增长点在什么地方以及营销工作需改进的方方面面。

二、展览营销工作评估内容

1.展览营销质量评估

营销质量评估一般是以审查项目目标是否实现,宣传是否到位,营销人员的服务与财务对项目的控制力度为主要内容。简言之,是对展览组织机构内部工作体系中项目执行水平进行评估。营销质量评估包括四个方面。

（1）营销工作目标评估

展览组织机构根据展览营销的实际成果对总体工作目标进行评估。

（2）营销宣传工作评估

营销宣传工作评估较为复杂,因为定性内容较多,评估技术难度较大。包括对展览宣传和公关工作的效率、宣传效果、资料散发数量、参加同类展览宣传等项目的评估。

（3）营销人员评估

展览营销人员的表现反映在工作态度、工作效率和团队精神等方面,展览组织机构可通过目标量化的方法来评估展览营销人员在本届展览中组织参展客户的总量、平均成本、参展商"回头客"的比例、客户对营销人员的评价以及营销人员是否与客户保持有效沟通等工作。

（4）营销财务评估

营销财务评估是展览组织机构对营销质量进行评估的一项极其重要的内容。营销财务评估强调财务工作对营销项目的控制,是形成营销成果、评价营销质量的重要依据。

2.展览营销效率评估

展览营销效率是展览营销工作的评估指标,也是以财务数据为主要依据的,其评估包括以下几个方面。

（1）展位类型评估

展位的类型、面积、高度、方向、配置标准、展位价格及对展览营销效率提高具有影响的项目都可成为评估内容。通过评估,可根据参展商对展览或展品陈列的需求,及展位在营销过程中的销售效果,规划下届展位的展位安排,从而提高整体营销效率。

（2）营销组团评估

加强展览营销组团管理是提高营销效率的重要方面。展览结束后对不同的组团方式如政府组团、行业协会组团、境外展览组织机构组团、旅行社组团等进行评估,评估的过程中关注组团的区域、行业的特点、组团的质量、组团的服务等内容,从中可以获得不同组团主体对展览营销工作所采取的策略和战术,汲取有效的经验,提高营销效率。

（3）营销代理评估

对营销代理的评估可以通过以下指标如营销代理对量化销售指标的完成率、参展商的质量、对展览组织机构的忠诚度、代理机构的销售回款率、代理机构对该展览项目营销的力度等进行评估,通过评估能对科学布局营销代理网络与完善代理激励机制有更深层次的了解,提高营销效率。

3. 展览营销成本评估

(1)营销成本效益比较评估

营销成本效益比较评估方法较多,可以将营销成本与概算相比,还可以将本届营销成本与上届展览的营销成本相比,或将本届效益与上届展览的效益相比,因此,需要制定具体的成本效益评估指数,在评估过程中应特别注意展览项目培育期、成长期、成熟期与衰退期的营销成本效益的不同特征。

(2)营销成本利润评估

展览的营销工作要计算营销成本的利润。比如,展览项目处于培育期时,展览的营销成本一般都大于展览的实际赢利,但正确有效的营销成本支出创建了展览最初品牌并很大程度地影响了潜在客户的参展决策,与目标客户建立了良好的营销关系,意味利润可在未来的展览中产生,因此可以把与潜在客户建立关系作为衡量展览成本利润的一项指标。

(3)营销成本项目评估

目前,我国的展览组织机构对展览营销成本项目构成尚未有专门的评估,其原因是在展览项目的实施阶段没有进行科学合理的财务概算。而如果营销成本控制不好,将严重影响展览的发展甚至产生更严重的经济后果。深入研究展览营销的项目成本构成,合理进行评估是展览组织机构必要举措。

(4)营销风险评估

展览项目营销要进行风险的评估,风险评估从展览项目策划的市场调研开始,对每一个阶段进行实时监控并采取相应的增值赢利措施。如展览项目的广告开发、征集赞助商、谋求战略合作、自然灾害的保险、突发危机的应急预案等。

三、评估方法

营销工作评估的方法可分为定性和定量两种。定性评估就是以陈述的方式表达营销工作和效果的优劣。有些营销工作和效果不易精确地表示,比如宣传推广的效果、营销人员的工作态度、对目标客户的影响等,通过定性的评估,可以从评估中发现展览营销工作中存在的一些深层次问题和规律,为今后展览营销工作的完善与整合提供切合实际的改进措施和方法。而定量评估就是以数字的方式表达营销工作效果的优劣。有些营销工作效果是可以用数字来表示的,如展位的销售状况、营销成本和利润的构成等。用数字表示展览营销工作效果将会得出更精确的结果,为展览营销组织工作提供更全面的营销工作优化与营销成本预测。因此,对展览营销工作的评估应尽量用定量的方法进行评估。

四、形成评估报告

在展览组织与经营的过程中,展览营销工作是展览组织机构的核心工作,需要不断对营销组工作进行回顾与检查,总结经验教训,才能优化工作流程,提高展览组织机构的核心竞争力。而这需要形成规范的展览评估报告进行指导。

评估报告应包括以下主要内容:

1. 评估结果

营销评估结果是将评估项目所得资料整理出来,除了用若干统计图表来呈现以外,报告中还必须对图表中数据资料隐含的趋势、关系和规律加以客观描述,也就是说要对评估结果加以说明与推论。评估结果所包含的内容应该反映出评估目的,并根据评估标准的主次来突出所要反映的重点内容。

2. 结论和建议

要用简洁明晰的语言作出结论,如阐述评估结果说明了什么问题,有什么实际意义。必要时可引用相关背景资料加以解释、论证。建议是针对营销评估结论,提出可以采取哪些措施以获得更好的效果,或者是如何处理已存在的问题,要能提供有针对性的改进方案。

通过上述步骤,就能形成一个客观揭示展览现状,评判展览价值,预测展览未来走向,并对展览的发展趋势、完善方式和品牌建设做出合理建议的展览评估报告。

第五节　展览后期跟踪服务

在展览评估结束后,展览组织机构一般还需要在展览闭幕后继续完成一些后续工作。展览的后续工作既是本届展览的收尾工作,也是为下届展览的开始做准备,所以,展览闭幕后的后续工作是不能省略的。展览闭幕的后续工作有以下几项。

一、向客户邮寄展览评估资料并致谢

展览闭幕后,要及时给所有参加展览的参展商和观众邮寄展览评估资料,并对他们参加本届展览表示真诚的感谢。展览评估资料不仅要邮寄给展览现有的参展商和观众,对于那些暂时还没有来参加本展览的目标参展商和目标观众也发邮寄,这样就可以为展览下一届的招展和招商做准备;展览的致谢函可以只邮寄给现有的参展商和观众,但对于那些曾经帮助过展览筹办的机构和个人如各协办单位、支持单位、消防保安部门等也要致谢,对于一些重要的客户和机构,展览组织机构还可以派人亲自登门致谢。至于展览评估资料和感谢函,可以采用信函、电子邮件和电话传真等方式传递。

二、更新客户数据库

一届展会完毕,展览组织机构的客户数据库可能会发生很大的变化:有新客户的加入,有老客户的流失,有些客户的信息发生变更等等。展览组织机构要根据本届展会客户的实际情况,及时准确地更新客户数据库,并根据客户信息的变化,及时调整客户工作的方式和方向。成功的展会往往是那些客户工作做得出色的展会。更新展会客户数据库既包括对参展商数据的更新,也包括对观众的数据的更新,还包括对各种展会服务商以及业务代理的资料的更新。

三、进行展会总结性宣传

展会闭幕以后,可以就展会总的情况进行一次总结性宣传,展览组织机构可以将展会的情况准备一份总结性的新闻稿,提供给各新闻媒体,让展会"有始有终"。很多展览组织机构都不注意展后的总结性宣传,其实,展后总结性宣传不仅是将本届展会的举办成果对社会和客户做一个"交代",及时通报会展信息最新发展,更是为下一届展会做舆论准备。进行展后总结性宣传,往往会获得比较好的效果。

四、发展和巩固客户关系

展览期间,尽管展览组织机构有机会和客户面对面地进行交流,由于展览组织机构和客户各自的时间都很紧,业务也很多,双方很多时候都未能进行很好的交流和沟通。展览闭幕以后,展览组织机构要继续保持与客户的关系,继续加强与客户的交流与沟通,发展与巩固客户关系。对于一些重要的客户,展览组织机构还可以亲自登门拜访。

五、处理展会遗留问题

展览期间,由于时间有限,业务又较多,可能会遗留一些问题,如有些客户的款项可能还没有完全付清,有些客户的展品还没有处理完毕,有些客户还需要展后商务考察等。展会闭幕以后,展览组织机构要组织力量,及时处理展后遗留问题,尽量不要将这些问题拖到下一届展会,更不能让这些问题影响到下一届展会。

六、准备下一届展会

展会闭幕以后,展览组织机构要开始着手准备下一届展会的各项筹备工作了。例如,准备下一届展会的策划方案,制定下一届展会的招展和招商办法,策划好下一届展会的宣传推广方案,编印下一届展会的招展书、观众邀请函,制定展区和层位划分办法等。

思考题

1. 参展商与参展行业数据分析的目的与意义各是什么?

2. 如何收集参展商和参展行业的相关数据资料?

3. 参展企业和参展行业调查分析中可运用哪些评估方法?

4. 专业观众数据分析的目的与意义是什么?

5. 客户满意度调查的目的和意义是什么?

6. 如何制订专业观众调查分析方案? 如何开展此项工作?

7. 客户满意度调查有哪些方法? 各有什么特点? 请列举。

8. 展览营销工作评估的构成有哪些?

9. 如何制订营销效率评估表?

案例分析　第十三届中国国际高新技术成果交易会观众分析报告

第十三届中国国际高新技术成果交易会

满意度及效果评估调研报告

CHINA HI-TECH FAIR 2011

Satisfaction & Evaluation Report

深圳市万人市场调查股份有限公司
Shenzhen WanRen Market Research Co., Ltd
二〇一一年十二月
12.2011

前　言
Preface

第十三届中国国际高新技术成果交易会(以下简称高交会)于 2011 年 11 月 16 日—11 月 21 日在深圳会展中心举行,本届高交会以"促进国际创新合作、加快发展方式转变"为主题,取得了令人瞩目的丰硕成果。来自 58 个国家和地区的 106 个代表团、2928 家参展商、13164 个项目和 2504 家投资商参加了高交会的展示、交易和洽谈,参观人数共计 53.6 万人次,专业客户人气指数达 225。近 200 家海内外媒体约 1500 名记者参与报道了大会盛况。其中,参展国家、参展项目、参展商数量、投资商数量、参观人数、专业客户人气指数均超过上届。

在高交会的满意度及效果评估方面,本届高交会依然采用公开招标的形式,引入第三方测评机构——深圳市万人市场调查股份有限公司进行第十三届高交会满意度及效果的评估。在本届高交会满意度及效果评估过程中,第三方测评机构秉持"过程公开、访问公平、调查公正"的工作理念,确保了评估结果的客观独立。

本次评估成果的所有权专属于深圳市中国国际高新技术成果交易中心,深圳市万人市场调查股份有限公司拥有本次评估所涉及的问卷设计、分析方法、报告结构等技术版权。

China Hi-Tech Fair (CHTF) 2011 was held from November 16th to 21st at Shenzhen Convention & Exhibition Center. Themed on "To promote the international cooperation of innovation, accelerate development mode change", CHTF 2011 has achieved remarkable achievements. This event attracted 106 delegations from 58 countries and regions, 2928 exhibitors, 13164 projects and 2504 investors. The total number of visitors reached 536,000, and the popularity index of trade visitors accounts to 225. Nearly 1,500 journalists from 200 domestic and overseas media reported this fair. Additionally, the number of countries, projects, investors, multinational companies, visitors exceeded that of last fair, as well as the popularity index of trade visitors.

This year, CHTF continued to adopt public bidding, choosing Shenzhen Wanren Market Research Co., Ltd as the third party to evaluate satisfaction and effect. It persisted in openness, fairness and objectiveness during the process to make sure evaluation result objective and impartial.

The ownership of evaluation result belongs to China Hi-Tech Transfer Center, however, the copyright of the questionnaire design, analysis methods and reporting structure belongs to Shenzhen Wanren Market Research Co., Ltd.

第一部分 项目基本介绍
Section I Project introduction

一、调研信息概要

Investigation information summary

（一）评估模块说明

Evaluation module explanation

本届高交会满意度及效果评估分为三个模块：

There are three modules concerning satisfaction and effects assessment：

1.高交会满意度及效果评估，具体包括以下四个方面：

Satisfaction and effects assessment，including four aspects：

★ 参展商满意度及行为研究

Exhibitor's satisfaction and behavior research

★ 投资商满意度及行为研究

Investors' satisfaction and behavior research

★ 专业观众满意度及行为研究

Trade visitors' satisfaction and behavior research

★ 普通观众满意度及行为研究

Public visitors' satisfaction research

2.专项调查，具体包括以下两个方面：

Special investigation，including two aspects：

★ 论坛及活动满意度调查

Satisfaction investigation on forum and activities

★ 高交会特装展位基本情况调查

Basic investigation on specific booths

3.专业观众人气指数统计

Trade visitors' popularity index statistics

（二）评估执行说明

Evaluation execution explanation

本次评估计划完成样本 2600 份，实际完成样本 2800 份，经审核后有效样本为 2762 份，样本有效率为 98.64%。各类型样本完成情况见下表：

The evaluation's purpose is to collect 2,600 copies, actually we collect 2,800 copies, the valid samples are 2762 copies, and the availability of samples is 98.64%. Details are as follows：

调查对象 Objects	计划样本量（个） Size of purposed sample	实际完成有效样本量（个） Valid sample
参展商 Exhibitors	1000	1040
投资商 Investors	200	210
专业观众 Trade visitors	600	635
普通观众 Public visitors	400	467
论坛 Forum	300	300
活动 Activities	100	110
合计	2600	2762

二、主要分析方法

Main methods of research

（一）对比分析

Comparative analysis

对比分析：即找到历届高交会满意度调查时得到的数据。运用这些数据再与最近一次得到的结果相对比。通过运用对比分析，可以发现高交会满意度评价趋势，同时也可以衡量各届高交会满意度变动的因素。

Comparative analysis：To find satisfaction survey data which are obtained in previous CHTF. Compared this data with the recent result, we can find not only the trend of CHTF's satisfaction evaluation, but also can measure the changes in satisfaction factors.

（二）单因素方差分析

Single factor analysis of variance

单因素方差分析是测试某一个控制变量的不同水平是否给观察变量（因变量）造成了显著差异和变动。

Single factor analysis of variance is to test whether one certain controlled variable's different level can result in significant differences and changes.

（三）四分图分析

Four diagram analysis

在应用四分图分析时主要采取了平均值分析与相关系数分析。

In the application of four component chart analysis which take the average analysis and correlation coefficient analysis.

（四）结构方程分析

Structural Equation Modeling (SEM)

结构方程分析（Structural Equation Modeling，简称 SEM）是一种非常通用的、主要的线性统计建模技术，是基于变量的协方差矩阵来分析变量之间关系的一种多元统计分析方法。

Structural Equation Modeling is a general and main linear statistical modeling technology，which is a method of multivariate statistical analysis based on covariance matrix.

三、问卷信度说明

Questionnaire reliability explanation

问卷的信度检验，是检验问卷的可靠性和稳定性的一种方法，用于说明问卷设计和调查执行的好坏。检验值区间范围为[0,1]，"1"表示问卷绝对可靠和稳定，检验值越接近"1"，说明问卷设计得越好，一般情况下，检验值能达到 0.7，说明问卷的设计和评估执行比较成功。

本次评估经过统计，得出参展商问卷信度为 0.962，观众及投资商问卷信度为 0.863，论坛及活动问卷信度为 0.861，表明评估结果非常可靠。

The test of questionnaire reliability is a method that can test the reliability and stability of the questionnaire. It can also explain the good or bad of the questionnaire design and conducting investigations. The test value ranges from 0 to 1，"1" means the absolute reliability and stability of the questionnaire，if the test value comes closer to "1"，that means the better result of design of the questionnaire. Normally，if the test value is 0.7，it means the design and conduction of the questionnaire will be more successful.

After the evaluation statistics，we can get that the questionnaire reliability of exhibitors is 0.962，visitors and investors is 0.863，forum and activities is 0.861，all these indicates that the evaluation result is quite reliable.

序号 Number	问卷类型 Type of questionnaire	信度系数 Reliability coefficient	项数 Item number
1	参展商满意度调查问卷 Exhibitors questionnaire	0.962	56
2	观众及投资商满意度调查问卷 Visitors and investors questionnaire	0.863	56
3	论坛及活动满意度调查问卷 Forum and activities questionnaire	0.861	11

第二部分　评估结果
Section Ⅱ　Evaluation results

一、总体满意度
General satisfaction

（一）总体满意度

General satisfaction

本届高交会总体满意度得分为 76.74 分,其中展览与交易❶满意度得分为 76.04 分,论坛与活动满意度得分为 77.44 分。总体而言,满意度得分较高,处于比较满意的范畴,表明本届高交会获得了各参展主体的较高认可。

The general satisfaction score of CHTF 2011 is 76.74 points, exhibition and trading 76.04 points, forum and activities 77.44 points. Over all, the score was fairly high and in a satisfactory category, which was highly recognized by exhibitors and visitors.

（二）各参展主体满意度

Satisfaction score of participants

在各参展主体满意度评价结果中,活动参与者满意度评价为 80.18 分;普通观众满意度评价为 78.84 分;专业观众满意度评价为 76.84 分;论坛参会者满意度评价评价为 76.39 分;投资商满意度评价为 76.04 分;参展商满意度评价为 74.38 分。详见图 1。

In each participants' satisfaction, activities participants is 80.18 points; public visitors is 78.84 points; trade visitors is 76.84 points; forum is 76.39 points; investors is 76.04 points; exhibitors is 74.38 points. Details are as follows:

（三）各指标满意度评价结果

Satisfaction score of each indicator

在各指标评价方面,满意度得分排在前四位的依次为:硬件环境满意度得分(83.30 分),展会服务满意度得分(80.86 分),产品与项目满意度得分(78.54 分),品牌与宣传满意度得分(76.71 分)。详见图 2。

In each index evaluation, the satisfaction scores among the top four are: hardware environment 83.30 points, exhibition service 80.86 points, products and projects 78.54 points, brand and publicity 76.71 points. Details are as follows:

---

❶　展览与交易满意度得分包括参展商满意度得分、投资商满意度得分、专业观众满意度得分、普通观众满意度得分四项。

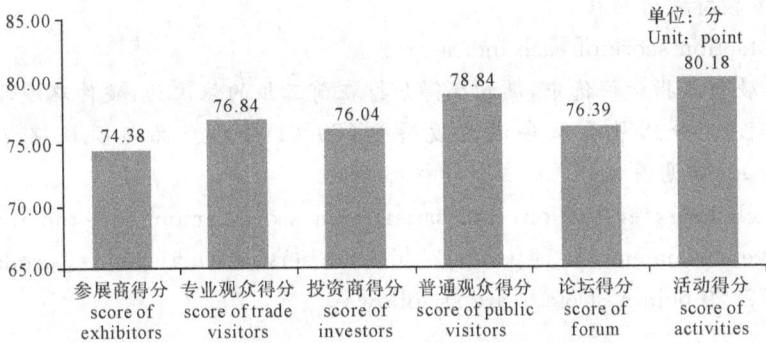

图1　各参展主体总体满意度得分情况
Chart 1　Satisfaction score of participants

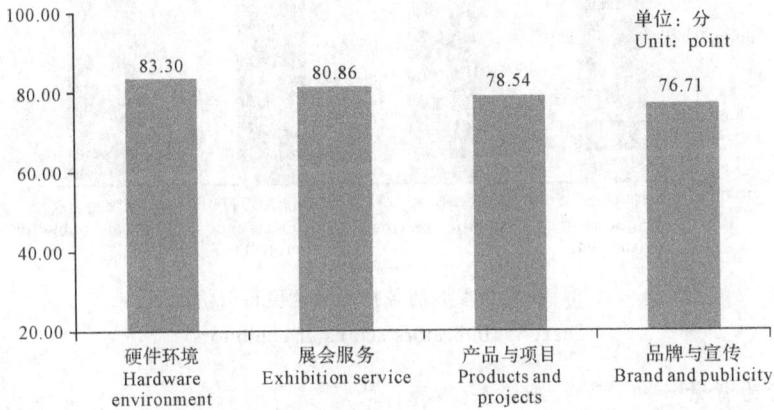

图2　高交会各指标满意度得分情况
Chart 2　Satisfaction score of each indicator of CHTF 2011

二、各参展主体满意度及行为背景

Satisfaction score of participants and behavior background

（一）参展商满意度及行为背景

Satisfaction score of exhibitors and their behavior background

1. 满意度结果

Satisfaction score

（1）总体满意度

General satisfaction

本届高交会参展商总体满意度得分为74.38分。

The general satisfaction score of exhibitors is 74.38 points.

（2）各指标评价结果

Satisfaction score of each indicator

在参展商各指标评价中，满意度得分排在前三位的依次为：硬件环境指标满意度得分（81.24 分），展会服务满意度得分（79.61 分），产品与项目满意度得分（77.79 分）。详见图3。

In each index evaluation, the satisfaction scores among the top three are: hardware environment 81.24 points, exhibition service 79.61 points, products and projects 77.79 points. Details are as follows：

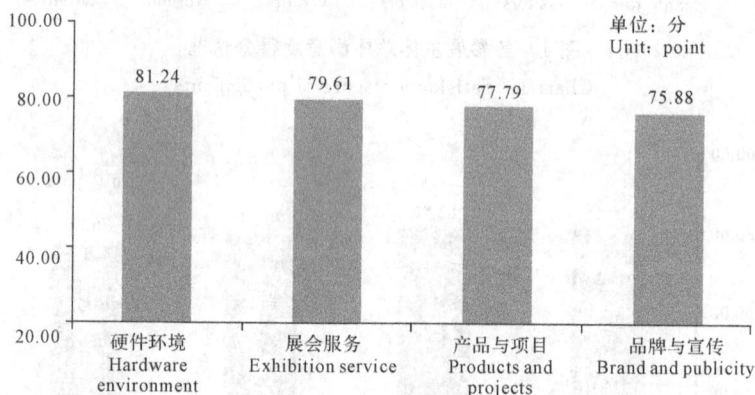

图3　高交会参展商各指标满意度得分情况

Chart 3　Indicators scores of exhibitors

2. 行为背景

Background of exhibitors

（1）参展行为

Participation behavior

① 参展商最看重高交会的影响力

Exhibitors paid much attention to the influences of CHTF

从参展商参加高交会所考虑的因素来看，54.01％的参展商认为高交会的影响力是其参加高交会最看重的因素；其次是展会规模，比例为21.36％。详见表1。

We can draw the conclusion from the factors considered by the exhibitors that 54.01％ of them thought that the influences of fair was an important factor, secondly was exhibition scale, which rated 21.36％. Details are as follows：

表1 参展商看重高交会的因素

Table 1 Factors that exhibitors emphasized

看重因素 Emphasized factors	百分比 percent
展会影响力 Influences of fair	54.01%
展会规模 Exhibition scale	21.36%
政府的支持和重视 Government's support and attention	18.69%
展会平台 Exhibition platform	17.41%
展会品牌 Brands	13.35%
展会定位 Location	12.66%
展会的国际化 Internationalization	11.37%
其他 Others	0.60%

② 参展商参加高交会的首要目的是推介产品(项目)

The exhibitors' main purpose was to introduce products

调查数据显示,参展商参加高交会的首要目的是推介产品(项目),占比44.17%;其次是品牌推广与形象宣传(35.73%);再次是开拓新市场(客户),占比9.71%。详见表2。

Data reads that the main purpose is products (projects) promotion, accounting for 44.17%; the second is brand and image promotion, accounting for 35.73%; the third is open up new markets(customers), accounting for 9.71%. Details are as follows:

表2 参展商的参展目的

Table 2 Exhibitors' purposes

参展目的 purposes	百分比 percent
推介产品(项目)Products(projects) promotion	44.17%
品牌推广与形象宣传 Brand and image promotion	35.73%
开拓新市场(客户)Open up new markets(customers)	9.71%
获取订单 Obtain orders	5.15%
寻找项目和商业信息 Look for projects and business information	2.14%
获取行业信息 Obtain business information	1.17%
寻找投资 Look for investment	0.78%
寻找融资 Look for financing	0.49%
其他 Others	0.68%

③ 近七成参展商为多次参展

Nearly 70% of exhibitors have participated CHTF many times

调查发现,66.63%的参展商为多次参加高交会,33.37%的参展商为首次参加高交会。

Research shows that 66.63% of exhibitors have participated CHTF for many times, while only 33.37% of exhibitors participated CHTF for the first time.

(2)参展感知

Perception of exhibitors

① 大部分参展商对本届高交会持重视态度

Most of exhibitors thought highly of CHTF

从参展商对高交会的重视程度来看,79.73%的参展商重视本届高交会,具体来看,30.46%的参展商表示非常重视高交会;49.27%的参展商表示比较重视高交会。

Viewing from the degree of emphasis, it is very easy to reach a conclusion that 79.73% of exhibitors attached importance to CHTF, specifically, 30.46% of exhibitors attached greatest importance to CHTF, while 49.27% of them attached relatively importance to CHTF.

② 近六成参展商实现了参展目的

Nearly 60% of exhibitors have achieved their expected targets

调查结果表明,58.70%的参展商表示实现了参展目的,具体来看,5.51%的参展商表示完全实现了参展目的;53.19%的参展商表示基本实现了参展目的。

Survey shows that 58.70% of exhibitors have achieved their expected purposes, specifically, 5.51% of them fully achieved their purposes; 53.19% of them basically fulfilled their purposes.

③ 六成以上参展商认为高交会值得参展

Over 60% of exhibitors considered it worth participating CHTF

通过调查发现,62.80%的参展商表示高交会值得参展,具体来看,9.66%的参展商表示高交会完全值得参展;53.14%的参展商表示高交会基本值得参展。

The survey reveals that 62.80% of exhibitors considered it worth participating CHTF, specifically, 9.66% of them thought it well worth participating CHTF; 53.14% of them thought it generally worth participating CHTF.

④ 九成以上的参展商表示会向他人推介高交会

Over 90% of the exhibitors show that they will recommend the fair to others

调查数据显示,97.48%的参展商会向他人推介高交会,具体来说,21.08%的参展商表示"极力推荐、非常值得参与";48.55%的参展商表示"建议参与、有些价值";27.85%的参展商表示"可以参与、或许有些价值"。

The survey shows that 97.48% of them would recommend the fair to others, specifically, 21.08% of them say that "highly recommended, well worth participating"; 48.55% say that "encouraged to participate, there are some value"; 27.85% of them say that "there are maybe some value if you take part in it".

⑤ 七成以上参展商愿意继续参展下一届高交会

Over 70% of exhibitors said they would like to continue to participate next CHTF

从参展商是否愿意继续参加下届高交会的情况来看,72.31%的参展商会愿意继续参展下一届高交会。具体来说,29.62%的参展商表示一定会参加下一届高交会;42.69%的参展商表示可能会参加下一届高交会。

We finally come to the conclusion that 72.31% of exhibitors say they will participate next fair. In particular, 29.62% of them say they were sure to participate next CHTF; 42.69% say they maybe attend next fair.

（3）背景信息

Background information

① 男性参展商占主导

The majority exhibitors are male

调查发现,在本次抽样调查中,有68.02%的参展商为男性,31.98%的参展商为女性,可见本届高交会男性参展商占主导。

The investigation shows that 68.02% of exhibitors are male, and 31.98% are female. It follows that the majority exhibitors are male.

② 35 岁以下参展商占主体

The large number of exhibitors' age is below 35

调查结果显示,年龄处于26~35岁的参展商最多,占比55.81%;其次是18~25岁(24.52%);再次是36~45岁(16.28%)。

From the data we can see that more than half of exhibitors aged between 26 and 35, age between 18 and 25 accounting for 24.52%, age between 36 and 45 accounting for 16.28%.

③ 六成以上参展商学历在本科学历及以上

Over 60% of exhibitors are with a bachelor degree or above

调查数据显示,学历为本科的参展商最多,占比50.29%;其次是大专(29.02%);再次是硕士(11.86%)。

The research shows that nearly most of them are with a bachelor degree, accounting for 50. 29%, secondly is college degree, accounting for 29. 02%; at last, master degree is 11. 86%.

④ 五成以上的参展商为企业中高层管理人员

Over 50% of the exhibitors are the senior management of the enterprise

从参展商的职位分布来看,企业中层管理人员最多,占比 35. 38%;其次为普通职员,占比 30. 83%;再次为企业高层管理人员,占比为 20. 75%。

Seeing from the distribution of exhibitors' occupation, 35. 38% of exhibitors for the senior management of the enterprise; secondly is general staff, accounting for 30. 83%; at last, corporate executive is 20. 75%.

⑤ 电子、电工类参展商最多

The number of exhibitors from electronic instrument industry is the most

通过调查发现,参展商的行业分布覆盖面比较广,相对而言,参展商的行业分布最集中的是电子、电工(32. 47%);其次是 IT、通信(25. 82%);再次是新能源、环保(12. 41%)。

The survey shows that the industry of exhibitors is very extensive, comparatively speaking, there are Electronics & Electrical products, which accounts for 32. 47%; next is IT & Communication industry, accounting for 25. 82%; next is new energy, environmental protection, accounting for 12. 41%.

(二)投资商满意度及参会特征

The satisfaction of investors and their feature

1. 满意度结果

Satisfaction score

(1)总体满意度

General satisfaction score

本届高交会投资商的总体满意度得分为 76. 04 分。

The general satisfaction of investors is 76. 04 points.

(2)各指标满意度评价结果

Satisfaction score of each indicator

本届高交会投资商各指标满意度得分中,满意度得分排在前三位的依次为:硬件环境指标满意度得分(85. 43 分);展会服务满意度得分(81. 97 分);产品与项目满意度得分(79. 02 分)。详见图 4。

In each index evaluation, the satisfaction scores among the top three are : hardware environment 85. 43 points; exhibition service 81. 97 points; products and projects 79. 02 points. Details are as follows:

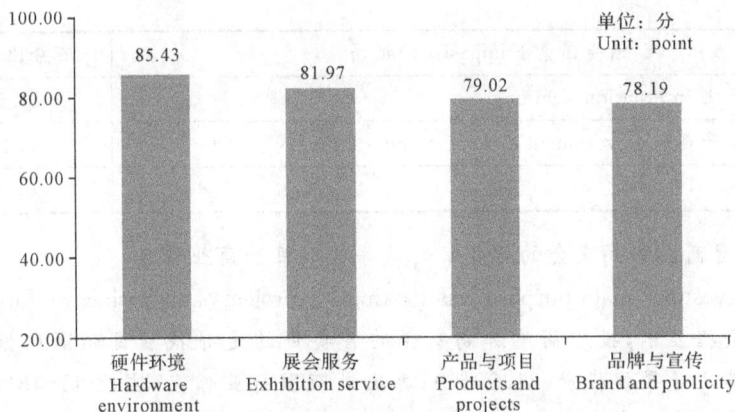

图 4 投资商各指标满意度得分情况

Chart 4 Indicators scores of investors

2.参会特征

Feature

(1)参会行为

Participation behavior

①投资商最看重高交会的影响力

Investors paid much attention to the influences of CHTF

从投资商参加高交会所考虑的因素来看,29.33%的投资商认为高交会的影响力是其参加高交会所最看重的因素,所占比例最高;其次是展会平台,比例为19.71%。详见表3。

We can draw the conclusion from the factors considered by the investors that 29.33% of investors thought that the influences of fair was an important factor; secondly was exhibition platform, which rated 19.71%. Details are as follows:

表 3 投资商看重高交会的因素

Table 3 Factors that investors emphasized

看重因素 Emphasized factors	百分比 percent
展会影响力 Influences of fair	29.33%
展会平台 Exhibition platform	19.71%
展会品牌 Brands	17.79%
展会规模 Exhibition scale	16.83%
展会定位 Location	13.46%

续表

看重因素 Emphasized factors	百分比 percent
展会的国际化 Internationalization	11.54%
政府的支持和重视 Government's support and attention	2.40%
其他 Others	0.48%

② 投资商参加高交会的首要目的是寻找项目和商业信息

The investors' main purpose was looking for projects and business information

调查数据显示,投资商参加高交会的首要目的是寻找项目和商业信息,占比 45.71%;其次是寻找投资(21.90%);再次是获取行业信息,占比 11.43%。可见,大部分投资商参加高交会仅是为后期进行项目投资做准备,真正想在高交会进行投资行为的比例相对较少。详见表 4。

Data reads that the main purpose was looking for projects and business information, accounting for 45.71%; secondly is looking for investment, accounting for 21.90%; at last, obtain business information accounting for 11.43%. Details are as follows:

表 4　投资商的参展目的
Table 4　Investors' purposes

参展目的 purposes	百分比 percent
推介产品(项目)Products(projects) promotion	0.95%
品牌推广与形象宣传 Brand and image promotion	5.71%
开拓新市场(客户)Open up new markets(customers)	5.24%
获取订单 Obtain orders	1.90%
寻找项目和商业信息 Look for projects and business information	45.71%
获取行业信息 Obtain business information	11.43%
寻找投资 Look for investment	21.90%
寻找融资 Look for financing	2.86%
采购商品 Merchandise purchase	2.86%
参观访问 Visit	0.95%
其他 Others	0.48%

③ 五成以上投资商为多次参展

Over 50% of investors have participated CHTF many times

调查发现,52.63%的投资商为多次参加高交会,47.37%的投资商为首次参加高交会。

Research shows that 52.63% of investors have participated CHTF for many times, while only 47.37% of exhibitors participated CHTF for the first time.

④ 投资商对高交会具有较高的投资意愿

Investors express high willingness to invest projects at CHTF

通过调查发现,7.04%的投资商对高交会项目感兴趣并且有投资,57.79%的投资商在对高交会展示项目进行评估,等待时机进行投资。详见图5。

The survey shows, 7.04% of investors are interested in projects of CHTF and already invested; 57.79% are to estimate the projects and will invest at the right time. Details are as follows:

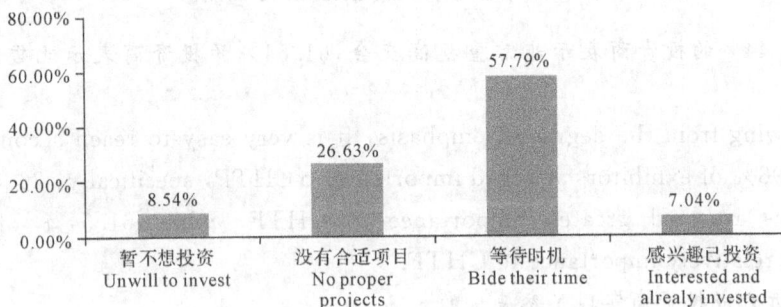

图5　本届高交会投资商的投资意愿

Chart 5　The investing interest of investors

⑤ 投资商看好节能环保与电子产业

Investors think highly of environmental protection and electronic industry

调查数据表明,33.50%的投资商认为节能环保产业的投资前景较好;26.00%的投资商认为电子行业的投资前景较好;17.50%的投资商认为IT行业的投资前景较好。详见图6。

The survey shows that 33.50% of investors think environmental protection and energy saving industry has a promising future; 26.00% consider electronic industry has a promising future; 17.50% think IT has a bright future. Details are as follows:

(2)参展感知

Perception of investors

① 大部分投资商对本届高交会持重视态度

Most of investors thought highly of CHTF

从投资商对高交会的重视程度来看,87.98%的投资商重视本届高交会,具体

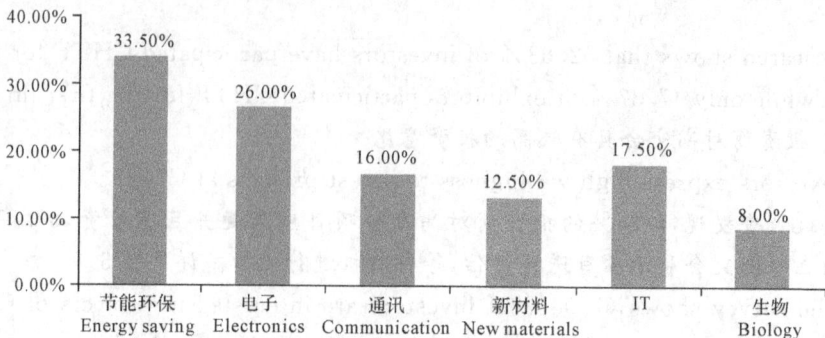

图 6　本届高交会投资商投资意向领域

Chart 6　The investing fields of investors

来看,26.44%的投资商表示非常重视高交会,61.54%的投资商表示比较重视高交会。

Viewing from the degree of emphasis, it is very easy to reach a conclusion that 87.98% of exhibitors attached importance to CHTF, specifically, 26.44% of exhibitors attached greatest importance to CHTF, while 61.54% of them attached relatively importance to CHTF.

② 近六成投资商实现了参展目的

Nearly 60% of investors have achieved their goals

调查结果表明,59.13%的投资商表示实现了参展目的。具体来看,6.73%的投资商表示完全实现了参展目的;52.40%的投资商表示基本实现了参展目的。

The survey shows that 59.13% of investors have achieved their goals. In particular, 6.73% fully achieved their goals; 52.40% relatively accomplished their mission.

③ 八成以上投资商认为高交会值得参展

Over 80% of investors think it worth participating CHTF

通过调查发现,81.64%的投资商表示高交会值得参展。具体来看,15.94%的投资商表示高交会完全值得参展,65.70%的投资商表示高交会基本值得参展。

The survey shows that 81.64% investors think it worth participating CHTF. In specific, 15.94% say it completely worth participating; 65.70% think it basically worth participating.

④ 投资商均愿意向他人推介高交会

All of investors will introduce CHTF to others

调查数据显示,调查投资商均愿意向他人推介高交会。具体来说,28.29%的投资商表示"极力推荐、非常值得参与";49.27%的投资商表示"建议参与、有些价值";22.44%的投资商表示"可以参与、或许有些价值"。

The survey shows that 100.00% of investors will introduce CHTF to others. In specific, 28.29% express "highly recommended, well worth participating"; 49.27% express "encouraged to participate, there's some value"; 22.44% express "you can participate, maybe there's some value".

⑤ 七成多投资商继续参加下一届高交会的意愿较高

Over 70% of investors say they will participate next fair

从投资商是否愿意继续参加下届高交会的情况来看,75.36%的投资商愿意继续参加下一届高交会。具体来看,45.41%的投资商表示一定会参加下一届高交会;29.95%的投资商表示可能会参加下一届高交会。

We finally come to the conclusion that 75.36% of investors say they will participate next fair. In specific, 45.41% of them say they are sure to participate next CHTF, 29.95% say they maybe attend next fair.

(三)专业观众满意度及行为

Satisfaction of trade visitors and their backgrounds

1.满意度结果

Satisfaction score

(1)总体满意度

General satisfaction score

本届高交会专业观众总体满意度得分为 76.84 分,满意度得分处于较高水平。

The satisfaction score of trade visitors is 76.84 points.

(2)各指标满意度评价结果

Satisfaction score of each indicator

本届高交会专业观众各指标满意度得分中,满意度得分排在前三位的依次为:硬件环境指标满意度得分(84.46 分),展会服务满意度得分(80.42 分),产品与项目满意度得分(78.27 分)。详见图 7。

In each index evaluation, the satisfaction scores among the top three are: hardware environment 84.46 points, exhibition service 80.42 points, products and projects 78.27 points. Details are as follows:

2.行为背景

Background of trade visitors

(1)参展行为

Participation behavior

① 专业观众获取高交会信息的主要渠道为高交会网站

The main channel that trade visitors get CHTF information is CHTF website

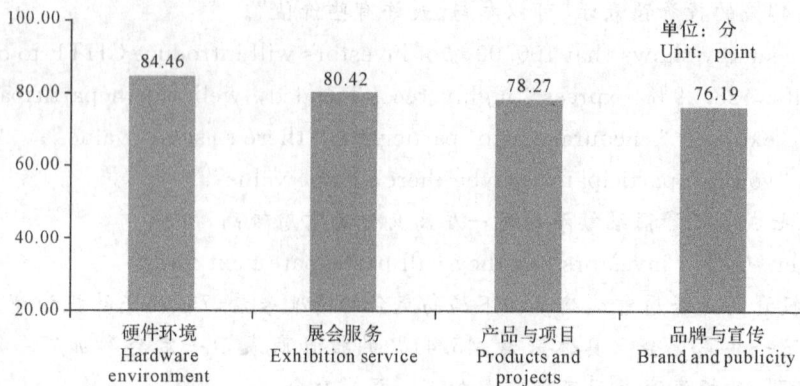

图 7　高交会专业观众各指标满意度得分情况

Chart 7　Secondary indicators scores of trade visitors

　　调查数据显示,专业观众获取高交会信息最主要的渠道是高交会网站,占比25.55%;其次是单位组织(21.61%);再次是主办单位邀请(19.72%);其后依次是协会邀请(13.41%)、杂志报刊(12.62%)、朋友推荐(12.62%)、参展商邀请(11.99%)、电视广播(10.88%)、网站链接(10.73%)、宣传海报(3.94%)、搜索引擎(2.52%)、其他(2.52%)、电子邮件(1.74%)。详见表5。

　　The main channel that trade visitors get CHTF information is through the website of CHTF, accounting for 25.55%; organized by unit accounting for 21.61%; invited by sponsors accounting for 19.72%; invited by associations accounting for 13.41%; magazines and newspaper accounting for 12.62%; recommended by friends accounting for 12.62%; invited by exhibitors accounting for 11.99%; TV broadcasting accounting for 10.88%; sitelinks accounting for 10.73%; Ad poster accounting for 3.94%; search engines accounting for 2.52%; others accounting for 2.52%; E-mails accounting for 1.74%. Details are as follows:

表 5　专业观众获取高交会信息的渠道

Table 5　The channels that trade visitors get CHTF information

展会信息获取渠道 Channels that trade visitors get CHTF information	百分比 percent
高交会网站 The website of CHTF	25.55%
单位组织 Organized by units	21.61%
主办单位邀请 Invited by sponsors	19.72%

续表

展会信息获取渠道 Channels that trade visitors get CHTF information	百分比 percent
朋友推荐 Recommended by friends	12.62%
电视广播 TV broadcasting	10.88%
杂志报刊 Magazines and newspaper	12.62%
参展商邀请 Invited by exhibitors	11.99%
协会邀请 Invited by associations	13.41%
宣传海报 Ad Posters	3.94%
搜索引擎 Search engines	2.52%
网站链接 Sitelinks	10.73%
电子邮件 E-mails	1.74%
其他 Others	2.52%

② 专业观众最看重高交会的影响力

Trade visitors paid much attention to the influences of CHTF

从专业观众参加高交会所考虑的因素来看,35.67%的专业观众认为高交会的影响力是其参加高交会最看重的因素,所占比例最高;其次是展会品牌,占比14.81%。详见表6。

We come to the conclusion that 35.67% of trade visitors regard the influences of fair as the most important factor. Next is exhibition brands, accounting for 14.81%. Details are as follows:

表6　专业观众看重高交会的因素

Table 6　Factors that trade visitors emphasized

看重因素 Emphasized factors	百分比 percent
展会影响力 Influences of fair	35.67%
展会品牌 Exhibition brands	14.81%
展会规模 Exhibition scale	13.85%
展会定位 Exhibition location	13.85%
展会平台 Exhibition platform	13.54%
展会的国际化 Internationalization of exhibition	7.64%
政府的支持和重视 Support and attention of government	4.14%
其他 Others	1.43%

③ 四成以上专业观众参加高交会的首要目的是获取行业信息

Over 40% of trade visitors' aim is to obtain business information

调查数据显示,专业观众参加高交会的首要目的是获取行业信息,占比41.01%;其次是寻找项目和商业信息,占比为 27.76%。详见表 7。

The survey shows that the number of trade visitors who are obtaining business information is the most, accounting for 41.01%; next is looking for projects and information, accounting for 27.76%. Details are as follows:

表 7 专业观众的参会目的

Table 7 Trade visitors' purposes

参会目的 purposes	百分比 percent
获取行业信息 Obtain business information	41.01%
寻找项目和商业信息 Look for projects and information	27.76%
采购商品 Merchandise purchase	6.78%
开拓新市场(客户)Open up new market(new customers)	5.36%
获取订单 Obtain orders	4.26%
参观访问 Visit	4.57%
品牌推广与形象宣传 Brand and image promotion	4.10%
推介产品(项目)Promote products or projects	2.84%
寻找投资 Look for investment	2.52%
寻找融资 Look for financing	0.63%
其他 Others	0.16%

⑤ 五成以上的专业观众为多次参展

Over 50% of trade visitors have participated CHTF for many times

调查发现,54.02%的专业观众为多次参加高交会,45.98%的专业观众为首次参加高交会。

The survey shows that 54.02% of trade visitors have participated CHTF for many times, higher than that of firstly participate, which accounts for 45.98%.

⑥ 专业观众比较偏爱 1 号馆

Trade visitors regard Hall No. 1 as the most attractive one

调查结果表明,50.37%的专业观众表示 1 号馆最吸引其眼球,所占比例最高。详见图 8。

The research shows that 50.37% of trade visitors regard Hall No. 1 as the most attractive one. Details are as follows：

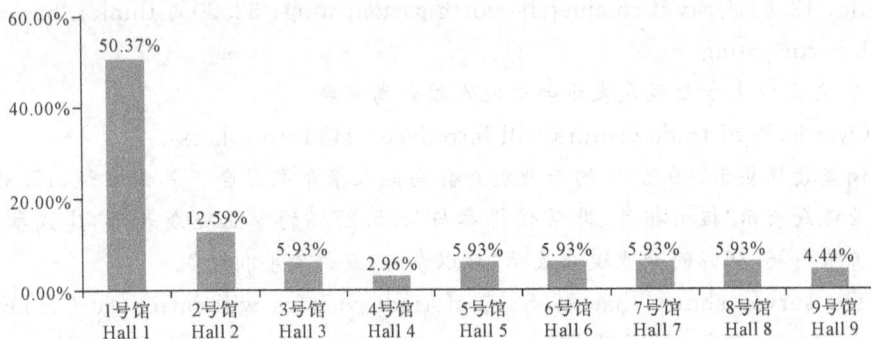

图 8　专业观众认为最吸引其眼球的展馆分布情况

Chart 8　Trade visitors' favorite hall

(2)参展感知

Perception of trade visitors

① 八成以上专业观众对本届高交会持重视态度

Over 80% of trade visitors attach importance to CHTF

从专业观众对高交会的重视程度来看,82.78%的专业观众重视本届高交会。具体来看,20.41%的专业观众表示非常重视高交会,62.36%的专业观众表示比较重视高交会。

We come to the conclusion that 82.78% of trade visitors attach importance to CHTF. In specific, 20.41% attach great importance to CHTF；62.36% attach relatively importance to CHTF.

② 六成以上专业观众实现了参展目的

Over 60% of trade visitors have realized their goals

调查结果表明,64.00%的专业观众表示实现了参展目的。具体来看,3.52%的专业观众表示完全实现了参展目的,60.48%的专业观众表示基本实现了参展目的。

The survey shows that 64.00% of trade visitors have realized their goals. In specific, 3.52% fully achieved their goals；60.48% relatively accomplished their mission.

③ 七成以上专业观众认为高交会值得参展

Over 70% of trade visitors think it worth participating CHTF

通过调查发现,76.53%的专业观众表示高交会值得参展。具体来看,13.83%的专业观众表示高交会完全值得参展,62.70%的专业观众表示高交会基本值得参展。

The survey shows that 76.53% think it worth participating CHTF. In specific, 13.83% say it completely worth participating; 62.70% think it basically worth participating.

④ 九成以上专业观众表示会向他人推介高交会

Over 90% of trade visitors will introduce CHTF to others

调查数据显示,99.52%的专业观众会向他人推介高交会。具体来说,17.89%的专业观众表示"极力推荐、非常值得参与";55.27%的专业观众表示"建议参与、有些价值";26.36%的专业观众表示"可以参与、或许有些价值"。

The survey shows that 99.52% of trade visitors will introduce CHTF to others. In specific, 17.89% express "highly recommended, well worth participating"; 55.27% express "encouraged to participate, there's some value"; 26.36% express "you can participate, maybe there's some value".

⑥ 七成以上专业观众愿意继续参加下一届高交会

Over 70% of trade visitors say they will participate next fair

从专业观众是否愿意继续参加下届高交会的情况来看,72.57%的专业观众愿意继续参加下一届高交会。具体来看,31.10%的专业观众表示一定会参加下一届高交会;41.47%的专业观众表示可能会参加下一届高交会。

We finally come to the conclusion that 72.57% of visitors say they will participate next fair. In particular, 31.10% of them say they are sure to participate next CHTF; 41.47% say they maybe attend next fair.

(3)背景信息

Background information

① 男性专业观众占主导

The majority trade visitors are male

调查发现,在本次抽样调查中,有81.56%的专业观众为男性,18.44%的专业观众为女性,可见本届高交会男性专业观众占主导。

The survey shows that 81.56% of trade visitors are male, while 18.44% are female. The majority trade visitors are male.

② 35 岁以下专业观众占主体

Trade visitors under the age of 35 are dominant

调查结果显示,年龄处于 26—35 岁的专业观众最多,占比 49.36%;其次是 36—45 岁(22.44%);再次是 18—25 岁(20.35%);年龄处于 46—55 岁之间(5.77%)、56—65 岁之间(1.44%)、18 岁以下(0.16%)和 65 岁以上(0.48%)的专业观众较少。可见,本届高交会的专业观众比较年轻。

From the data we can see that most of trade visitors' age between 26 and 35 accounting for 49.36%, age between 36 and 45 accounting for 22.44%; age between 18 and 25 accounting for 20.35%; age between 46 and 55 accounting for 5.77%; age between 56 and 65 accounting for 1.44%; age below 18 and above 65 accounting separately for only 0.16% and 0.48%.

③ 六成以上专业观众学历在本科学历及以上

Over 60% of trade visitors with a bachelor degree or above

调查数据显示,学历为本科的专业观众最多,占比51.89%;其次是大专(31.23%);再次是硕士(8.20%)。

The study reveals that 51.89% of trade visitors with a bachelor degree; 31.23% with a college degree; 8.20% with a master's degree.

④ 三层以上专业观众为企业中层管理人员

Over 30% of the exhibitors for the senior management of the enterprise

从专业观众的职位分布来看,企业中层管理人员最多,占比32.37%;其次为普通职员,占比23.88%;再次为企业科研人员,占比为18.59%。

Seeing from the distribution of trade visitors' occupation, 32.37% of exhibitors for the senior management of the enterprise, secondly is general staff, accounting for 23.88%; at last, corporate executive is 18.59%.

⑤ 电子、电工类行业专业观众最多

The vocation of trade visitors is mainly Electronics & Electrical products

通过调查发现,专业观众的行业分布覆盖面比较广,专业观众的行业分布最集中的是电子、电工(26.60%);其次是IT、通信(23.40%);再次分别为机械设备(8.17%)和新能源、环保(8.01%)。

The study reveals that 26.60% are Electronics & Electrical products; 23.40% are IT & Communication industry; 8.17% are Machinery & Equipment; 8.01% are new energy and environment protection.

(四)普通观众评价情况

Satisfaction of public visitors

1.满意度结果

Satisfaction score

(1)总体满意度

General satisfaction score

本届高交会普通观众满意度得分为78.84分,满意度得分处于较高水平范畴。

The public visitors satisfaction score is 78.84 points, satisfaction scores in the high level categories.

（2）各指标满意度评价结果

Satisfaction score of each indicator

本届高交会普通观众各指标满意度得分中,硬件环境指标满意度得分为85.51分,展会服务指标满意度得分为83.83分,产品与项目指标满意度得分为80.58分,品牌与宣传满意度得分为78.74分。详见图9。

Looking at their secondary indicators scores, we can get that hardware environment is 85.51 points; exhibition service 83.83 points; products and projects 80.58 points; brand and promotion 78.74 points. All in all, public visitors give high evaluation of the fair. Details are as follows:

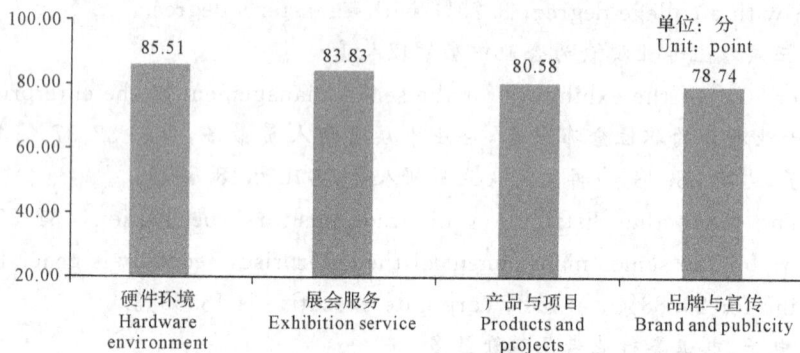

图9　高交会普通观众各指标满意度得分情况

Chart 9　Indicators scores of public visitors

2.参观感知

Perception of visitors

①八成以上普通观众认为高交会值得参展

Over 80% of public visitors think it worth participating CHTF

通过调查发现,83.48%的普通观众表示高交会值得参展。具体来看,22.83%的普通观众表示高交会完全值得参展,60.65%的普通观众表示高交会基本值得参展。

The survey shows that 83.48% think it worth participating CHTF. In specific, 22.83% say it completely worth participating; 60.65% think it basically worth participating.

② 99.79%的普通观众表示会向他人推介高交会

Over 90% of public visitors will introduce CHTF to others

调查数据显示,99.79%的普通观众会向他人推介高交会。具体来看,29.63%的普通观众表示"极力推荐、非常值得参与";46.41%的普通观众表示"建议参与、有些价值";23.75%的普通观众表示"可以参与、或许有些价值"。

The survey shows that 99.79% of public visitors will introduce CHTF to others. In specific, 29.63% express "highly recommended, well worth participating"; 46.41% express "encouraged to participate, there's some value"; 23.75% express "you can participate, maybe there's some value".

③ 七成多的普通观众愿意继续参观下一届高交会

Over 70% of public visitors say they will participate next fair

从普通观众是否愿意继续参观下届高交会的情况来看,70.52%的普通观众愿意继续参观下一届高交会。具体来看,27.97%的普通观众表示一定会参观下一届高交会;42.73%的普通观众表示可能会参观下一届高交会。

We finally come to the conclusion that 70.52% of public visitors say they will participate next fair. In specific, 27.97% of them say they are sure to participate next CHTF; 42.73% say they maybe attend next fair.

三、专项调查结果

Special investigation

(一)论坛及活动评价结果

The satisfaction of forum and activities

1. 论坛满意度评价结果

The satisfaction of forum

(1)总体满意度

General satisfaction score

本届高交会论坛满意度得分为 76.39 分,得分处于较高水平。在各类型论坛总体满意度得分方面,资本市场专场满意度得分为 82.35 分;部长论坛满意度得分为 77.02 分;新能源与低碳发展峰会满意度得分为 75.59 分;中国创业家峰会满意度得分为 75.12 分。详见图 10。

The general satisfaction score of forums is 76.39 points. The satisfaction of Capital Market Summit is 82.35 points; the satisfaction of Ministerial Forum is 77.02 points; the satisfaction of New Energy and Low − Carbon Development Summit is 75.59 points; the satisfaction of Chinese Entrepreneur Summit is 75.12 points. Details are as follows:

(2)各指标满意度评价结果

Satisfaction score of each indicator

从论坛指标评价情况来看,地点安排、组织安排、时间安排满意度得分分别为 82.19 分、79.11 分、78.01 分;接下来依次为论坛主题(77.75 分)、整体氛围(77.72 分)、论坛形式(77.68 分)、嘉宾水平(77.55 分)、参会预期(73.33 分)和论坛收获

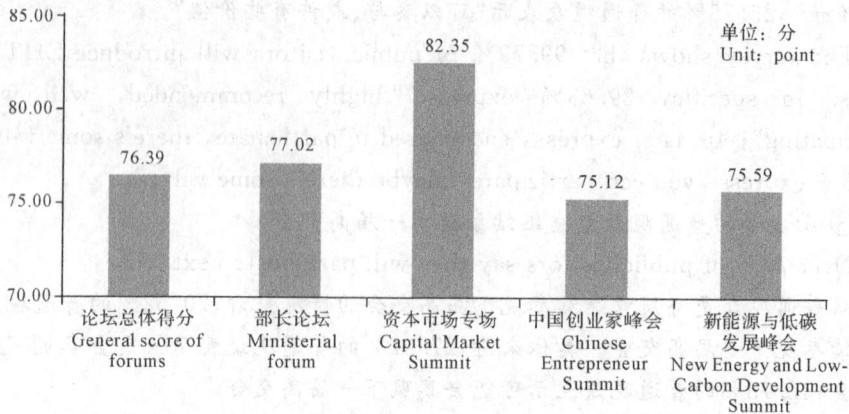

单位：分
Unit：point

图 10　高交会各类型论坛满意度得分情况
Chart 10　The satisfaction score of forum

指标（72.73 分）。详见图 11。

Looking from the indicators scores, we can conclude that the satisfaction of location, the place arrangement, organization, timing, are respectively 82.19 points，79.11 points，78.01 points；while forum themes 77.75 points, overall atmosphere 77.72 points, forum forms 77.68 points，guests' levels 77.55 points, articipants of expected 73.33 points, harvests of forum 72.73 points. Details are as follows：

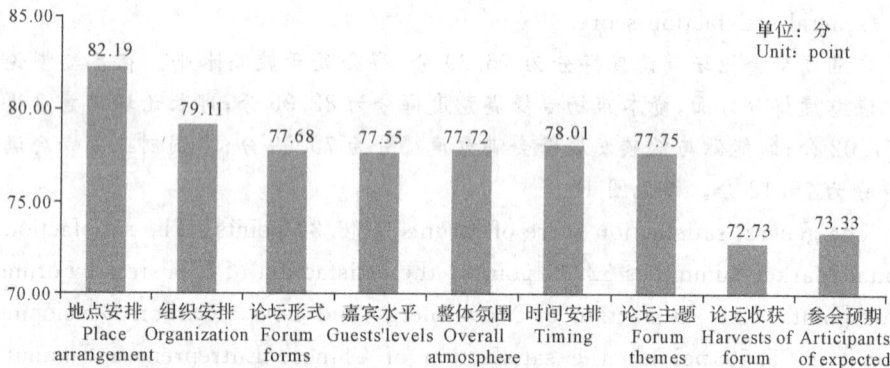

单位：分
Unit：point

图 11　高交会论坛指标满意度得分情况
Chart 11　Indicators scores of forum

2.活动满意度评价情况

The satisfaction of activities

(1)总体评价结果

General satisfaction

本届高交会活动满意度得分为 80.18 分,得分处于非常高水平。在各类型活动总体满意度得分方面,super-super 活动满意度得分为 82.00 分;项目配对洽谈活动的满意度得分为 78.00 分。

The general satisfaction score is 80.18 points, generally speaking, participants think highly of the activities. The super — super is 82.00 points; Project match-making event is 78.00 points.

(2)各指标满意度评价结果

Satisfaction score of each indicator

从活动指标评价情况来看,嘉宾水平、组织安排、地点安排满意度得分分别为 86.36 分、81.45 分、80.37 分;接下来依次为时间安排(79.64 分)、活动形式(78.55 分)、整体氛围(78.18 分)、活动收获(78.00 分)、参会预期(77.09 分)、活动主题(75.45 分)。详见图 12。

Looking from the indicators scores, we can conclude that the satisfaction of location, the guests' levels, organization, place arrangement, are respectively 86.36 points, 81.45 points, 80.37 points; while timing79.64 points, patterns of activity 78.55 points, overall atmosphere 78.18 points, harvests of activities 78.00 points, articipants of expected 77.09 points, activity themes 75.45 points. Details are as follows:

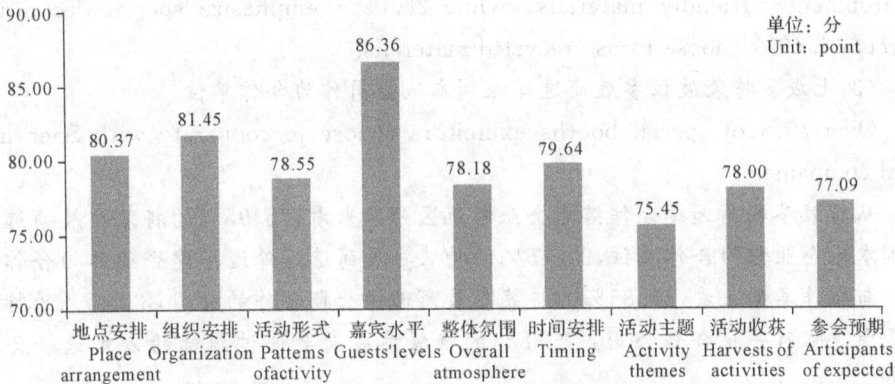

图 12 高交会活动指标满意度得分情况

Chart 12 Indicators scores of activities

(二)特装展位参展商基本情况

Premium booths exhibitors

1. 满意度结果

Satisfaction score

本届高交会特装展位参展商满意度得分为 75.02 分,标准展位参展商满意度得分为 73.89 分。

The satisfaction score of premium booths exhibitors is 75.02 points, while standard booth exhibitors is 73.89 points.

2. 特装展位参展商基本情况

Premium booths exhibitors

(1)近九成特装展位为单层搭建

Nearly 90% of Premium booths are single storey

调查数据显示,86.49% 的特装展位为单层搭建,13.51% 的特装展位为双层搭建。

The survey shows that 86.49% of premium booths are single storey, while 13.51% are double storey.

(2)近六成特装展位参展商看中环保材料

Nearly 60% of premium booths' environmental awareness are strong

在特装效果与更多采用环保材料、更多采用可重复使用材料之间,57.59% 的参展商倾向于环保材料,28.02% 的参展商倾向于特装效果,14.40% 的参展商倾向于重复材料。

The study shows that 57.59% of premium booths visitors choose to use environment — friendly materials, while 28.02% emphasize special decoration effect, 14.40% choose to use recycled materials.

(3)七成多特装展位参展商选择深圳本地公司作为合作单位

Over 70% of special booths exhibitors choose to cooperate with Shenzhen local companies

从特装参展商选择合作搭建企业的地区分布来看,76.95% 的特装参展商选择深圳本地企业作为合作单位,20.45% 的特装参展商选择外地搭建企业作为合作单位。与合作类型来看,35.85% 的特装参展商选择长期合作的公司,32.45% 的特装参展商会临时寻找合作公司,20.38% 的特装参展商会通过招标的方式选择合作公司。

We finally come to the conclusion that 76.95% of premium booths exhibitors choose to cooperate with Shenzhen local companies, while 20.45% choose non-local companies, 35.85% of premium booths exhibitors choose long-term cooperation companies, 32.45% choose temporary cooperation companies, 20.38% will choose companies through public bidding.

（4）特装展位总搭建（从设计到搭建）时间主要集中在 5 天及以下

The average time to construct premium booths is below 5 days

调查数据显示，特装展位的总搭建（从设计到搭建）时间主要集中在 5 天及以下，占比 52.03％，占据了一半。

The survey shows that the average time to construct premium booths is below 5 days, accounting for 52.03％.

（5）九成以上特装展位参展商对本次展位的搭建效果持满意态度

Nearly 90％ of premium booths exhibitors are satisfied with the construction.

从特装展位参展商对本次展位的搭建效果评价情况来看，6.34％的参展商表示非常满意，42.91％的参展商表示比较满意，42.54％的参展商表示一般满意。

The survey shows that 6.34％ of premium booths exhibitors are satisfied with the construction, 42.91％ are relatively satisfied, 42.54％ are generally satisfied.

（6）九成以上特装展位参展商对展位投入与产出效益比感到满意

Over 90％ of premiuml booths exhibitors are satisfied with input and output benefit ratio

从特装展位参展商对本次展位投入与产出效果对比满意度评价情况来看，5.00％的参展商表示非常满意、33.57％的参展商表示比较满意、53.57％的参展商表示一般满意。

The survey shows that 5.00％ of premium booths exhibitors are extremely satisfied with the ratio, 33.57％ are generally satisfied with the ratio, 53.57％ are generally satisfied.

第三部分　专业观众人气指数统计
Section Ⅲ　Trade visitors' popularity index statistics

一、专业观众总人气指数
Trade visitors overall popularity index

本届高交会专业观众总人气指数达到了 229，即平均每个展位接待了 229 位专业观众，比 2010 年专业观众人气指数（224）增长了 5。在 229 位专业观众中，有 175 位专业观众来自大陆，37 位专业观众来自港澳台，17 位专业观众来自国外，详见图 13。

The overall popularity index of trade visitors accounts to 229, that is to say every booth receives 229 trade visitors, 5 more higher than that of 2010. Among these 229 trade visitors, 175 are from mainland, 37 from Hong Kong, Macao and

Taiwan, 17 from abroad.

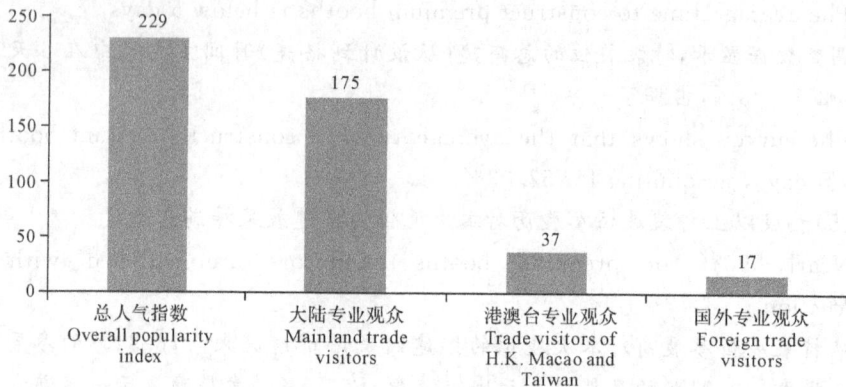

图 13　本届高交会专业观众人气构成情况

Chart 13　Trade visitors' popularity index of CHTF 2011

二、每日专业观众总人气指数

The daily trade visitors' overall popularity index

在每日专业观众人气指数分布中,从 11 月 16 日—21 日的总体走势情况来看,各类型观众的人气指数均是在前 3 天比较平缓,但在 11 月 18 日后,均出现大幅上升的趋势,而在 11 月 21 日,则又出现回落的现象,但总体指数仍高于前 3 天的指数。从数据分布情况看,这一特征比较符合高交会的展期规律(观众人气指数非工作日高于工作日)。详见图 14。

Popularity in the daily distribution of visitors, from November 16th to 21st days overall trend of the situation, various types of audience popularity index is relatively flat during the first three days, but after 18th in November, there is a significant upward trend, while in November 21st, then there is a falling phenomenon, but the overall index is still higher than the index of the first 3 days. From the data distribution perspective, this feature is more in line with the renewal of the law of the fair (audience popularity index higher than non-working days). Details are as follows:

三、各馆专业观众总人气指数

All halls trade visitors' overall popularity index

从各展馆专业观众人气指数来看,1 号馆专业观众人气指数最高,为 377;其次为 5 号馆,人气指数为 261;再次为 7 号馆和 6 号馆,人气指数分别为 246、245。接下来依次为 2 号馆(212)、4 号馆(184)、3 号馆(177)、9 号馆(176)、8 号馆(145)。而大陆专业观众人气指数、港澳台专业观众人气指数以及国外专业观众人气指数均表现为相同的分布特征。详见图 15。

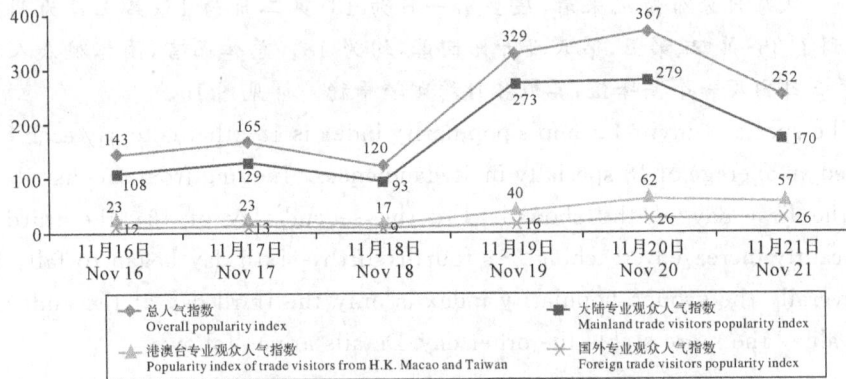

图 14　本届高交会每日专业观众人气指数分布情况
Chart 14　The daily trade visitors' popularity index of CHTF 2011

Hall No. 1 has the highest popularity index with popularity index of 377; next is Hall No. 5(261); next is Hall No. 7 (246) and Hall No. 6(245); last is Hall No. 2(212) and Hall No. 4(184). The mainland trade visitors' popularity index，that of Hong Kong and Macao，and that of foreign，of each venue are identical. Details are as follows：

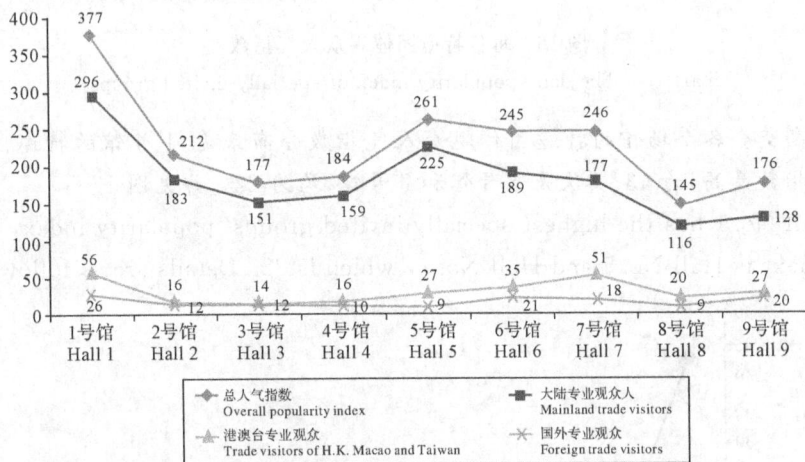

图 15　本届高交会各场馆专业观众人气指数分布情况
Chart 15　Each venue trade visitors' overall popularity index of CHTF 2011

四、特邀团体观众人气指数
Specially-invited groups' popularity index

本届高交会特邀团体观众人气指数为 18，即平均每个展位接待了 18 个特邀团体观众。从每日分布情况来看,展会第一日为 13;第二日为 16;第三日为明显上升,达到了 36;第四、第五、第六日开始回落,均为 18。总体而言,团体观众人气指数仅第三日出现一个高峰值,其他各日均比较平稳。详见图 16。

The specially-invited group's popularity index is 18, that is to say each booth received an average of 18 specially-invitedaudiences. Judging from the distribution day, the first day of the show is 13; the second day of 16; the third day significantly increased, reaching 36; fourth, fifth, sixth day began to fall, both 18. Overall, the groups popularity index is only the third day of the audience a peak value, the more stable the other day. Details are as follows:

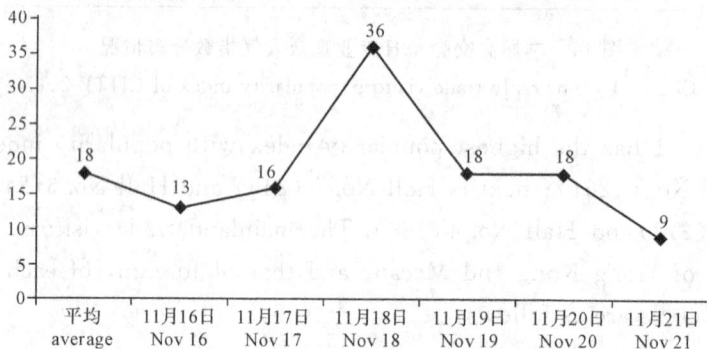

图 16　每日特邀团体观众人气指数

Chart 16　The daily popularity index of specially-invited groups

从高交会各个场馆的特邀团体观众人气指数分布来看,1 号馆的特邀团体观众人气指数最高,为 43;其次是 5 号馆和 7 号馆,均为 22。详见图 17。

Hall No. 1 has the highest specially-invited groups' popularity index, which is 43; next is Hall No. 5 and Hall No. 7, which is 22. Details are as follows:

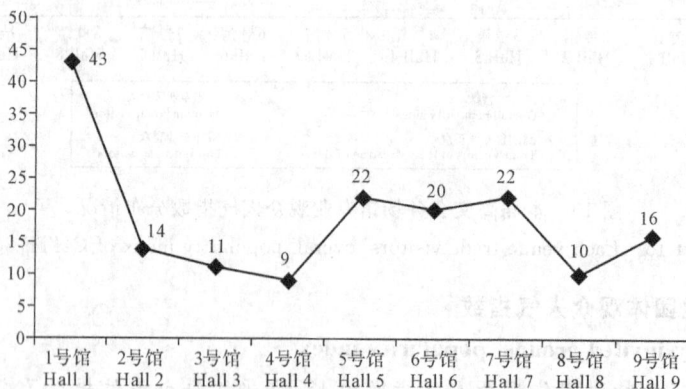

图 17　各场馆特邀团体观众人气指数

Chart 17　Specially-invited groups' popularity index of each hall

五、国内外展商的专业观众人气指数

Domestic and foreign exhibitors' trade visitors popularity index

从国内、国外展商的专业观众人气指数分布来看,国内展商专业观众人气指数为249,高于国外展商人气指数(209);国内展商的大陆专业观众人气指数(185)、港澳台专业观众人气指数(45)和国外专业观众人气指数(19)均高于国外展商的专业观众人气指数分布。详见图18。

Domestic exhibitors' trade visitors Popularity Index is 249, higher than that of foreign exhibitors' (209); Domestic exhibitors' mainland trade visitors popularity index is 185, Hongkong and Macao is 45, and foreign is 19, all higher than that of foreign exhibitors. Details are as follows:

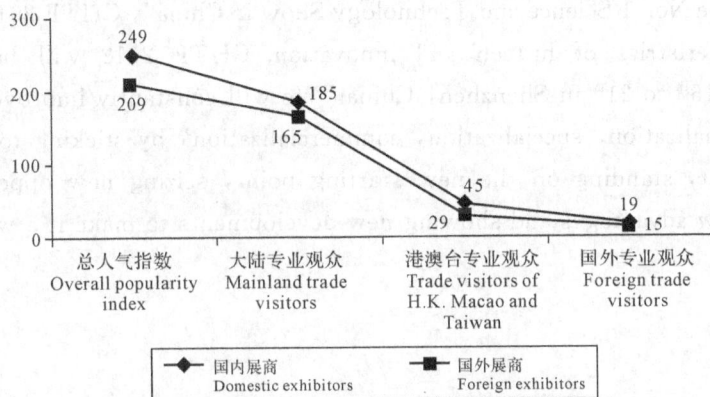

图 18 国内外展商的专业观众人气指数

Chart 18 Domestic and foreign exhibitors' trade visitors' popularity index

结　语

Conclusion

第十三届高交会得到了中央、国家有关部委、各级政府部门和社会各界的大力支持,经过各参展团组、企业、客商以及全体工作人员的共同努力,圆满地完成了各项预定工作和任务,最终取得了丰硕的成果。

从本届高交会评估结果来看,本届高交会获得了参展商、投资商、专业观众、普通观众的高度认可,所举办的论坛及活动也获得了参加者的高度评价,满意度、专业观众人气指数均超越上届,呈现出逐年上升的趋势。

作为"中国科技第一展"的高交会,本届高交会尽显高科技性和创新性。第十四届高交会将于2012年11月16至21日在深圳举行,我们将坚持科学发展,立足新起点、抓住新机遇、增创新优势、展现新发展,不断提升高交会的"国际化、专业

化、市场化"水平,努力把高交会打造成为世界一流展会。

CHTF 2011 has gained strong support from the CCCPC (Central Committee of the Communist Party of China), ministries, the government departments at all levels and the community, it has completed every scheduled work and mission, finally achieved great success through the efforts of exhibition groups, enterprises, businessmen and all the staff.

The exhibitors, investors, trade visitors and public visitors give highly recognition of CHTF 2011, as well as the forum and activities. Satisfaction, trade visitors popularity index all exceed that of CHTF 2010, which shows an increasing trend.

As "the No. 1 Science and Technology Show in China", CHTF 2011 fullfiled the characteristrics of hi-tech and innovation. CHTF 2012 will be held in November 16th to 21st in Shenzhen, China. We will constantly improve CHTF's "internationalization, specialization, commercialization" by sticking to scientific development, standing on the new starting point, seizing new opportunities, creating new advantages and showing new developments to make it a world-class fair.

图书在版编目（CIP）数据

展览策划与组织 / 黄彬主编. —杭州:浙江大学
出版社，2013.7(2024.7 重印)
会展专业系列教材
ISBN 978-7-308-11800-2

Ⅰ.①展… Ⅱ.①黄… Ⅲ.①展览会－营销策划－教
材 ②展览会－组织－教材 Ⅳ.①G245

中国版本图书馆 CIP 数据核字（2013）第 161173 号

展览策划与组织

黄 彬 主编

责任编辑	李海燕	
封面设计	续设计	
出版发行	浙江大学出版社	
	（杭州市天目山路 148 号 邮政编码 310007）	
	（网址:http://www.zjupress.com）	
排 版	杭州青翊图文设计有限公司	
印 刷	广东虎彩云印刷有限公司绍兴分公司	
开 本	710mm×1000mm 1/16	
印 张	18.75	
字 数	370 千	
版 印 次	2013 年 7 月第 1 版 2024 年 7 月第 6 次印刷	
书 号	ISBN 978-7-308-11800-2	
定 价	49.00 元	